U0876204

岳麓書社

读名著 选岳麓

轻松阅读无障碍

鸣原堂论文

廖承良 导读
夏剑钦 注译

岳麓書社·长沙

图书在版编目(CIP)数据

鸣原堂论文/(清)曾国藩评选;廖承良导读;夏剑钦注译.—长沙:岳麓书社,2021.3

ISBN 978-7-5538-1388-2

Ⅰ.①鸣… Ⅱ.①曾…②廖…③夏… Ⅲ.①奏议—研究—中国—古代 ②《鸣原堂论文》—注释③《鸣原堂论文》—译文 Ⅳ.①K206.5

中国版本图书馆 CIP 数据核字(2020)第 195046 号

MINGYUANTANG LUN WEN

鸣原堂论文

评　　选:〔清〕曾国藩

导读注译:廖承良　夏剑钦

责任编辑:陶嶒玲

责任校对:舒　舍

封面设计:罗志义

岳麓书社出版发行

地址:湖南省长沙市爱民路 47 号

直销电话:0731-88804152　0731-88885616

邮编:410006

版次:2021 年 3 月第 1 版

印次:2021 年 3 月第 1 次印刷

开本:700mm×1000mm　1/16

印张:14.5

字数:209 千字

ISBN 978-7-5538-1388-2

定价:25.00 元

承印:长沙鸿发印务实业有限公司

如有印装质量问题,请与本社印务部联系

电话:0731-88884129

前　言

这是一本专门指导、培训高级官员如何向皇帝写奏疏，即向中央政府打报告的学习用书。书中选录自汉唐匡衡、贾谊、刘向、诸葛亮、陆贽，至宋明清苏轼、朱熹、王守仁、方苞、孙嘉淦等大手笔的奏章十七篇。选编并加评点者，是晚清湘军统帅、桐城派文章高手曾国藩。曾国藩一生治学笃守程朱，故不仅以理学治军，且孜孜于义理、考据、辞章、经济之学的研讨与实战，以达到他修身、齐家、治国、平天下的人生理想。在他的辞章写作中，奏议占有相当大的比重。修订版《曾国藩全集》三十一册中，共收录奏疏十二册，计三千六百余篇；虽多数出自于幕僚之手，但都是经曾国藩精心修改后再誊抄拜发的，其中还有不少是曾氏自己的呕心沥血之作。

曾国藩对奏疏的写作不仅自己要求严格，而且对其弟曾国荃尤多指导、鞭策，这从他同治二年（1863）七月初一日写给曾国荃的书信中可以看出。其信曰："奏折一事，弟须用一番工夫。秋凉务闲之时试作二三篇，眼界不必太高，自谦不必太甚。"又叮嘱国荃："以后凡有咨送折稿到弟处者，弟皆视如学生之文，圈点批抹。每折看二次，一次看其办事之主意、大局之结构，一次看其造句下字之稳否。一日看一二折，不过月余，即可周知时贤之底蕴。然后参看古人奏稿，自有进益。"这封通篇议论奏疏之事的家书，不仅可见曾国藩对其弟关爱的用情至深，而且透露出他已在为曾国荃选编一部研读历代奏疏名篇的《鸣原堂论文》。曾国荃已于同治二年三月诏授浙江巡抚，而他一直在与太平军决战，并未就任。而一旦履行巡抚实职，给朝廷上奏章自然是封疆大吏的头等大事。为了提高九弟草拟、审读奏稿的能力，曾国藩于军务之暇陆续选了十七篇著名奏疏，逐段点评，详加批注，并在篇末给予总论，以供其学习参考。书名中的"鸣原堂"名号，据曾国藩《书目》所言，其意出于《诗经·小雅》中的《棠棣》《小宛》。《棠棣》诗劝兄弟友爱，其中有"脊令在原，兄弟急难"二句，说的是鹡鸰鸟本为水鸟，如今却在平原上，失其常处而边飞边叫，犹如兄弟之间的急难相救。《小宛》诗第四首也写鹡鸰鸟，"载飞载鸣"，天天奔波，月月出征，日夜忙碌，不辱此生。这就很适合用来比喻曾氏兄弟近年来出山作战、急难相救的境况与情义。

曾国藩对十七篇奏疏名作的评点与总论，表明了他对奏疏写作的主张与技巧。首先，他主张写奏折要立意明确，不含糊。如论《刘向极谏外家封事》："料王氏之必篡，思有以早为之所，而又无诛灭王氏之意。宅心平实，指事确凿，皆本忠爱二字，弥纶周浃而出。"其次，他认为奏疏是写给皇帝看的，有其特殊的写作技巧和语言要求。如论《贾谊陈政事疏》，提出"奏议以明白显豁、人人易晓为要"；论《苏轼上皇帝书》，强调"奏疏总以明显为要，时文家有典、显、浅三字诀，奏疏能备此三字，则尽善矣"，并对典、显、浅三字作了具体说明。为了使奏疏能感动皇上和朝廷政要，曾国藩还特别强调奏文的整体气象。他在《王守仁申明赏罚以厉人心疏》后论曰："文章之道，以气象光明俊伟为最难而可贵。"而"阳明之文亦有光明俊伟之象"。这就从立意、技巧、语言、气象等方面表明了曾国藩对于奏疏写作的主要理论与主张，而对九弟来说，就是最好的奏疏写作秘诀传授。难怪曾国荃读后感叹说："盖人臣立言之体，与公平生得力之所在，略备于此。"这样一本曾国藩用心良苦的学习用书，相信对于今天的读者读懂古代名疏和练习写报告，仍然是很有裨益的。

岳麓书社有鉴于此，将《曾国藩全集》第十四册《诗文》所载之此书奏疏，交由湖南省社会科学院廖承良先生作导读、注释、今译等工作，不意廖先生做完上卷即溘然去世，留下下卷让我来勉为其难。这项工作既要对原书的文字与标点讹误进行订正，如"大时不齐"误作"天时不齐"，又要对疏文和曾国藩评点中的生僻疑难词语及事典进行注释，然后才进行古文的今译。今译只针对所选奏章，故书中曾国藩等所加的序文和批注均未作今译。今译的目的是为了帮助读者更准确地理解原作，故每个词的义项用哪一个最安稳，都必须仔细推敲，但因疏文所涉方面既广，注译中仍或漏误难免，敬祈读者指正。

夏剑钦

戊戌孟夏于长沙望岳轩

序 目 曾国藩

导读

曾国藩（1811—1872），初名子城，字伯涵，号涤生，湖南长沙府湘乡县（今双峰县荷叶镇）人。道光十八年（1838）进士。湘军的创立者和统帅。官至两江总督、直隶总督、武英殿大学士，封一等毅勇侯，谥文正。为晚清四大名臣之一，道德学问冠冕一代。

本篇是《鸣原堂论文》的目录，目录前有曾国藩自撰的一段小序，说明“鸣原堂”命名的由来，与《鸣原堂论文》即取堂名的含义。序文借用《诗经》成篇抒写自己的情怀，既典雅又贴切，可以说是以少胜多的绝佳范例。

曾氏兄弟急难相救、相戒免祸有两个重要的时间节点：

一是咸丰六年（1856），曾国藩进攻九江、湖口，屡遭重创，坐困南昌。曾国华急奔武昌求助，胡林翼调拨五千兵给他，一路连克六县，抵达瑞州。曾国荃请于湖南巡抚骆秉章，募勇三千，与周凤山军合六千人，赴援江西，克安福，破敌大汾河，进攻吉安。“脊令之性最急，其用情最切”正是兄弟感情的写照。曾国藩曾说：“使吾有生还之日，愍烈（温甫）力也。”后传温甫阵亡，朝廷下诏褒奖优恤，阵亡已是铁板钉钉，逃归若再复出，便犯欺君之罪，让他隐姓埋名，能保活命，算是免祸的最好选择。

一是同治三年（1864），攻陷天京，曾国荃以功加太子少保，封一等威毅伯。城破之日，曾国荃中途回营，命拟奏折，却按自己的意思大加删改，急于为诸将报功请赏，初奏逆首洪福瑱已毙，既而窜逸未能成擒。折上，言者以为口实。因遭严责，曾国荃甚为沮丧，抑郁焦闷，归志颇切，遂由曾国藩代为陈疾乞归。曾国藩作诗宽慰他说：“九载艰难下百城，漫天箕口复纵横。今朝一酌黄花酒，始与阿连庆更生”，“左列钟铭右谤书，人间随处有乘除。低头一拜屠羊悦，万事浮云过太虚”。

功高招谤，兔死狗烹，历史教训是很深刻的。就曾国荃而言，草拟奏稿应该不是问题，问题在于如何表述。因他一向直来直去，无所顾忌，就连他自己也承认非疆吏之才，局量褊浅而急躁，读书太少，义理不能制血气。有鉴于此，曾国藩精选古今名贤奏疏若干篇，加以详细点评，希望对他有所启示，从中切实受益。

《棠棣》[1] 为燕兄弟之诗，《小宛》[2] 为兄弟相戒以免祸之诗，而皆以脊令[3] 起兴。盖脊令之性最急，其用情最切。故《棠棣》以喻急难之谊[4]；而《小宛》以喻征迈[5] 努力之忱[6]。

注释

1《棠棣》：《诗经·小雅》篇名。是周人宴会兄弟时歌唱兄弟亲情的诗。其中有“凡今之人，莫如兄弟”“脊令在原，兄弟急难”的诗句。古人认为兄弟是分形连气之人，血缘关系紧密，遭死丧则相互收殓，遇急难则相互救助，御外侮则相互帮忙，所以特别看重兄弟之间的感情。此诗用脊令起兴，比喻兄弟情义深厚。2《小宛》:《诗经·小雅》篇名。是身处乱世，兄弟相戒小心免祸的诗。其中有“题彼脊令，载飞载鸣。我日斯迈，而月斯征。夙兴夜寐，毋忝尔所生”及“惴惴小心，如临于谷。战战兢兢，如履薄冰”的诗句。此诗也是用脊令起兴，希望兄弟相互勉励，在前进道路上加倍勤奋努力，尽力做到无愧于此生。当此乱世，时势多变，要格外谨慎小心，以免祸患。3 脊令：即“鹡鸰”，俗称张飞鸟，又名点水雀，为雀形目小鸟。据说一只离群，余皆鸣叫，寻呼同类。按郑玄有关笺释，大意是说，脊令原本水鸟，而今在原，是失其常处，则飞则鸣，寻找同类，出于天性，犹如兄弟之急于难。4 谊：情义。5 征迈：行进。6 忱：真诚的情意。

余久困兵间，温甫[1]、沅浦两弟之从军，其初皆因急难而来。沅浦坚忍果挚[2]，遂成大功[3]，余用是获免于戾[4]。因与沅弟常以暇逸[5]相诫，期于夙兴夜寐[6]，无忝[7]所生。爰[8]取两诗脊令之旨，名其堂曰“鸣原堂”云。曾国藩记。

注释

1 温甫：曾国藩的六弟曾国华，字温甫，过继叔父曾骥云为嗣。在安徽三河镇战役中阵亡。一说侥幸得以逃脱，后潜匿庐山黄叶观隐姓埋名做了道士。2 坚忍果挚：指意志顽强，敢作敢为，特重感情。3 大功：指攻陷天京，剿平太平天国。4 戾：罪责。5 暇逸：闲散安逸。6 夙兴夜寐：早起晚睡，形容勤劳。7 忝（tiǎn）：有愧于，辱没。8 爰（yuán）：于是。

目　录

序 曾国荃

导读

曾国荃（1824—1890），字沅甫，号叔纯，湖南长沙府湘乡县人。曾国藩的九弟。少负奇气，早年随曾国藩受学京师。优贡生。咸丰六年，太平天国翼王石达开领兵犯江西，曾国藩处境危迫，曾国荃募勇赴援，解兄急难。此后转战赣、皖、苏、浙东南各省，在与太平军作战中屡立战功，成为湘军主将，所部吉字营成为湘军嫡系。同治三年，攻陷天京，以功加太子少保，封一等威毅伯。在他的为官生涯中，历任浙江按察使，江苏布政使，浙江、湖北、陕西、山西巡抚，升陕甘总督，署两广总督，署礼部尚书，晚年出任两江总督兼南洋通商大臣。其间也曾几次称病引退，回籍闲居。关于他的为人，骁勇、坚忍自不必说，而贪功暴戾、杀戮惨酷，令人发指。所作所为，有时就连曾国藩也感左右为难，拿他无可奈何。

本篇是曾国荃为《鸣原堂论文》所写的序言。序言分为三段：首叙奏疏难以做到尽善尽美，次叙兄长文正公奏疏的过人之处，再叙《鸣原堂论文》遗稿的刊印及其感想。

第一段：身为地方最高行政长官，掌控一方，位高权重，政务繁杂，奏疏势必不能亲力亲为，只好假手幕僚、师爷代办。而代办者顾虑多多，生怕出问题，尽量避免被人挑出毛病，落下把柄。即使有人敢于打破陈规，实话实说，也未必能合皇上、朝官的心意，或因种种原因遭到阻格，写得再好，不能施行，也是白搭。文内叙写平日会客、参谒、请示、汇报排成长队，没完没了，疲于应酬。书吏不时抱来一摞厚厚的公文，堆叠几案之间，等待研究处理，展阅批示，不胜其烦，远不如带兵打仗、冲锋陷阵来得痛快过瘾。改变人的个性不是件容易的事情，若能做到循规矩，拘小节，不显摆，那就不成其为曾国荃了。

第二段：称大哥曾国藩早在咸丰皇帝即位之初，所上奏疏即已闻名天下。及至统兵开设幕府，网罗了大批杰士、精英通才，有的成为将相，功勋卓著，如李鸿章、左宗棠、郭嵩焘、彭玉麟等；有的以文学知名于时，如张裕钊、吴汝纶、黎庶昌、薛福成等。以这些人的水平，书写奏稿，完全可以做到文字精工，辞意畅达。对于幕僚代拟的奏稿，曾国藩或者初看满意，最终还是撤换下来，或者字斟句酌，反复修改。之所以这样做，除精益求精之外，与他所处的地位、识见、经历以及对时局的洞察不无关系，站在更高的高度审视考虑问题，因而能够作出准确的判断。这些则是他人难以做到的。至于奏疏不为大喜过美之词，亦不为忧怵无聊之语，这与他处世稳重的个性是分不开的，或当别有更深层次的考虑，功高震主，在奏疏中情绪化的表露，势必引起朝廷的疑忌。在这一点上，曾国荃曾经吃过亏，受过罪，似乎仍然缺乏深刻的认识。所谓“若烛照龟卜，不失毫发”，人非神仙，岂能事事预料准确，丝毫不差。话说得太满、过头，没有回旋余地，若用于奏疏，也是不适宜的。

第三段：追念与兄出生入死、建功立业的往事，说明兄长选编评点《鸣原堂论文》的良苦用心以及遗稿的刻印情况。序言作于同治十二年（1873），即曾国藩去世后的第二年，其中表达了对大哥的怀念和敬意。

绾[1]地二三千里，官为尚书侍郎，兼古御史大夫中丞[2]之号。跨州连郡，多者百余城，少或五六十县。监司[3]、郡守、牧令、丞倅[4]、杂职数百人，武弁自提镇[5]以下，承命唯谨。赋税、刑狱、军谋、河工、盐漕、黜陟[6]诸大政待之而决。

注释

1 绾（wǎn）：控制。2 中丞：官名。汉代御史大夫下设御史中丞，明代御史台改都察院，都察院的副职都御史即相当于前代的御史中丞。清代各省巡抚兼右副都御史衔者，称为中丞。曾国荃曾多次出任巡抚。3 监司：清代布政使、按察使及各道道员皆有督察府、州、县之权，统称监司，为总督、巡抚下属。4 丞倅（cuì）：指副职，如府丞、县丞及幕僚等辅佐主官的主要办事人员。5 提镇：清代武职提督、总兵的合称。提督，官阶从一品，为省一级绿营军的最高长官。总兵，官阶正二品，受提督统辖，掌管本镇军务。6 黜陟（zhì）：指官吏的进退升降。

又有宾从往来，属僚请谒，鸡鸣盥沐[1]，整衣肃客[2]，阍人[3]持手版，第其先后，鱼贯雁行以进，更十余番犹未毕，则辞以他日。他日复如此。退则吏抱文书，右手及额，左手下至腹，且行且捧，媻姗[4]而入。分公私新旧，错陈于几案之间。其紧要者，官乃审视而详裁之；例行者，略一訾省[5]署行而已。

注释

1 盥(guàn)沐：指洗漱。2 肃客：指迎进客人。3 阍（hūn）人：门人。4 媻(pán)姗：同“蹒跚”，形容走路缓慢、摇摆的样子。5 訾(zī)省：考虑、省察的意思。

故今之督抚大吏，凡夫敷陈[1]入告之词，多倚办于幕友。其不能亲自吮毫[2]构思者，势也。然而充斯选者，率用刑名家言[3]，规规焉[4]循例案，避处分，以文无害为事。即有勤求民隐[5]，发愤为雄，破除一切拘束者，辄格于部议[6]，而不能施行。盖奏疏之难于美善兼尽也如此。

注释

1 敷陈：详细叙述。2 吮毫：舔笔。形容准备写作。3 率用刑名家言：指奏疏的格式、内容不离常套。率，大致。刑名家，指幕府中负责处理文案的刑名师爷。4 规规焉：拘谨的样子。5 民隐：民众的痛苦。6 格于部议：为朝廷的决定所阻。格，受阻碍。部议，指吏部、兵部、刑部等上级主管机构的决定。

我伯兄太傅文正公当显皇[1]初政，以议大礼、谏圣德诸疏[2]，忠谠[3]闻天下。及执兵符，开幕府于东南，东南之硕儒名彦、博辩洽闻[4]之士，皆礼罗而珍储之。其达者，洊膺[5]将相，勋伐[6]烂然，次亦以文学称著于时。夫以宏通淹雅[7]之才，论时政之得失，料军情之胜负，出之以沉思眇虑[8]，申之以修饰润色。固无患其言之不工，意之不谐也。

注释

1 显皇：指清文宗，即咸丰皇帝。2 议大礼、谏圣德诸疏：指曾国藩所上《遵议大礼疏》《敬陈圣德三端预防流弊疏》等奏疏。3 忠谠（dǎng）：忠诚正直。4 博辩洽闻：指见识广博，多闻善辩。洽，广博。5 洊（jiàn）膺：屡被任命的意思。6 勋伐：功绩。7 宏通淹雅：谓学识渊博，贯通，高雅。淹，广。8 沉思眇虑：深思远虑。

然公或初善之而卒易之，字点句窜[1]，十不存一，岂与夫冥搜幽抉[2]、憔悴专精之士，较胜负于文字哉？盖才者，天所赋也；识者，练而精者也。人之聪明材力不甚相远，天下事变之来，往往出于智慧，思虑之所不及，惟历事久者能守义理之常[3]，以待时势之变。故公之奏疏不为大喜过美之词，亦不为忧怵[4]无聊之语。其论贼势兴衰，中外大局，一切将然未然之事，若烛照龟卜[5]，不失毫发，而谦谦冲挹[6]，若不敢决其必然，而其后卒无不然，岂非识之加人一等哉？

注释

1 字点句窜：指逐字逐句加以删改。2 冥搜幽抉：指冥思苦想，用尽心力搜求。3 义理之常：犹正道，行事的准则和规律。4 忧怵（chù）：犹忧伤。5 烛照龟卜：如蜡烛照明一样明察，如灼龟甲占卜吉凶一样料事准确。韩愈《送石处士序》："若烛照数计而龟卜也。"6 谦谦冲挹（yì）：谦逊退让。

国荃少侍公京邸，从而问学；壮岁展转兵间，随公驰逐江西、江南诸行省。赖圣天子威德，大功告蒇[1]，兄弟荷蒙殊宠，惴惴焉[2]惧以不才致罪戾[3]，乞身

归里。公虑其昧所择也，选古今名臣奏疏若干首，细批详评，命之曰《鸣原堂论文》。国荃受而读之。盖人臣立言之体，与公平生得力之所在，略备于此。今岁王君鼎丞[4]来湘，编公遗书，因出此篇，属其校雠付梓。国荃行老矣，自惭荒谫[5]，无补于时，追念往时，与公从事于惊涛骇浪之中，出万死不顾一生之计，以争尺寸之土，曾不计后此尚有安闲之一日。今海内乂安[6]，公以考终[7]。国荃亦得养疴林下，优游暇豫[8]，与二三故旧联樽酒文字之欢，盖非始念所及。此后之读公书者，知其人，论其世，其必低徊往复而叹公之文章、德业与身世遭逢，为均不可及云。

同治十二年九月湘乡曾国荃叙。

注释

1 蒇（chǎn）：完成。2 惴惴（zhuì）焉：惶恐忧惧的样子。3 罪戾：罪过。4 王君鼎丞：王定安，字鼎丞，曾国藩幕僚。5 荒谫（jiǎn）：疏陋浅薄。6 乂（yì）安：太平，安定。7 考终：寿终。8 优游暇豫：悠闲安乐。豫，安适。

后 序 王定安

导读

王定安（1833—1898），字鼎丞，湖北宜昌府东湖县（今宜昌市）人。同治元年（1862）举人。历任冀宁道台、安徽凤颍六泗兵备道、山西布政使。曾国藩幕僚。著有《湘军记》《求阙斋弟子记》《曾文正公大事记》。

本篇是王定安为《鸣原堂论文》所写的《后序》。序的开头，简要介绍《鸣原堂论文》。中间部分详论奏疏的规范和准则，以及撰作者应具备的学养。结尾，是对《鸣原堂论文》的赞誉。

序中着重阐明奏疏思想内容、经世致用、语言表述等方面的高标准。以《尚书》《左传》《国语》所载古代圣贤诫君的言论为典范，做到远大宏伟，忠诚正直，平和美好，深入浅出，明白晓畅，切于时用。至战国时期，礼坏乐崩，有的人反其道而行之，结果触怒君主，惨遭杀身之祸，这样做岂不是有些愚蠢？是后出现两种情况：一是章句陋儒，食古不化，拘泥固执，不知变通，迂腐之谈，无补于世，只会使人君感到讨厌而受到轻视。一是才智之士，剑走偏锋，揣摩迎合上意，以利害说动君王，借以施展抱负，往往获得成功，于是天下日渐奔趋于功利。

与以上两种人的说辞不同，贾谊、陆贽、苏轼等人的奏疏，持论公正平允，有益国计民生，博古通今，堪称最佳楷模。正如涤师曾文正公所说，必须通过平日读书学习，长期积累，深有体会，了解前朝历史，熟悉本朝掌故，奏疏才能做到高雅不俗。

《鸣原堂论文》二卷，精选点评古今名贤奏疏十七篇，卷帙不多，但由此起步，通过认真深入学习，必定成效显著。犹如从黄河源头出发，乘秋水，驾巨筏东行至海，眼前将呈现出一片包含天地古今的无限广阔的宇宙景观。

右《鸣原堂论文》两卷，吾师湘乡曾文正公选汉唐已来迄于国朝名臣奏疏十七首。论述义法[1]，以诒[2]其弟沅甫宫保[3]者。宫保出示定安，命校雠刊之。

注释

1 义法：规范，准则。2 诒（yí）：赠送。3 宫保：清代官员的虚衔。

叙曰：三代[1]以上，人臣告诫其君，如禹、皋、伊、傅、周、召[2]之所作，载在《尚书》[3]。尚已[4]！彼皆圣贤之徒，体道深而更事久[5]，其陈义甚高，而可见诸[6]施行。其指斥甚直，而必出之和平渊懿[7]，不为危言悚论[8]，诡激抵触之辞[9]。其托意甚幽邃[10]，而使读者易晓。其切于世情，而达于时变也，仍必原本道德，不为一切苟且[11]侥幸之计。

注释

1 三代：指夏、商、周三个朝代。2 禹、皋、伊、傅、周、召：指后世公认的古代圣贤夏禹、皋陶、伊尹、傅说、周公、召公。3《尚书》：即上古之书，“尚”即“上”。儒家经典之一，也称《书》或《书经》。4 尚已：感叹时代久远。5 体道深而更事久：指古圣贤悟道深刻，经验丰富。体道，通过躬行实践对自然和人类社会发展规律的领悟认识。更事，历事。更，经历。6 诸：之于。7 和平渊懿：温厚平和，深挚美好。8 危言悚（sǒng）论：使人感到震惊恐惧的言论。危言、悚论意思相同。9 诡激抵触之辞：欺诈、愤激、顶撞、冒犯的言辞。10 幽邃：深奥。11 苟且：犹敷衍。随便马虎，应付搪塞，不负责任。

至于《春秋》内外传[1]所录讦谟谠言[2]，笃厚[3]深美，犹有训诰[4]遗意。下逮战国士，或为廋词隐语[5]，讥讪笑詈[6]。耸撼炫骇[7]，同于俳优[8]。其不幸者，触怒人主，身蹈大戮，祸綦[9]烈矣！说亦稍戆[10]焉。

注释

1《春秋》内外传：指《左传》与《国语》。2 讦谟（xū mó）谠言：远大宏伟的谋划和正直的言论。3 笃厚：忠实厚道。4 训诰：《尚书》六体中训与诰的并称。《尚书》中有《伊训》《汤诰》等篇，为古代经典。5 廋（sōu）词隐语：指故弄玄虚的隐秘说词。廋词、隐语是同一意思。6 讥讪笑詈（lì）：讥讽笑骂。7 耸撼炫骇：用耸人听闻的虚夸言辞使人震惊恐惧。8 俳（pái）优：古代从事乐舞谐戏表演的艺人。9 綦（qí）：极。10 戆（gàng）：傻笨，愚蠢。

自兹以降，敷陈之道约分两途，儒者拘牵文义[1]，喜谈上古，致君必曰尧舜，礼乐必俟百年[2]，井田、封建、学校之制，累牍而不烦，世主[3]习闻其迂，则以为老生常谈而厌薄之。而才智之士，度[4]时君之所能行，揣摩[5]迎合以售[6]其纵横富强之术[7]，往往辄验，天下稍骛[8]于功利矣。

注释

1 拘牵文义：指寻章摘句，拘执牵强，死认书本。2 礼乐必俟百年：指迂腐，不知变通。据明代张岱《夜航船》卷九载：汉叔孙通制礼，征鲁诸生三十余人。有两生不肯行，曰：“礼乐必积德百年而后兴，今天下初定，何暇为此？”通笑曰：“鄙儒，不知时变者也。”俟，等待。3 世主：国君。4 度（duó）：推测，估计。5 揣摩：多指推测、探求别人的心思想法。6 售：推行，施展。7 纵横富强之术：以辩才陈述利害，游说打动君主，图谋国家富强的策略。8 骛：追求。

若夫汉之贾谊、唐之陆贽、宋之苏轼[1]，陈善责难累数万言，论是非则持其平，讲制度则求其当，达闾阎[2]颠连之隐状，显军中倚伏[3]之秘谋，高而不戾[4]于今，卑而不违夫古，岂非敷奏之极轨[5]哉？善乎[6]！公之论文也，曰："必其平日读书学道，深造有得，实有诸己，而后献诸君。又必熟于前代事迹，本朝掌故[7]，乃为典雅[8]。"呜呼！斯言尽之矣！

注释

1 汉之贾谊、唐之陆贽（zhì）、宋之苏轼：贾谊，有《陈政事疏》《论积贮疏》等奏疏。陆贽，唐德宗时宰相，有《均节赋税恤百姓六条》《奉天请罢琼林、大盈二库状》等奏疏。苏轼，有《代张方平谏用兵书》《上皇帝书》等奏疏。2 闾阎（lǘ yán）：泛指民间。达闾阎颠连之隐状，即反映民间困苦不堪的情形。3 倚伏：指胜败相互依存转化。显军中倚伏之秘谋，即陈明军中克敌制胜的奇策。4 戾：违反。5 极轨：达到极致的法式、楷模。6 善乎：犹好啊。赞叹之词。7 掌故：指旧制、旧例，后多指关于历史人物、典章制度等的故实或传说。8 典雅：指文章、言辞引经据典，高雅而不浅俗。

公所为奏疏若干卷，其佳篇传播人间，士大夫多能举其词。所选《经史百家杂钞》二十六卷，另刊行世。是书卷帙不多，盖犹黄河之滥觞[1]耳。然苟[2]循河而东，乘秋水、驾巨筏以望于北海[3]，洋洋乎[4]包天地而含古今，岂不更为宇宙大观也哉！

同治十二年九月，门人东湖王定安叙于长沙寓斋。

注释

1 滥觞：源头。江河发源处水少，仅可浮起酒杯。比喻事物的起源、开端。2 苟：假若。3 北海：北方的大海，具体则为黄河流入之渤海、黄海。《庄子·秋水》："秋水时至，百川灌河……顺流而东行，至于北海，东面而视，不见水端。"4 洋洋乎：盛大，浩瀚无际。

鸣原堂论文

卷上

匡衡戒妃匹劝经学威仪之则疏

导读

匡衡，字稚圭，西汉著名经学家，少时以“凿壁偷光”勤学苦读事迹名世，后官至丞相。

《戒妃匹劝经学威仪之则疏》，是汉元帝去世后，汉成帝即位，匡衡所上的一篇奏疏，劝谏成帝效法周成王成就文武之业，做一个圣明的君主。疏中列举了三件事。第一件是戒妃匹，所谓妃匹，是指婚配，帝王选择配偶要重德行，轻色艺，后妃能够母仪天下。第二件是认真学习儒家经典，以儒家学说作为治理国家的指导思想。第三件是威仪之则，即帝王的言行举止要符合礼的规范，为臣民楷模。当时成帝敬纳了他的建言。成帝之世，政治昏乱，外戚擅权，本来期望成为明君，结果却成了荒淫酒色的昏君，可见奏疏对帝王虽能产生一定的影响，起到一定的作用，但实效如何，主要还是取决于帝王本人的主观意志。尽管如此，匡衡此文仍然不失为一篇传世名疏，所列三事，谋虑深远，于国政、帝业至关紧要，意义重大。

《鸣原堂论文》首选此篇加以评点，先在文前就标题作了简要的说明，指出姚鼐《古文辞类纂》所收标题不全，缺漏“威仪之则”。随后逐段归纳，写明大意，层次井然。并于文内加点标示，突显精要之处。文末再作总评，与诸葛亮《出师表》相提并论，予以高度评价，认为此疏陈义高远，措辞得体，通过学习、借鉴，可以“平躁心而去浮词”。心躁则有失温厚和平，词浮则不切事理，皆非奏疏所宜，这是草拟奏稿首先当注意的。

曾按

《汉书》云“成帝即位，衡上疏戒妃匹劝经学威仪之则”，是分为三事也。姚选《古文辞类纂》题云“《戒妃匹劝经学疏》”，则漏末一事矣。兹题从《汉书》。

陛下秉至孝，哀伤思慕，不绝于心，未有游虞弋射之宴[1]，诚隆于慎终追远[2]，无穷已也。窃[3]愿陛下虽圣性得之，犹复加圣心焉。《诗》云：“茕茕在疚”[4]，言成王丧毕思慕，意气未能平也。盖所以就文武之业，崇大化[5]之本也。○以上总起。

注释

1 宴：安乐。2 慎终追远：指居父母丧，要依礼尽哀；祭祀祖先，要恭敬虔诚。出自《论语·学而》：“曾子曰：‘慎终追远，民德归厚矣。’”3 窃：自称，表示谦卑。4 茕茕（qióng）在疚：孤独无依、忧愁痛苦的样子。出自《诗·周颂·闵予小子》。5 大化：广大深远的教化。

译文

陛下天性极为孝敬，哀悼先帝，悲痛思恋，常怀心间，罢止嬉游射猎的逸乐，的确是做到了崇尚礼制，恭敬虔诚，孝思无穷无尽。微臣希望陛下虽因天性如此，还要有更加圣明的考虑。《诗·周颂·闵予小子》说："孤独无依心忧愁"，说的是周成王在丧事完毕之后，思慕先王，心情不能平静，所考虑的是如何成就周文王、周武王的功业和弘扬教化的治国大政。

臣又闻之师[1]曰："妃匹之际，生民之始，万福之原。婚姻之礼正，然后品物遂而天命全。"孔子论《诗》，以《关雎》[2]为始。言太上[3]者民之父母，后夫人之行，不侔[4]乎天地，则无以奉神灵之统而理万物之宜。故《诗》曰："窈窕淑女，君子好仇。"[5]言能致其贞淑，不贰其操，情欲之感，无介乎容仪；宴私[6]之意，不形乎动静，夫然后可以配至尊而为宗庙主。此纲纪之首，王化之端也。自上世以来，三代兴废，未有不由此者也。愿陛下详览得失盛衰之效，以定大基。采有德，戒声色，近严敬，远技能。○以上戒妃匹。

注释

1 师：匡衡经学师承后苍。后苍，字近君，汉宣帝时博士，著名经学家，精通《诗》《礼》《孝经》。2《关雎》：《诗经》篇名，列在首篇。3 太上：指像天地至高无上的天子和后夫人。4 侔（móu）：等同，匹齐。5 窈窕淑女，君子好仇：出自《诗·周南·关雎》。窈窕，美好娴静的样子。淑女，贤良的女子。仇，配偶。一作"逑"。朱熹《诗集传》释《关雎》，全引匡衡疏中的这段话，曾国藩特加点赞。6 宴私：指游宴玩乐的私生活。

译文

臣又听经师说："夫妻婚配是人类的开端，一切幸福都由此产生。一旦有了婚姻礼制的规定，然后万物顺成，完全体现了上天的意志。"孔子论述《诗经》，把《关雎》作为首篇，说高居尊位的天子和后夫人是百姓的父母，后夫人的德行不能与天地相匹配，就无法敬奉神灵的统管，而对各种各样的事物做出适当的处理。因此，《关雎》篇说："娴静贤淑的女子，是君子的好配偶。"讲的是只有能够使自己做到贞洁贤良，坚持不改变操守，情感欲望不显现在仪容上；游宴玩乐的私情不表露于言行中，动静举止符合礼的规范，这样才配得上至高无上的天子，主持宗庙祭祀。这是治国理政的首要，也是圣王教化的先决条件。

从上古之世以来，夏、商、周三代的兴废，没有不是因此而造成的。希望陛下详察政治得失、国家兴衰的经验教训，稳固国家的统治基础。选择贤德的配偶，警惕纵情淫乐，亲近端庄恭敬的妃嫔，疏远谗巧工媚惑乱圣心的人。

窃见圣德纯茂，专精诗书，好乐无厌。臣衡才驽[1]，无以辅相善义，宣扬德音。臣闻六经[2]者，圣人所以统天地之心，著善恶之归，明吉凶之分，通人道之正，使不悖于其本性者也。故审六艺[3]之指，则天人之理可得而和，草木昆虫可得而育。此永永不易之道也。及《论语》《孝经》，圣人言行之要，宜究其意。○以上劝经学。

臣又闻圣王之自为动静周旋，奉天承亲，临朝飨臣，物有节文，以章人伦。盖钦翼祗栗[4]，事天之容也；温恭敬逊，承亲之礼也；正躬严恪[5]，临众之仪也；嘉惠和悦，飨下之颜也。举错动作，物遵其仪，故形为仁义，动为法则。孔子曰："德义可尊，容止可观，进退可度，以临其民。是以其民畏而爱之，则而象[6]之。"《大雅》云："敬慎威仪，惟民之则。"诸侯正月朝觐天子，天子惟道德昭穆穆[7]以视之。又观以礼乐，飨醴乃归。故万国莫不获赐祉福，蒙化而成俗。今正月初幸路寝[8]，临朝贺，置酒以飨万方。《传》曰："君子慎始。"愿陛下留神动静之节，使群下得望盛德休光[9]，以立基桢[10]，天下幸甚。○以上威仪之则。

注释

1 才驽：才能低劣。2 六经：指《诗》《书》《礼》《易》《乐》《春秋》六部儒家经典。3 六艺：指儒家所称礼、乐、射、御、书、数六种技能。4 钦翼祗（zhī）栗：景仰、恭谨、敬畏的意思。钦翼，恭敬谨慎。祗栗，敬畏。5 正躬严恪（kè）：指仪容态度庄重、威严、恭谨。6 象：模仿，效法。7 昭穆穆：昭，彰明显著。穆穆，形容仪容端庄，言辞和美。8 路寝：古代天子治事的正厅，即正殿。9 休光：盛美的光华。休，美。10 基桢（zhēn）：根基。

译文

臣见皇上圣德纯正广大，对《诗》《书》专门作了精心研究，心中喜好，乐而不知厌倦。臣匡衡才能低劣，没有什么好的治国方略可以辅佐圣上，宣扬圣上的德音。臣听说六经是圣人用来统一天地的，彰显善恶的结果，通晓吉凶的分际，明白做人的正理，使不违背自己本性的经典。因此，考察六艺的要旨，人与自然之间的关系就能得以和谐，草木昆虫就能得以生长繁育。这是永远不会改变的规律。至于《论语》《孝经》，是记载圣人重要言行的著作，应该深入加以研究，领会其中的意义。

臣又听说圣王进退揖让，应酬交接，敬天事亲，临朝听政，宴飨臣僚，按照礼制的规定，来彰显尊卑长幼的关系。景仰、恭谨、敬畏，是敬事上天的仪容；温和、恭敬、顺从，是侍奉尊亲的礼貌；庄重、严肃、谨慎，是君临天下、统御群僚的威仪；慈善、仁惠、和悦，是关爱慰劳臣民的容颜。一举一动，事事遵循礼仪，就会成为仁义的表征，天下大众效法的准则。孔子说："德行仁义可以受人尊敬，容貌举止可以供人瞻仰，进退揖让符合法度，在这样的情况下治理他的国民，民众就会敬畏爱戴他，将他作为榜样而效法。"《诗·大雅·抑》中说："恭敬、谨慎、威严的举止行为，是民众效法的楷模。"诸侯正月朝见天子，天子道德圣明，仪容肃穆，接见诸侯，并演示礼乐，设宴款待，然后诸侯归国。因此各国诸侯都得到天子所赐福祉，蒙受教化形成风俗。今年正月初，陛下将在朝堂接受百官祝贺，设宴款待各方来宾。《易传》说："君子遇事，开头要特别谨慎。"希望陛下注意言行举止的礼节，使天下群臣百姓得以瞻仰圣上崇高美德的光辉，从而奠定治国的根基。这样，天下将非常幸运。

曾评

三代以下陈奏君上之文，当以此篇及诸葛公《出师表》为冠。渊懿笃厚[1]，直与《六经》同风，如"情欲之感，无介于仪容；宴私之意，不形乎动静"等句，朱子取以入《诗经集传》，盖其立言为有本矣。

此等奏议，固非后世所能几及[2]，然须观其陈义之高远，著语之不苟[3]，乃能平躁心而去浮词。

注释

1 渊懿笃厚：指疏的文辞、意蕴、感情渊雅美好深厚。渊，深。懿，美好。2 几及：达到。3 不苟：认真，不随便马虎。

贾谊陈政事疏

导读

贾谊（前200—前168），洛阳人。汉文帝时历任太中大夫、长沙王太傅，后为梁怀王太傅。西汉著名政论家、文学家。

《陈政事疏》，又名《治安策》。顾名思义，奏疏的主旨就是为了维护汉王朝的长治久安。贾谊任梁怀王太傅期间，汉文帝曾多次向他征求治国方略，贾谊也多次上书疏陈了自己的见解，这些奏疏后来被总题为《陈政事疏》或《治安策》，收入贾谊《新书》和班固《汉书·贾谊传》中。综观全篇，似非作于一时，亦非出于一疏，班固引述，限于篇幅，自当有所选择，有所节略，因而也就出现了所谓“殊不可解”的情况，以为“《汉书》所载者，殆尚非贾子全文”。

贾谊《陈政事疏》是历来众所公认的千古雄文，如曾国藩所评，“气势最盛、事理最显者”。疏中着重就以下几个方面进行了论述：一、削弱诸王势力，加强中央集权；二、匈奴犯边的严重危害；三、风俗浇漓，纲纪不振，礼义缺失；四、吸取秦朝灭亡的历史教训，注重培养太子，礼遇大臣。其中有关“众建诸侯而少其力”的论述，尤其透彻精辟，充分体现了作者卓越的政治远见和敏锐的洞察力。而“陛下何不试以臣为属国之官，以主匈奴，行臣之计，请必系单于之颈而制其命，伏中行说而笞其背，举匈奴之众惟上之令”的主动请缨，至今犹觉字里行间充溢着一股奋发昂扬的英迈之气。

曾氏选评此疏，除在文中作了大量夹注疏通文字之外，特别强调奏议要明白显豁，通俗易懂。今人写作奏章，自当用今人的语言表述，这样才不会有文字隔阂。

臣窃惟事势，可为痛哭者一，可为流涕者二，可为长太息[1]者六，○后文可流涕者实仅一条，可为长太息者实仅五条，各缺一条，殊不可解。**若其他背理而伤道者，难遍以疏举。进言者皆曰：“天下已安已治矣。”臣独以为未也。曰安且治者，非愚则谀，皆非事实知治乱之体者也。夫抱火厝[2]之积薪之下，而寝其上，火未及燃，因谓之安。方今之势，何以异此？本末舛逆[3]，首尾衡决，**○衡决，犹横决也。古人言直，皆曰纵；言横，皆曰衡，于事之忤乱无条理者，则衡字作去声读，如曰“横逆”，曰“洪水横流”是也。此处若作“横决”，亦当读为去声。**国制抢攘[4]，非甚有纪，胡[5]可谓治？陛下何不一令臣得孰数[6]之于前？因陈治安之策，试详择焉！**

注释

1 太息：叹息。2 厝（cuò）：放置。3 舛逆：颠倒，悖逆。4 抢攘：纷乱的样子。5 胡：何，怎么。文言疑问词。6 孰数：犹细数、详列。

译文

臣私下认为当今的局势，值得为之痛哭的有一件，值得为之流泪的有两件，值得为之长叹的有六件，至于其他违背天理而伤害正道的事，难以一一列举。向皇上进言的人都说："天下已经安定、已经大治了。"但臣却认为还没有。那些说天下已经安定且已经大治的人，不是愚蠢就是阿谀奉承，都不是真正了解治乱之本的人。就像拿着火种放在堆积的木柴下面，而人安睡其上，火还没烧起来，就认为平安无事。现在天下的情势，和这有什么不同？天下本末倒置，首尾冲突，国家制度混乱，并不是很有纲纪，怎么可以说治理好了呢？陛下为什么不让臣在您面前详细说明治国安邦的策略，以供陛下斟酌选择呢？

夫射猎之娱，与安危之机孰急？使为治劳智虑，苦身体，乏钟鼓之乐，勿为可也。乐与今同，而加之诸侯轨道[1]，兵革不动，民保首领；匈奴宾服[2]，四荒向风；百姓素朴，狱讼衰息。大数[3]既得，则天下顺治，海内之气，清和咸理；生为明帝，没为明神，名誉之美，垂于无穷。礼祖有功，而宗有德，使顾成之庙[4]称为太宗。○此疏陈于文帝时，便谓文帝死后，庙号应称太宗，足见当时风俗近古。**上配太祖，与汉亡极[5]，建久安之势，成长治之业，以承祖庙，以奉六亲[6]，至孝也；以幸天下，以育群生，至仁也。立经陈纪，轻重同得，后可以为万世法程[7]，虽有愚幼不肖之嗣，犹得蒙业而安，至明也。以陛下之明达，因使少知治体者得佐下风，致此非难也。其具可素陈于前，愿幸无忽！臣谨稽之天地，验之往古，按之当今之务，日夜念此，至孰也。虽使舜禹复生，为陛下计，亡以易此！**○以上总序。

注释

1 轨道：遵循礼法。2 宾服：归顺服从。3 大数：大势，气数。4 顾成之庙：汉文帝庙，因规模狭小，如顾望而成，故名。5 亡极：无穷。6 六亲：通常指父、母、兄、弟、妻、子。7 法程：法式，准则。

译文

打猎这种娱乐，与掌握国家安危的关键来比，哪一个紧迫？假使我的治世策略使皇上劳心费神，身体劳苦，缺乏钟鼓的娱乐，那就不必采用。我的策略，不但可以使皇上的娱乐和现在相同，而且能使诸侯遵守法制，不必动用兵革，民众得以保全性命；还能使匈奴臣服，边远地区的人归顺；百姓质朴无华，纠纷诉讼逐渐消失。大的气数已定，就能使天下秩序井然而安定，社会气象清平和谐，都很有条理；在世时是位贤明的皇帝，死后成为英明的神灵，美名流传千古。礼书上说，有开国之功者称为祖，其后有德之君称为宗，（采纳我的建议）能使陛下的顾成庙称为太宗，所建的功业可以上配太祖，与大汉江山永存，且能建立永久安定的局势，成就长治久安的基业，以此继承祖业，奉养六亲，这是天下至孝；以此造福天下，养育万物，这是天下至仁。创设的准则纲纪，大小事物处置得当之法，可以作为千秋万世的法则，即使有愚笨幼稚、不肖的子孙，还能保持祖先的基业安定，这是最英明的。凭陛下的贤明通达，只要得到稍有治国之才的人的辅佐，就不难做到这些。这些具体办法，我可以原原本本地向您陈述，希望您不要忽视！我谨慎地用它来考察天地自然的变化，验证过去历史的情况，研究当前必须解决的事情，日夜思考治国安邦的办法已经很成熟了。即使禹、舜再生，为陛下谋划，也不能加以改变。

夫树国固必相疑之势，〇树，犹立也。于京师之外又树立宗室多国，势必相疑。**下数被其殃，上数爽**[1]**其忧，甚非所以安上而全下也。今或亲弟谋为东帝，亲兄之子西向而击，今吴又见告矣。**〇亲弟，谓淮南厉王长，亲兄之子谓齐悼惠王之子兴居，皆谋反也。**天子春秋鼎盛，行义未过，德泽有加焉！犹尚如是，况莫大诸侯，权力且十此者乎？然而天下少安，何也？大国之王，幼弱未壮，汉之所置傅相，方握其事，**〇汉之诸侯王，各有太傅有相，是天子所置者。**数年之后，诸侯之王，大抵皆冠，血气方刚。汉之傅相，称病而赐罢，彼自丞尉以上，遍置私人，如此有异淮南、济北之为邪？**〇淮南，谓上文亲弟，谋为东帝也。济北，谓上文亲兄之子，西向而击也。**此时而欲为治安，虽尧舜不治。黄帝曰："日中必熭，操刀必割。"**[2]**今令此道顺，而全安甚易，不肯蚤为，已乃堕骨肉之属而抗刭**[3]**之，岂有异秦之季世乎？夫以天子之位，乘今之时，因天之助，尚惮**[4]**以危为安，以乱为治。假设陛下居齐桓**[5]**之处，将不合诸侯而匡**[6]**天下乎？臣又知陛下有所必不能矣。**〇以上言数年之后，诸侯王必为变，宜早为之所。

注释

1 爽：病，受伤害。2 日中必熭（wèi），操刀必割：日中必晒物，持刀必割物。比喻果断不失时机。出自《六韬·文韬》。熭，曝晒。3 抗刭（jǐng）：斩首。4 惮：敬畏。5 齐桓：

齐桓公，春秋五霸之一，打出“尊王攘夷”的旗号会盟诸侯，成为中原的霸主。6 匡：匡正，扶助。

译文

封国过于强大稳固，就必然会造成诸侯与天子间相互猜忌的局势，在下位的诸侯经常遭灾祸，在上位的天子常为此担忧，这实在不是安定天子、保全诸侯的办法。现在陛下的亲弟弟想在东方称帝，陛下亲兄弟的儿子向西面进攻朝廷，目前又有人检举吴王图谋不轨。陛下正当盛年，所作所为合乎道义没有过失，对天下恩泽有加，像这样尚且还有人想谋反，更何况那些大的诸侯，权势和国力是他们十倍的呢？然而天下基本上安定，是什么缘故呢？是因为大的诸侯国国君年幼未成年，朝廷为诸侯国设置的太傅、丞相仍掌握王国的大权。几年之后，诸侯王大都已成年，精力旺盛，而朝廷派去的太傅、丞相将相继称病被罢免，那时诸侯王就可以把县丞、县尉以上的官位全都安置成自己的亲信，这样一来，他们会做出不同于淮南王、济北王谋反的事情吗？到那时，想使国家长治久安，就是尧、舜也办不到。黄帝说：“太阳处于正午时，要抓紧曝晒东西；拿着刀子，须尽快切割。”现在按照这一原则行事，要保全诸侯、安定君王是很容易做到的，如果不肯早作决断，等到诸侯反叛时，再毁坏骨肉亲情，将他们斩首，这和秦朝末年的情形有什么不同啊？现在凭着天子的权位，趁着当今的时机，靠着上天的帮助，尚且对转危为安、改乱为治有所敬畏，假设陛下处在齐桓公的境地，大概不会去联合诸侯匡正天下吧？我知道陛下一定不能那样做。

假设陛下如曩时[1]**，淮阴侯尚王楚，黥布王淮南，彭越王梁，韩信王韩，张敖王赵，贯高为相，卢绾王燕，陈豨在代，令此六七公**[2]**者皆亡恙**[3]**，**○此六七人，皆高祖之臣，封王而叛者。**当是时而陛下即天子位，能自安乎？臣有以知陛下之不能也。天下淆乱，高皇帝与诸公并起，非有仄室之势以豫席之也。**○仄室之势，犹曰寸土半阶之势，席犹曰凭借也。**诸公幸者乃为中涓**[4]**，其次厪**○厪与仅同。**得舍人，材之不逮至远也。高皇帝以明圣威武，即天子位，割膏腴之地以王诸公。多者百余城，少者乃三四十县，德至渥**[5]**也，然其后七年之间，反者九起。陛下之与诸公，非亲角**[6]**材而臣之也，又非身封王之也。自高皇帝不能以是一岁为安，故臣**

知陛下之不能也。○以上言高帝时尚不能禁诸侯王之不反。

注释

1 曩时：以往，从前。2 六七公：指异姓王。韩信，曾封楚王，后贬为淮阴侯。黥布，即英布，封淮南王。彭越，封梁王。又一韩信，谓韩王信，韩国宗室，汉初封韩王。张敖，汉初赵王张耳之子，袭封赵王。贯高，赵王相。卢绾，封燕王，后叛逃匈奴。陈豨，初任代国丞相，后自立为赵王。3 亡恙：无恙。指如果不叛亡。4 中涓：皇帝亲近之臣。5 渥：优厚。6 角：竞争，较量。

译文

假如陛下处于从前那样的局势，淮阴侯韩信还统治着楚，黥布统治着淮南，彭越统治着梁，韩王信统治着韩，张敖统治着赵，贯高做赵国的相，卢绾统治着燕，陈豨还在代国，假令这六七个王公都不叛亡，在这时陛下继位做天子，自己能感到安全吗？我知道陛下是不会感到安全的。在天下混乱的年代，高祖和这些王公共同起事，他事先并没有子侄亲属的势力可以依靠。这些王公走运的就成了高祖亲近之臣，差一点的仅当个管理宫中事务的官员，他们的才能远远不及高祖。高祖凭着他的明智威武，即位做了天子，割出肥沃的土地给这些王公使之成为诸侯王，多的有一百多个城，少的也有三四十个县，恩德非常优厚，然而在以后的七年当中，反叛汉朝的事有九起。陛下您跟这些王公，既没有亲自较量过才能而使他们甘心为臣，也没有亲自封他们为诸侯王。即使高祖也不能因此而得到一年的安宁，所以我知道陛下更不可能做到了。

然尚有可诿[1]者，曰疏。臣请试言其亲者：假令悼惠王王齐，元王王楚，中子王赵，幽王王淮阳，共王王梁，灵王王燕，厉王王淮南，六七贵人[2]皆亡恙，○此六七人，皆高祖之子弟，封王而叛者。**当是时，陛下即位，能为治乎？臣又知陛下之不能也。若此诸王，虽名为臣，实皆有布衣昆弟之心，虑亡不帝制而天子自为者。**○虑，音闾，犹曰大抵也。大抵无不帝制自为。**擅爵人，赦死罪，甚者或戴黄屋[3]，汉法令非行也。虽行不轨如厉王者，令之不肯听，召之安可致乎？幸而来至，法安可得加，动一亲戚，**○古人称父子兄弟曰亲戚。**天下圜视而起，陛下之臣，虽有悍如冯敬[4]者，适启其口，匕首已陷其胸矣。陛下虽贤，谁与领此？故疏者必危，亲者必乱，已然之效也。其异姓负强而动者，汉已幸胜之矣，又不易其所以然。**

同姓袭是迹而动，既有征矣。其势尽，又复然。殃祸之变，未知所移。明帝处之，尚不能以安，后世将如之何？屠牛坦[5]一朝解十二牛，而芒刃不顿[6]者，所排击剥割，皆众理解也。至于髋髀[7]之所，非斤则斧。夫仁义恩厚，人主之芒刃也；权势法制，人主之斤斧也。今诸侯王皆众髋髀也，释斤斧之用，而欲婴[8]以芒刃，臣以为不缺则折。胡不用之淮南、济北[9]？势不可也。○言淮南王为亲弟，济北王为亲兄子，尚不可用芒刃，况今同姓诸王，势尤不可用芒刃矣。以上言反迹已露，则难制之，宜及早施以斤斧。

注释

1 诿：推脱。2 六七贵人：指同姓王。悼惠王，刘邦的儿子刘肥，封齐王。元王，刘邦的弟弟刘交，封楚王。中子，刘邦的儿子刘如意，封赵王。幽王，刘邦的儿子刘友，封淮阳王。共王，刘邦的儿子刘恢，封梁王。灵王，刘邦的儿子刘健，封燕王。厉王，刘邦的儿子刘长，封淮南王。3 黄屋：帝王专用的黄缯车盖。因亦即指帝王车。4 冯敬：汉文帝时任典客、御史大夫，曾弹劾淮南厉王刘长。5 屠牛坦：春秋时齐国善屠牛者，人称"屠牛坦"。6 芒刃不顿：芒刃，锋利的刀尖刀口。顿，通"钝"。7 髋髀（kuān bì）：胯骨与股骨。8 婴：施加。9 淮南、济北：指文帝的弟弟淮南王刘长和哥哥悼惠王刘肥的儿子济北王刘兴居。

译文

不过，还有可以推脱的理由，就说是关系疏远。请允许我试着谈谈那些亲近的诸侯王：假如让悼惠王统治齐，元王统治楚，中子统治赵，幽王统治淮阳，共王统治梁，灵王统治燕，厉王统治淮南，这六七位贵人都还健在，在这时陛下即皇帝位，能使天下太平吗？我又知陛下是不能的。像这些诸侯王，虽然名义上是臣子，实际上他们都认为自己和皇帝是一般的兄弟关系，没有一个不想采用天子的礼仪制度，而把自己当作天子的。他们擅自把爵位赏给别人，赦免死罪，甚至有人乘坐皇帝专用的配有黄缯车盖的车，不执行汉朝的法令。即使执行了，像厉王那样图谋不轨的人，命令他都不肯听从，召见他又怎么能来呢？幸而召来了，法律又怎么能施加到他身上。如果制裁了一位近亲，天下诸王都会瞪着眼起来反抗，陛下的臣子中即使有冯敬那样勇敢的人，但刚要开口揭发，刺客的匕首就已经刺进他的胸膛了。陛下虽然贤明，谁又能和您一起来治理这些人呢？所以说，关系疏远的诸侯王必定危险，关系亲近的诸侯王一定会作乱，这已经被事实所证明了。那些仗势强大而反叛的异姓诸侯，汉朝廷总算侥幸把他们诛杀了，但并没有改变祸乱的根源。同姓诸侯仿效他们而反叛，已有征兆了，按情势看，反叛的事件，一定会死灰复燃地发生。灾祸还不知要演变到何处，就是贤明的皇帝处在这种情况下，尚且不能使社会安定，后世又将怎么办呢？屠牛坦一早晨宰割了十二头牛，而屠刀的锋刃并没有变钝，这是因为他所刮、剔、剥、割的地方都在肌肉和骨头的缝隙之间。等碰到胯骨、大腿骨时，那就用砍刀或斧头去砍了。仁义厚恩好比是君王的刀刃；权势、法制好比是君王的砍刀、斧头。如今的诸侯王好比是胯骨、大腿骨，如果放弃砍刀、斧头，而要用刀刃去割，我认为不是碰出缺口就是被折断。为什么不能用仁义厚恩对付淮南王、济北王呢？因为形势不允许啊！

臣窃迹前事，大抵强者先反，淮阴王楚最强，则最先反；韩信倚胡则又反；贯高因赵资则又反；陈豨兵精则又反；彭越用梁则又反；黥布用淮南则又反；卢绾最弱，最后反。长沙[1]乃在二万五千户耳，○在，读如才，犹曰仅也。**功少而最完，势疏而最忠，非独性异人也，亦形势使然也。曩令樊、郦、绛、灌[2]，**○樊、郦、灌三人，皆姓。周勃封绛侯，绛乃其封地之名耳。而《史》《汉》中多称樊、郦、绛、灌，想当时通称如此，如今日称塔、罗、杨、彭[3]耳。**据数十城而王，今虽以残亡可也。令信、越之伦，列为彻侯[4]而居，虽至今存可也。然则天下之大计可知已。欲诸王之皆忠附，则莫若令如长沙王。欲臣子之勿菹醢[5]，则莫若令如樊、郦等。欲天下之治安，莫若众建诸侯而少其力。力少，则易使以义；国小，则无邪心。令海内之势，如身之使臂，臂之使指，莫不从制诸侯之君，不敢有异心，辐辏并进而归命天子。虽在细民，且知其安。故天下咸知陛下之明。**

注释

1 长沙：指长沙王吴芮。2 樊、郦、绛、灌：指舞阳侯樊哙，曲周侯郦商，绛侯周勃，颍阴侯灌婴。3 塔、罗、杨、彭：湘军著名将领塔齐布、罗泽南、杨岳斌、彭玉麟。4 彻侯：爵位名，后改称通侯，也称列侯。彻侯多居京师，只征收封地租税，不管行政。5 菹醢（zū hǎi）：古代酷刑，把人杀死剁成肉酱。

译文

臣私下考察以前发生的事，大体上势力强大的诸侯先反叛，淮阴侯韩信统治着楚，势力最强，就最先反叛；韩王信依靠匈奴的力量，又反叛了；贯高借助赵国的条件，也反叛了；陈豨装备精锐，接着反叛；彭越凭借梁国，也反叛了；黥布凭借淮南，也反叛了；卢绾势力最弱，最后反叛。长沙王只有二万五千户的封地，功劳少但国家保全最完整，权势小但最忠心，并非是秉性跟其他人不同，也是形势不允许他有野心呀。假如让以前的樊哙、郦商、绛侯、灌婴等人据有几十座城池而封王，到现在很可能已被亡国灭族了。假如让韩信、彭越等人受封为通侯居住于长安，即使到现在也还能生存。那么，治理天下的大计就清楚了。要想诸侯都能效忠朝廷，最好的办法是使他们跟长沙王一样国小势弱。要想臣属不被剁成肉酱，最好的办法是让他们与樊哙、郦商一样，位不过列侯而已。要使天下太平，最好的办法是大量增加封国而削弱他们的权力。权力小则容易用礼义约束；国土小则不会有谋反的邪心。使全国的形势就像身体使唤手臂，手臂使唤手指一样，没有不受到控制而服从的，封国的诸侯王也同样不敢有反叛之心，而是像车辐集中于车毂一样听命于天子。即使是老百姓，也会知道这样很安稳。因此，天下都知道陛下的英明。

割地定制，令齐、赵、楚各为若干国，使悼惠王、幽王、元王之子孙，毕以次各受祖之封地，地尽而止。及燕、梁、他国皆然。其分地众而子孙少者，建以为国，空而置之，须其子孙生者而后君之，○空而置之，谓存其国土，暂不封人，待其子孙生后，乃封之。**诸侯之地，其削颇入汉者，为徙其侯国，及封其子孙也，以数偿之。**○诸侯之地，前颇有削而入汉者，犹今云入官也。仍当移徙界址，归入侯国境内，待封其子孙时，全数还之。**一寸之地，一人之众，天子亡所利焉，诚以定制而已，故天下咸知陛下之廉。地制一定，宗室子孙虑莫不王。**○犹云大抵无不王也。**下无倍畔**[1]**之心，上无诛伐之志，故天下咸知陛下之仁。法立而不犯，令行而不逆，贯高、利幾之谋**[2]**不生，柴奇、开章之计**[3]**不萌，细民向善，大臣致顺，故天下咸知陛下之义。卧赤子天下之上而安，植遗腹，朝委裘，**[4]**而天下不乱。当时大治，后世诵圣。一动而五业**[5]**附，陛下谁惮而久不为此？**○以上言强者先反，宜多建诸侯而分其力。

注释

1 倍畔：背叛。2 贯高、利幾之谋：赵相贯高，曾与赵王张敖谋刺刘邦。利幾，项羽部将，降汉后封颍川侯，后造反被杀。3 柴奇、开章之计：柴奇、开章二人参与淮南王刘长谋反事件，出谋划策。4 植遗腹，朝委裘：指扶植皇帝去世后才生下的皇子登位，朝拜先帝留下的衣冠。谓帝位虚设。5 五业：指明、廉、仁、义、圣五项功业。

译文

分割土地，制定制度，让齐、赵、楚各分为几个小国，让悼惠王、幽王、元王的子孙依照顺序，分别继承祖上的土地，直到分割完毕为止。至于燕、梁等其他诸侯国也都这样做。那些封地多而子孙少的，就分割其地，建立封国，使王位空缺，等生育子孙之后再让他们治理。诸侯王的封地有不少已被削除收归朝廷所有的，就迁移他的封地，等到封他的子孙时，再按原来的土地数给予补偿。一寸土地，一位百姓，天子都不贪图，目的只为确立政治法度而已，因此，天下人就都知道陛下廉洁。分割土地的制度一经确定，宗室子孙没有谁不会考虑保住自己的统治，诸侯王没有背叛之心，皇上也就没有讨伐的念头，因此，天下人都知道陛下的仁爱了。法制建立而没有人触犯，政令推行而没有人违抗，像贯高、利幾之类的阴谋不会发生，柴奇、开章那样的诡计也不会萌生，百姓都趋向善良，大臣都表示顺从，因此，天下人都知道陛下正义。即使年幼小儿为帝，天下仍能安定，就是扶植遗腹子为君，或使群臣对先帝的衣服朝拜，天下也不会混乱。不但当世可以治理，后世也会称颂圣明。只要采取这样的措施，五个方面的功业也就随之而来，陛下还顾虑什么而迟迟不这样做呢？

天下之势，有病大瘇，一胫之大几如要，一指之大几如股，[1] 平居不可屈信[2]，一二指搐，身虑亡聊。○身虑无聊，言偶有一二牵动，遍身大抵皆痛，无聊赖也。**失今不治，必为痼疾。后虽有扁鹊[3]，不能为已。病非徒瘇也，又苦跖盭[4]。元王之子，帝之从弟也；今之王者，从弟之子也。惠王之子，亲兄之子也；今之王者，兄子之子也。亲者，或亡分地以安天下，疏者，或制大权以逼天子。臣故曰非徒病瘇也，又苦跖盭。可为痛哭者，此病是也！**○以上虑宗室诸侯地天生变，痛哭之一。

天下之势方倒县[5]，凡天子者，天下之首，何也？上也；蛮夷[6]者，天下之足，何也？下也。今匈奴嫚侮侵掠，至不敬也，为天下患，至亡已也，而汉岁致金絮采缯以奉之。夷狄征令，是主上之操[7]也；天子共贡，是臣下之礼也。足反居上，首顾居下，倒县如此，莫之能解，犹为国有人乎？非亶倒县而已，○亶与但同。**又类辟，且病痱。[8] 夫辟者，一面病；痱者，一方痛。今西边北边之郡，**

虽有长爵不轻得复，五尺以上，不轻得息。斥候望烽燧不得卧，○斥，远也，候，候伺也。斥候，犹今之放哨者也。**将吏被介胄**[9] **而睡。臣故曰一方病矣，医能治之，而上不使，可为流涕者此也。**

注释

1 瘇：浮肿病。胫：小腿。要："腰"的本字。股：大腿。2 屈信：屈伸。信，通"伸"。3 扁鹊：战国时期的名医，名秦越人。4 跖盭（zhí lì）：也作"跖盭"或"跖戾"。指脚掌扭折。5 倒县：倒悬。6 蛮夷：与下文"夷狄"均泛指华夏族以外的其他民族。7 操：行为。8 又类辟，且病痱：辟，通"躄"，脚有病。痱，病名，中风，偏瘫。9 介胄：盔甲。

译文

现在天下的形势如同患了脚肿病的人，小腿肿得像腰身一样粗，一根脚趾肿得像大腿一样粗，平时脚不能弯曲伸展，一两个脚趾搐痛，全身都痛得无法应付。这时不治疗，必将成为难治的顽症，以后就是扁鹊再世，也无能为力。这种病不仅是脚肿而已，还会因脚掌变形而不能行动。楚元王的儿子是陛下的堂弟，现在的楚王，是陛下堂弟的儿子。齐悼惠王的儿子是陛下亲哥哥的儿子，现在的齐王是陛下亲哥哥的孙子。与陛下血缘亲近的人有的还没有封地以安定天下，而那些与陛下血缘疏远的人却手握大权，对天子构成了威胁。所以臣认为现在不仅如同得了脚肿病，并且还苦于脚掌变形而不便行动。值得令人痛哭的，就是这种病啊！

现在，天下的形势正上下颠倒。天子，如同天下之首，为什么呢？因为天子在上位。蛮夷，是天下之足，为什么呢？因为蛮夷在下位。现在匈奴傲慢地侮辱汉朝使者，侵扰、掠夺百姓，对汉朝大不敬，且成为天下的祸害，没有止境，但汉朝却每年送金钱、棉絮、彩帛来供奉他们。蛮夷向汉朝发号施令，这是行使人主的权力；天子向蛮夷恭敬地纳贡，这是在行属臣的礼节。脚反而朝上，头反而朝下，这样头脚倒置，谁也不能解救，还能说国家有贤能的人吗？天下不但上下倒置，还像患有足病且得了风病一样。足痛，痛的只是一处；风病，则是一大片地方疼痛。如今西部和北部的边郡，即使爵位很高的人也不能轻易免除兵役，儿童以上的人都因为战备而得不到休息，哨兵日夜瞭望烽火不得安睡，将官都披戴着铠甲睡觉。所以我说这是一方得了病，医生能够治愈这种病，但是陛下却不让治，这也是应该为之流泪悲伤的事。

陛下何忍以皇帝之号，为戎人诸侯？势既卑辱，而祸不息。长此安穷？进谋者率以为是，固不可解也。亡具[1]甚矣！臣窃料匈奴之众，不过汉一大县，○汉之匈奴，南北二千里，东西五千里，而曰不过抵汉一大县，此贾生阅历之浅也。**以天下之大，困于一县之众，甚为执事者羞之！陛下何不试以臣为属国之官，以主匈奴？**○典属国之官，专主外国事。后苏武[2]尝为之。**行臣之计，请必系单于[3]之颈而制其命，伏中行说[4]而笞其背，举匈奴之众惟上之令。今不猎猛兽而猎田彘[5]，不搏反寇而搏畜兔，玩细娱而不图大患，非所以为安也。德可远施，威可远加，而直数百里外，威令不信，可为流涕者此也。**○以上涕流者二，实止言匈奴一事。

注释

1 亡具：无才能。具，才具。2 苏武：字子卿，汉武帝时奉命出使匈奴，被扣留，留居匈奴十九年，守节不屈。归汉后昭帝封他为典属国。3 单于：匈奴首领的称号。4 中行说（yuè）：汉文帝时宦官，因陪送公主至匈奴和亲而对汉王朝怀恨在心，转而投靠匈奴，成为单于的重要谋主。5 田彘（zhì）：野猪。

译文

陛下怎能忍受以皇帝的称号去做匈奴的诸侯？地位既卑下屈辱，又祸患无穷，长此下去，哪有穷尽？出谋献策的人都认为这样做是对的，这实在让人不可理解。这些人简直太无能了啊！我私下估计匈奴的人口不过只有汉朝的一个大县的人数，以这么大的天下，而受困于只有一县人口的匈奴，我真为执政的人羞愧。陛下为什么不任命我为属国之官去掌管匈奴事务呢？实行我的计策，一定可以勒住单于的脖子而杀了他，降伏中行说而鞭打他的脊背，使整个匈奴都听从陛下的命令。现在不去攻打凶猛的野兽，却去猎杀野猪，不去逮捕反叛的盗寇，却去捕捉禁苑中的兔子，沉湎于微小的娱乐却不去想办法对付国家的大患，这不是使天下安定的做法。皇上的恩威本来可以施行到很远的地方，而现在仅仅在数百里外就行不通了，这是使人流泪的事。

今民卖僮者，为之绣衣丝履，偏诸[1]缘○偏诸，即牙条。今之鬼子栏干也。**内之闲中[2]。是古天子后服，所以庙而不宴者也，而庶人得以衣婢妾。白縠之表，薄纨之里，緁以偏诸，**○偏诸，即缏子也。緁谓缝于衣之领缘也。**美者黼绣，是古天子之服。[3]今富人大贾，嘉会召客者以被墙。古者以奉一帝一后而节适，今庶人屋壁，得**

为帝服；倡优下贱，得为后饰。然而天下不屈者，殆未有也。且帝之身自衣皂绨[4]，而富民墙屋被文绣；天子之后以缘其领，庶人孽妾[5]缘其履：此臣所谓舛也。夫百人作之，不能衣一人，欲天下亡寒，胡可得也？一人耕之，十人聚而食之，欲天下亡饥，不可得也。饥寒切于民之肌肤，欲其亡为奸邪，不可得也。国已屈矣，盗贼直须时耳！然而献计者曰："毋动为大耳。"夫俗至大不敬也，至亡等也，至冒上也，进计者犹曰："毋为"，可为长太息者此也。○以上俗太奢侈，冒上亡等，太息之一。

注释

1 偏诸：衣领、衣襟、袖口等处所镶花边，为古代织绒，极名贵。清代叫鬼子栏干。2 内之闲中：内，纳。闲，栅栏、厩舍之类。3 白縠（hú）：白色绉纱。薄纨：细绢。纨、縠均名贵丝织物，工艺精细，质地轻薄。緁：缝。黼（fǔ）绣：织绣斧形花纹的衣服。4 皂绨（tí）：黑色厚缯，粗厚的丝织物。5 庶人孽（bì）妾：指身份低下的人。庶人，平民百姓。孽妾，受宠爱的妾婢。

译文

现在民间贩卖奴婢的人，给奴婢穿上镶了花边的绣花衣和丝边鞋，圈在木栅栏内。这些奴婢穿的都是古代皇后的服饰，而且皇后平时不穿，只是在祭祀时穿，而现在平民却用来给婢妾穿了。用白色绉纱做面子，细薄熟绢做衬里，又镶上花边，更漂亮的还绣上花纹，这是古代帝王的服饰。现在富商在宴会上招待客人时，却用来挂在墙上做装饰。古代用这些来侍奉天子和皇后是节制、适宜的，现在平民的屋壁挂上了皇帝的服饰，下贱的歌女艺妓也用皇后的服饰，这样天下财力不枯竭，恐怕是不可能的。况且皇帝自己穿的是黑色粗厚的丝织品，而富民的墙壁上却披挂着华丽的刺绣；皇后用来镶衣领的花边，平民的婢妾却用来镶在鞋上，这就是我所讲的悖乱的事。假设一百个人做衣服，却不能满足一个人的穿用，要想使天下之人不受寒冷，怎么可能做到呢？一个人耕作，十个人聚集起来食用，要想使天下之人不挨饿，是不可能的。饥饿、寒冷关系到人的身体，要想使这些人不作奸犯科，也是不可能的。国家的财力已经枯竭，盗贼兴起只需要时机罢了！然而献计的人却说："不变动为上策。"社会风气已经到了对长上极不尊敬、没有尊卑等级而犯上作乱的地步，而献计的人却说："不要作为"，这是使人深深叹息的事啊。

商君[1]**遗礼义，弃仁恩，并心于进取，行之二岁，秦俗日败。故秦人家富子壮则出分，家贫子壮则出赘。借父耰锄**[2]**，虑有德色，**○言大抵有德色也。**母取箕帚，立而谇语**[3]**，抱哺其子，与公并倨**[4]**。**○公，舅也，儿妇与舅并居，无礼甚矣。**妇姑不相说**[5]**，则反唇而相稽，其慈子嗜利，**○慈子嗜利，犹云溺爱贪利。**不同禽兽者亡几耳！然并心而赴时，犹日蹷六国兼天下，功成求得矣，终不知反廉愧之节、仁义之厚，信并兼之法，遂进取之业，天下大败。众掩寡，智欺愚，勇威怯，壮陵衰，其乱至矣。是以大贤起之，威震海内，德从天下。曩之为秦者，今转而为汉矣。然其遗风余俗，犹尚未改，今世以侈靡相竞，而上无制度，弃礼义，捐廉耻日甚，可谓月异而岁不同矣。逐利不耳**[6]**，**○利不耳，即利否耳。**虑非顾行也。**○虑非顾行，犹云大抵不顾行之是非也。**今其甚者，杀父兄矣。盗者剟**[7]**寝户之帘，搴**[8]**两庙之器，白昼大都之中，剽吏而夺之金。矫伪者**[9]**出几十万石粟，赋六百余万钱，乘传**[10]**而行郡国，此其无行义之尤至者也。而大臣特以簿书不报期会之间，以为大故。至于流俗失，世坏败，反恬**[11]**而不知怪，虑不动于耳目，**○犹云大抵不动于耳目。**以为是适然耳。**

注释

1 商君：商鞅，战国时期法家的著名代表人物。秦孝公任用商鞅变法，废井田，开阡陌，奖励耕织，实行郡县制及连坐之法，统一度量衡，使秦国得以富强。因遭秦国旧贵族的反对，秦惠王时被告谋反，处以车裂之刑并灭族。2 耰（yōu）锄：挖土平地的农具。3 谇（suì）语：责骂。4 倨（jù）：通“踞”。伸开脚坐着。“与公并倨”，指媳妇目无公婆。曾释作“儿妇与舅并居”，似未确。5 说：通“悦”。6 逐利不耳：意思是只看是否有利可图。7 剟（duō）：割。“剟寝户之帘”，意指破坏帘帷门窗进入内室偷窃。8 搴（qiān）：取走。9 矫伪者：弄虚作假的人。10 乘传：乘坐驿车。传，驿站的马车。11 恬：安然。

译文

商鞅舍弃礼义、仁德，只鼓励人们进取，新法实行了两年，秦的风俗日益败坏。所以秦国富有人家的儿子长大后就分家，贫穷人家的儿子长大后就入赘富贵人家。把农具借给父亲，脸上就现出恩赐的表情；母亲借扫帚，就立刻口出恶言；媳妇抱着孩子喂奶，竟和公公一起坐着；媳妇跟婆婆不和睦，就以恶言相向。一般人只知道宠爱儿子，贪图功利，这和禽兽没有多少差别了！然而商君顺应时势一心进取，还说是为了挫败六国，统一天下，功业虽然成功了，目的也达到了，但是最终仍不知要返回到讲求廉耻节操、仁义道德的正轨上来，信奉兼并的法则，追求进取的事业，使天下风俗大败。人多的压迫人少的，狡诈的人欺侮老实的人，胆大的人凌辱怯弱的人，年轻人侵犯老年人，真是混乱到了极点。因此，高祖皇帝负起挽救天下的大任，威望震服全国，天下人追慕他的德行。过去还属于秦的天下，今日已转归汉朝所有了。然而秦朝遗留的残余风俗并未加以改变，如今世人追求奢侈，竞相攀比，对此朝廷却没有制定法度，致使人们抛弃礼义，丢掉廉耻，一天比一天严重，可以说每月每年都有不同。人们追逐名利，而不顾行为的好坏，现在严重的甚至还有杀死父兄的事情发生。盗贼敢于割断窗帘、门帘进入内室，甚至偷走高祖、惠帝两庙的器具，还竟敢在光天化日之下到大都市抢劫官吏，夺取钱财。有的伪造文书取走官粟几十万担，敛取民赋六百余万钱，乘坐驿车周游郡国，真是没有道义到了极点。而大臣只把不按时上报公文和财物有出入当作大事。至于社会风俗的败坏，他们却安然处之，不以为怪，无动于衷，以为这是理所当然的事。

夫移风易俗，使天下回心而向道，类非俗吏之所能为也。俗吏之所务在于刀笔筐箧，而不知大体。陛下又不自忧，窃为陛下惜之！夫立君臣，等上下，使父子有礼，六亲有纪，此非天之所为，人之所设也。夫人之所设，不为不立，不植则僵，不修则坏。《管子》曰："礼义廉耻，是谓四维[1]。四维不张，国乃灭亡。"使管子愚人也，则可，管子而少知治体，则是岂可不为寒心哉！秦灭四维而不张，故君臣乖乱，六亲殃戮；奸人并起，万民离叛，凡十三岁，而社稷为虚。今四维犹未备也，故奸人幾幸[2]而众心疑惑，岂如今定经制，令君君臣臣，上下有差，父子六亲，各得其宜，奸人亡所幾幸，群众信上而不疑惑。此业一定，世世常安，而后有所持循矣。若夫经制不定，是犹渡江河，亡维楫[3]，〇维所以系舟，楫所以行舟。**中流而遇风波，船必覆矣。可为长太息者此也！**〇以上四维未备，秦俗未改，太息之二。

注释

1 四维：指礼、义、廉、耻四条为治国的纲纪。2 幾幸：冀幸，希图侥幸。非分企求。3 维楫：指缆绳和船桨。

译文

移风易俗，使天下人回心转意，走向正道，这些不是庸碌之辈所能做到的。庸碌之辈所做的，不过是处理一些文书档案的工作，他们并不知道治国的大纲大要。而陛下对此毫不忧虑，我私下为陛下感到惋惜！至于确立君臣的地位，规定上下的等级，使父子之间讲礼义，六亲之间守尊卑，这不是上天的规定，而是人为设立的。人们之所以设立这些规矩，是因为不设立就不能建立社会的正常秩序，不建立秩序，社会就会混乱，不维护这些制度，社会就会败坏。《管子》上说："礼、义、廉、耻是四个治国原则。这四个原则不确立，国家便要灭亡。"假如管子是个愚昧无知的人，也就算了，如果他稍微懂得治理国家的根本，怎么会不为不讲礼、义、廉、耻而寒心呢！秦王朝抛弃礼、义、廉、耻，所以君臣之间关系混乱，六亲之间互相残杀，邪恶之人到处作乱，百姓叛离朝廷，总共才十三年，国家便成为一片废墟。如今礼、义、廉、耻还没有完备，所以邪恶之人侥幸得势，而民众心存疑惑，还不如现在就确立根本制度，使君主是君主，臣子是臣子，上下各有等级，父子六亲各自得其宜，邪恶之人无法侥幸得志，万民信任皇上而不疑惑！这一制度一旦确立，世世代代长享太平，后代君主就有了可以遵循的治国法度。如果不确立根本制度，就像乘船渡河却没有缆绳和船桨一样，行船到江河中心遇到风波，一定会翻船。这是令人深深叹息的事啊。

夏为天子，十有余世，而殷受之。殷为天子，二十余世，而周受之。周为天子，三十余世，而秦受之。秦为天子，二世而亡。人性不甚相远也，何三代之君有道之长，而秦无道之暴也？其故可知也。古之王者，太子乃生，固举以礼，使士负之。有司齐肃端冕[1]，见之南郊，见于天也。过阙[2]则下，过庙则趋，孝子之道也。故自为赤子而教固已行矣。昔者成王幼在襁褓[3]，召公为太保，周公为太傅，太公为太师。[4]保，保其身体；傅，傅之德义；师，导之教训。此三公之职也。于是为置三少，皆上大夫也。曰少保、少傅、少师，是与太子宴[5]者也。故乃孩提[6]有识，三公、三少，固明孝、仁、礼、义以道习之，逐去邪人，不使见恶行。于是皆选天下之端士、孝弟，博闻、有道术者，以卫翼之，使与太子居处出入。故太子乃生而见正事，闻正言，行正道，左右前后皆正人也。夫习与正人居之，不能毋正，犹生长于齐不能不齐言也；习与不正人居之，不

能毋不正，犹生长于楚之地不能不楚言也。故择其所耆，必先受业，乃得尝之；择其所乐，必先有习，乃得为之。

注释

1 端冕：古代帝王、贵族的礼服。2 阙：皇宫门前两边供瞭望的楼。3 襁褓：包裹婴儿的被子和系带。4 召公：姬奭，周文王的儿子，周武王的弟弟。曾辅助武王灭商，受封于燕，是燕国的始祖。周成王时，被任为太保。周公：姬旦，周文王的儿子，周武王的弟弟。曾辅助武王伐纣灭商，摄政辅佐年幼的周成王，任太傅，平定叛乱，制作礼乐，建立典章制度，是西周初期杰出的政治家。太公：姜子牙，也称姜尚、吕尚、吕望、太公望。历事周文王、周武王、周成王三朝，具有卓越的军事才能，是西周的开国元勋，因功封于齐。周成王时任太师。5 与太子宴：与太子共同生活。宴，安居。6 孩提：两三岁始知发笑尚在襁褓中要人提抱的幼儿。

译文

夏朝统治天下，有十几代，然后由殷商继承。殷商统治天下，传了二十几代，然后由周继承。周朝统治天下，传了三十几代，然后由秦继承。秦王朝统治天下，只传了两代就灭亡了。人的秉性相差并不太大，为什么三代君王有道就统治长久，而秦代国君无道就灭亡得那么快呢？这个原因是可以知道的。古代的国君，在太子刚出生时，就用隆重的礼节来迎接，让士人背负着他，有关的官员身心整肃、衣冠整齐，在南郊迎接太子祭祀上天，经过宫门就下车，经过宗庙就小步快走，这是孝子之道。所以从婴儿开始，就对太子施行教化。过去成王还在襁褓中的时候，就有召公做他的太保，周公做他的太傅，太公做他的太师。保的职责是保护太子身体安全，傅的职责是辅导太子德义，师的职责是教育、训导太子智慧。这是三公的职责。同时还为太子设置三少，都是上大夫，称为少保、少傅、少师，他们的职责是与太子一同生活。所以太子在幼年刚懂事时，三公、三少就用孝、仁、礼、义辅导、训练太子，驱逐邪恶小人，不让太子见到罪恶的行为。于是又选择那些品行端正、有孝悌美德、学识渊博又通晓治国之术的人来辅佐他，使他们和太子朝夕相处。所以，太子从出生之时开始，所见到的都是正派的事，所听到的都是正派的语言，所实行的都是正确的原则，左右前后都是正直的人。习惯与正直的人相处，他的品行不可能不正直，就好像生长在齐国的人不能不说齐国话一样；经常与不正直的人相处，就会变成不正直的人，就像生长在楚国的人不能不说楚国话一样。所以选择太子的嗜好，一定先为他传授学业，然后才能去尝试；选择太子的爱好，必须先使他有了习惯，然后才让他去做。

孔子曰："少成若天性，习贯如自然。"及太子少长知妃色，则入于学，学者所学之官也。《学礼》曰："帝入东学，上亲而贵仁，则亲疏有序，而恩相及矣。帝入南学，上齿而贵信，则长幼有差，而民不诬矣。帝入西学，上贤而贵德，则圣智在位，而功不遗矣。帝入北学，上贵而尊爵，则贵贱有等，而下不隃矣。○隃同逾，越也。**帝入太学，承师问道，退习而考于太傅。太傅罚其不则而匡其不及，则德智长而治道得矣。"此五学[1]者，既成于上，则百姓黎民化辑于下矣。及太子既冠成人，免于保傅之严，则有记过之史，彻膳之宰，进善之旌，诽谤之木，敢谏之鼓，瞽史[2]诵诗，工诵箴谏[3]，大夫进谋，士传民语。习与智长，故切而不愧；化与心成，故中道若性。三代之礼，春朝朝日，秋暮夕月，所以明有敬也。春秋入学，坐国老执酱而亲馈之，所以明有孝也。行以鸾和[4]，步中《采齐》，趣中《肆夏》，[5]所以明有度也。其于禽兽，见其生，不见其死；闻其声，不食其肉，故远庖厨，所以长恩，且明有仁也。夫三代之所以长久者，以其辅翼太子有此具也。**

注释

1 五学：周代有东、南、西、北四学，并太学称为五学。《易传·太初篇》："天子旦入东学，昼入南学，晡入西学，暮入北学，太学在中央，天子之所自学也。" 2 瞽（gǔ）史：周代职官名，太史。瞽，瞎眼。3 工诵箴（zhēn）谏：乐工诵规诫劝谏的话。4 鸾和：古代车上的鸾铃，通过铃声调控车行的节律。5《采齐》《肆夏》：皆古代乐曲名，用作举止容态的礼仪规范。贾谊《新书·容经》："行以《采荠》，趋以《肆夏》，步中规，折中矩。"《采齐》，亦作《采荠》，一说出自逸诗。《肆夏》多用于宴饮宾客。

译文

孔子说："从小养成的，就像天赋秉性一样；经常学习而掌握的，就像天生本能一样。"等到太子年龄稍大，懂得妃匹女色的时候，便送他到学校学习。学校，就是朝廷贵族子弟就读的馆舍。《学礼》上说："帝入东学，学习尊重父母，崇尚仁爱，于是有了亲疏次序，把恩德推及平民百姓；帝入南学，学习尊重老人，崇尚诚信，于是有了长幼差别，百姓不相互欺骗；帝入西学，学习尊重贤人，崇尚道德，于是圣明的人得到任用而有功业的人不被遗弃；帝入北学，学习尊重显贵，崇尚爵位，于是有贵贱等级之别而下级不敢越权犯上；帝入太学，跟着老师学习治国大道，回来练习后接受太傅的考试，太傅处罚他不合法则的地方，匡正他不完善的地方，于是品德和智慧都得以增长，治国之道也学成了。”这五学既然已经被帝王掌握，那么黎民百姓就可以通过教化和睦相处了。等到太子成年举行了冠礼，免除了太保、太傅的严格管束，便又有负责记过的史官，用减膳食的办法进行规劝的官员，及站在旌旗下面负责进善言的人进行监督，还有负责劝谏的人把恶行记录在木板上，那些敢谏的人还可以击鼓警戒，盲人史官用古诗相劝，乐工弹奏进谏的箴言以规劝，大夫进献计谋，士人传达民众的言论。习惯与智慧一同增长，所以行为切合规范，没有羞愧的事情；教化与心智一同成熟，所以所作所为都符合道德，像是天性一样。夏、商、周三代时期的礼仪规定，春天早晨要祭日，秋天日落的时候要祭月，以此表示敬重天地。春季和秋季入学时，教室里坐着国家元老，帝王要拿着醯，亲自馈赠给他们，以此表示弘扬孝道。出门远行在车马上配上铃铛，慢行则符合《采齐》的音节，快走则符合《肆夏》的音节，以此表示懂得节度。对于飞禽走兽，见它活着便不杀它；听到过它的叫声便不吃它的肉，因此远离厨房，这是长施恩惠，表明仁爱之法。夏、商、周三代之所以统治长久，是因为他们辅佐太子时用这种方法。

及秦而不然。其俗固非贵辞让也，所上者告讦[1]也；固非贵礼义也，所上者刑罚也。使赵高傅胡亥而教之狱，[2]所习者非斩劓[3]人，则夷人之三族[4]也。故胡亥今日即位，而明日射人，忠谏者谓之诽谤，深计者谓之妖言，其视杀人若艾草菅[5]然，岂惟胡亥之性恶哉？彼其所以导之者，非其理故也。鄙谚曰：“不习为吏，视已成事。”又曰：“前车覆，后车诫。”夫三代之所以长久者，其已事可知也。然而不能从者，是不法圣智也。秦世之所以亟绝者，其辙迹可见也。然而不避，是后车又将覆也。夫存亡之变，治乱之机，其要在是矣。

天下之命县于太子。太子之善，在于早谕教与选左右。夫心未滥而先谕教，则化易成也。开于道术智谊之指，则教之力也。若其服习积贯，则左右而已。夫胡粤之人，生而同声，耆欲不异，及其长而成俗，累数译[6]而不能相通行，有虽死而不相为者，则教习然也。臣故曰选左右、早谕教最急。夫教得而左右正，

则太子正矣。太子正而天下定矣。《书》曰："一人有庆，兆民赖之！"此时务也。

○以上教太子一条，太息之三，却未揭明长太息字样。

注释

1 告讦：攻击别人的短处，揭露告发别人的隐私。2 赵高：秦始皇时任中车府令，始皇死，与丞相李斯矫诏赐死扶苏，立胡亥为二世皇帝，后杀李斯任中丞相，独擅大权。又逼杀二世，立子婴为秦王，后被子婴诛杀。胡亥：即秦二世，在位期间，赵高擅权，统治残暴，后被赵高逼迫自杀于望夷宫。3 劓（yì）：古代割掉鼻子的一种酷刑。4 夷人之三族：夷，诛灭。三族，父族、母族、妻族。5 若艾（yì）草菅（jiān）：指杀人如割茅草。艾，通"刈"，割。菅，菅茅。6 累数译：经过多次翻译。

译文

到秦时却不这样。他们的风俗本来就不崇尚谦让，崇尚的是奸诈；本来就不崇尚礼义，而崇尚刑罚。派赵高做胡亥的老师，教导胡亥刑戮之法，所学习的不是斩首、割鼻，就是灭人三族。所以胡亥今天即位，第二天就用箭射人，把忠心劝谏的人说成诽谤朝政，把为国家大业深谋远虑说成妖言惑众，把杀人看成同割杂草一样。难道是胡亥天性凶残恶毒吗？实在是教育他的方法不合理的缘故。俗语说："不熟悉做官的事，就看看以前官吏做过的事。"又说："前面的车倾覆了，后面的车要戒备。"夏、商、周三代之所以能够维持长期的统治，看它们以往的事就可以明白。如果还不加以学习、依从，这就是不效法圣人的智慧。秦朝之所以很快灭亡，他们走过的道路是很清楚的；如果不避开，后面的车子照样要翻覆。这存与亡的变化、治与乱的关键，要旨便在这里了。

天下的命运握在太子手上，而太子的治国才能与贤良品德，在于早点教导和谨慎选择太子左右的人。当他童心未泯时就开始教育，容易收到成效。使太子能够领悟治国之道，通达仁义道德的要旨，是靠教育的力量；至于使太子在日积月累中养成良好品行，那是左右近臣的职责。胡、粤两地的人，刚生下来时哭声相同，嗜好也一样，长大后各自形成不同的习俗，有时经过多次翻译都无法相互理解，一直到死，各人都依照自己的习惯而不肯接纳对方，这是教育习惯影响的结果。所以臣说选拔太子左右近臣、及早教导太子是十分急切的事。教导得法而左右都是正人君子，那么太子的品行就端正了。太子正直则天下安定。《书经》说："天子有善行，万民都仰仗他。"这是当务之急。

凡人之智，能见已然，不能见将然。夫礼者禁于将然之前，而法者禁于已然之后。是故法之所用易见，礼之所为至难知也。若夫庆赏以劝善，刑罚以惩恶，先王执此之政，坚如金石；行此之令，信如四时；据此之公，无私如天地耳。岂顾不用哉？然而曰“礼云礼云”者，贵绝恶于未萌，而起教于微眇[1]，使民日迁善远罪而不自知也。孔子曰：“听讼吾犹人也，必也使无讼乎！”为人主计者，莫如先审取舍。取舍之极定于内，而安危之萌应于外矣。安者非一日而安也，危者非一日而危也，皆以积渐然，不可不察也。人主之所积，在其取舍。以礼义治之者，积礼义；以刑罚治之者，积刑罚。刑罚积而民怨背，礼义积而民和亲。故世主欲民之善同，而所以使民善者或异。或道之以德教，或殴之以法令。道之以德教者，德教洽而民气乐；殴之以法令者，法令极而民气哀。哀乐之感，祸福之应也。

注释

1 微眇：细小，微末。

译文

人们的智力，只能认识已经发生的事，很难预见将要发生的事。礼的作用在于将某一行为制止在发生之前，而法却是对已经发生的行为进行惩罚。所以法令的作用很明显，而礼的价值却难以察觉。例如用奖赏来劝勉善行，用刑罚惩治恶行，先王推行这种政令，意志像金石般坚硬；实施这样的政令，像四季更替般守信；其公正如同天地一样无私。怎么能说先王不实施奖赏和刑罚呢？可是圣人之所以还强调礼治的原因，是因为礼所重视的是在恶事发生之前便断绝恶念，而且从细小处开始教导，使人们日趋向善，远离罪过，而自己却不知道。孔子说：“处理诉讼，我与别人一样；只是希望推行仁义，百姓之间没有争讼。”为国君出谋划策，最重要的是先审慎考虑取舍的标准。取舍的标准一旦在心中确立，安危的征兆便会显现出来。天下安定不是一天就能实现的，天下危亡也不是一天促成的，都是日积月累渐渐形成的，不可以不仔细考察。君主所积蓄的治国方法，在于他选择什么，抛弃什么。选择礼义方法治国的君主便积蓄礼义，选择刑罚治国的君主便积蓄刑罚。刑罚积蓄到一定的程度，百姓就会埋怨而反抗，礼义积蓄到一定程度，百姓就会和睦而亲近朝廷。所以，君主想要百姓善良温顺的愿望是相同的，只是用来使百姓善良温顺的方法不同。有的用道德教化进行引导，有的用法令进行惩罚。用道德进行教化的，随着道德教化的深入人心，民风就会和乐；用法令进行惩罚的，法令使用到极点，民风就会哀怨。哀乐的感受，便是祸福的应验。

秦王欲尊宗庙而安子孙与汤、武同，然而汤、武广大其德，行六七百岁而不失；秦王治天下，十余岁则大败，此无他故矣，汤、武之定取舍审，而秦王之定取舍不审矣。夫天下，大器[1]也。今人之置器，置诸安处则安，置诸危处则危。天下之情与器无以异，在天子之所置之。汤、武置天下于仁、义、礼、乐而德泽洽，禽兽草木广裕，德被蛮貊四夷[2]，累子孙数十世，此天下所共闻也。秦王置天下于法令、刑罚，德泽无一有，而怨毒盈于世，下憎恶之如仇仇，祸几及身，子孙诛绝，此天下所共见也。是非其明效大验耶！○以刑法与礼教层层比较，劝汉帝宜学周不宜学秦。**人之言曰："听言之道，必以其事观之，则言者莫敢妄言。"今或言礼谊之不如法令，教化之不如刑罚，人主胡不引殷、周、秦事以观之也？**○以上定取舍，重德教，太息之四，亦未揭明长太息字样。

注释

1 大器：非同寻常、关系重大的东西。比喻国家、帝位。2 蛮貊（mò）四夷：泛指古代华夏族之外的四方各民族。貊，古代东北边地民族。

译文

秦始皇想尊奉宗庙，使子孙后代安定，这与商汤王和周武王是相同的，但是，商汤王、周武王广泛推行德政，他们的国家保存了六七百年而不失败；秦始皇统治天下只有十多年就土崩瓦解了。这里没有别的原因，就是因为商汤王、周武王决定取舍很慎重，而秦始皇决定取舍不慎重。国家政权好比一个大器物，现在有人安放器物，把它放在安全的地方便安全，放到危险的地方就危险。治理国家的道理与放置器物没有什么不同，关键就在于天子怎么处置。商汤王、周武王把天下安置在仁、义、礼、乐之上，因而恩德滋润天下，禽兽、草木富饶，四方蛮夷都受到恩惠，王位留传子孙数十代，这是人所共知的。秦始皇把国家安置于法令、刑罚之上，恩德一点也没有，因而怨恨充斥天下，百姓憎恶他如同对待仇敌一样，几乎祸及自身，子孙也被灭绝，这是天下人有目共睹的。这不是很明显的效验吗！有人说："要判断某人说的话是否正确，一定要观察他所说的事实，那样，说话的人就不敢胡言乱语了。”现在，假如有人说治理国家，礼义的作用不如法令，教化的成效不如刑罚，君主为什么不拿商朝、周朝、秦朝盛衰兴亡的事实给他看呢？

人主之尊譬如堂，群臣如陛，众庶如地，故陛九级上，○级，等也。**廉[1]远地则堂高，**○廉，侧隅也。**陛无级，廉近地则堂卑。高者难攀，卑者易陵，理势然也。故古者圣王制为等列，内有公卿、大夫、士，外有公、侯、伯、子、男，然后有官师、小吏，延及庶人，等级分明，而天子加焉，故其尊不可及也。里谚曰："欲投鼠而忌器"，此善喻也。鼠近于器，尚惮不投，恐伤其器，况于贵臣之近主乎？廉耻节礼以治君子，故有赐死而亡戮辱，是以黥劓之罪不及大夫，以其离主上不远也。礼不敢齿君之路马[2]，蹴其刍[3]者有罚；见君之几杖则起，遭君之乘车则下，入正门则趋。君之宠臣，虽或有过，刑戮之罪，不加其身者，尊君之故也。此所以为主上豫远不敬也，所以体貌[4]大臣而厉其节也。今自王侯三公之贵，皆天子之所改容而礼之也，古天子之所谓伯父、伯舅也。而今与众庶同黥、劓、髡、刖、笞、傌、弃市之法，**○傌与骂同。**然则堂不亡陛乎？被戮辱者，不泰迫乎？**○泰与太同。**廉耻不行大臣，无乃握重权，大官而有徒隶亡耻之心乎？夫望夷之事[5]，二世见当以重法者，投鼠而不忌器之习也。**

注释

1 廉：侧边。“廉远地则堂高”，比喻尊卑有定规。2 路马：古代天子、诸侯乘驾路车所用的马。3 刍：喂牲口用的草料。4 体貌：以礼貌相待。5 望夷之事：指赵高逼杀秦二世于望夷宫。

译文

君主的尊贵犹如高堂，官员们好比台阶，百姓如同地面。所以，如果有九层台阶，侧边远离地面，堂屋显得高大；如果高堂前没有台阶，侧边接近地面，那么堂屋就相对低矮。殿堂高就不易攀登，殿堂低就易受践踏，这是理所当然的。所以古代明君制定了等级秩序，朝廷内有公、卿、大夫、士四等，朝廷外有公、侯、伯、子、男五等，然后又有官师、小吏，一直到平民百姓，等级分明，而天子凌驾其上，所以天子的尊贵是高不可攀的。民间谚语说：“既想打死老鼠，又怕毁坏器具。”这一比喻很妙。老鼠靠近器具，人们还不敢动手打，担心器具受损伤，更何况是接近国君的亲贵大臣啊！用礼义廉耻来约束君子，他犯了罪可以赐死而不刑杀侮辱，所以刺面、割鼻之刑是不用在大夫身上的，因为大夫就在君王身边。礼规定：不准查看君王御马的牙齿；践踏御马的草料要受惩罚；见到君主用的扶几手杖就要起身；路遇君主的车马就要下车恭候；进入宫殿的正门就得小步快走；君主的宠臣即使犯了错，也不对他施加杀戮之刑，这是尊敬君主的缘故。这样做是为了及早防止臣下对君主有不敬行为，是为了尊重大臣，勉励他们保持节操。当今王、侯、三公都很尊贵，是天子理应郑重礼待的人物，相当于古时天子所称的伯父、伯舅。可现在却让他们和平民百姓一样接受刺面、割鼻、剃发、剁脚、鞭打、辱骂、斩首示众的刑罚，这样不正如同殿堂没有台阶了吗？这些遭受杀戮、凌辱的人不是太接近皇帝了吗？不推行廉耻，那些手握大权的大臣，虽有崇高地位，不是会跟刑徒罪犯一样毫无羞耻之心吗？望夷宫之事，秦二世被处以重刑，就是投鼠而不忌器的结果。

臣闻之：履虽鲜，不加于枕；冠虽敝，不以苴履[1]**。夫尝已在贵宠之位，天子改容而礼之矣，吏民常俯伏以敬畏之矣，今而有过，帝令废之可也，退之可也，赐之死可也，灭之可也，若夫束缚之、系绁之，**○绁，谓以长绳系之也。**输之司寇，编之徒官。司寇、小吏詈骂搒笞之，殆非所以令众庶见也。夫卑贱者习知尊贵者之一旦，吾亦乃可以加此也，非所以习天下也，非尊尊贵贵之化也。夫天子之所尝敬，众庶之所尝宠，死而死耳，贱人安宜得如此而顿辱之哉！豫让**[2]**事中行之君，智伯伐而灭之，移事智伯，及赵灭智伯，豫让衅面吞炭，必报襄子，五起而不中。人问豫子，豫子曰："中行众人畜我，我故众人事之；智伯国士遇我，我故国士报之。"故此一豫让也，反君事仇，行若狗彘，已而抗节致忠，行出乎列士，人主使然也。故主上遇其大臣，如遇犬马，彼将犬马自为也。如遇官徒，彼将官徒自为也；顽顿亡耻，奊**○胡结反。**诟亡节**[3]**，廉耻不立，且不自好，苟若而可。故见利则逝，见便则夺。主上有败，则因而挻**[4]**之矣！主上有患，则吾苟免而已，立而观之耳！有便吾身者，则欺卖而利之耳！人主将何便于此？**

注释

1 苴（jū）履：垫鞋。苴，鞋底的草垫。2 豫让：春秋末期晋国人。曾事范氏和中行氏，不受重视。智伯伐灭中行氏，豫让转事智伯，受到智伯尊重和宠信。后智伯代赵襄子，赵襄子与韩、魏合谋灭智伯，三分其地，并漆其头盖骨为饮器。豫让决心为智伯报仇，多次行刺赵襄子未遂，后遭围捕，伏剑自杀。事见《史记·刺客列传》。3 奊（xǐ）诟亡节：意思是无修养节操。奊，通“谿”。谿诟，受辱。4 挺：夺取，篡夺。

译文

臣听说：鞋子虽然全新，不能放在枕头上；帽子虽破，不能垫在鞋底。如果大臣曾处于贵宠之位，天子也曾郑重地礼待过他，官吏百姓又曾向他跪拜叩首表示敬畏，而今他有了过错，皇帝可以下令废掉他的官职，可以叫他告老还乡，可以赐他去死，可以灭了他的家族，但如果用长绳捆绑他，交付给刑罚之官，罚为刑徒，服役官府，任由狱吏等加以谩骂、鞭打，这是不应该让百姓见到的。如果卑贱的人都知道一旦达官贵人犯罪，我也可以对他进行凌辱，这不利于训练天下人遵守礼仪，不利于提倡尊重高官、优待显贵的风气。天子曾经以礼相待的、百姓曾经尊崇的官员，死了便死了，卑贱的人怎么可以如此侮辱他呢！豫让曾经侍奉中行君，智伯讨伐并且灭掉中行氏，豫让转而侍奉智伯，等到赵襄子消灭了智伯，豫让用漆把脸涂黑毁容，口吞木炭来改变自己说话的声音，一定要报复赵襄子，试了五次都没有成功。有人问豫让，豫让回答说：“中行氏把我当普通人对待，我便以普通人的身份侍奉他；智伯把我当国士对待，所以我用国士的身份回报他。”所以同一个豫让，起初背叛君主而侍奉仇敌，行为像猪狗一样，后来忠君守节，行为像烈士，这是人主使他变成这样的。所以，如果君主像对待犬马一样对待大臣，大臣便会自比为犬马；如果君主像对待官府徒隶一样对待大臣，大臣也就会把自己当作官府的徒隶。如果臣子顽固愚笨而无耻，没有志气，丧失节操，缺乏廉耻观念又不自爱，因循苟且，则会见到利益便去抢占，见到好处便去夺取。当主上衰败的时候，他们便乘机夺取主上的财产、地位；当主上有忧患的时候，他们却苟且偷生，袖手旁观；当对自己有利时，便欺骗主人，出卖主人的利益来谋取好处。这样对主上有什么好处呢？

群下至众，而主上至少也，所托材器职业者，萃于群下也，俱亡耻，俱苟安，则主上最病。故古者礼不及庶人，刑不至大夫，所以厉宠臣之节也。古者大臣有坐[1]不廉而废者，不谓不廉，曰簠簋[2]不饰；坐污秽淫乱、男女无别者，

不曰污秽，曰帷薄不修；坐罢软[3]不胜任者，不曰罢软，曰下官不职。故贵大臣定有其罪矣，犹未斥然[4]正以呼之也，尚迁就而为之讳也。○是时丞相绛侯周勃免就国，人有告勃谋反者，逮系长安狱，故贾生以此讥之。**故其在大谴大何[5]之域者，闻谴何，则白冠氂缨，盘水加剑，[6]造请室[7]而请罪耳，上不执缚系引而行也。其有中罪者，闻命而自弛，上不使人颈盭[8]而加也。其有大罪者，闻命则北面再拜，跪而自裁，上不使捽抑[9]而刑之也。曰："子大夫自有过耳，吾遇子有礼矣！"遇之有礼，故群臣自憙[10]；婴以廉耻，故人矜节行。上设廉耻礼义以遇其臣，而臣不以节行报其上者，则非人类也！**

注释

1 坐：特指定罪的因由。2 簠簋（fǔ guǐ）：古代盛黍、稷、稻、粱的两种食器。"簠簋不饰"，是对官吏贪财受贿不廉正行为的委婉说法。3 罢软：软弱无能。罢，通"疲"。4 斥然：公然斥责的样子。5 大谴大何：犹重谴严责。谴、何，责问。6 白冠氂（máo）缨，盘水加剑：古代刑不上大夫，大臣犯罪，不加刑辱以保存其体面。罪臣头戴白帽，捆缚毛绳，手托盛水的盘子，盘上置剑，前往请罪。白冠，丧服。7 请室：清洗罪过的囚室。8 颈盭（lì）：谓扭转颈项。盭，扭曲。9 捽（zuó）抑：揪住往下按。10 憙：同"喜"。

译文

群臣人数众多，而主上最少，钱财、器物、职业等各方面的事情都得依靠群臣掌管。如果群臣都无廉耻之心，都苟且偷安，那么，主上便最忧虑。所以古代礼不施加于百姓，刑不施加于大夫，目的是为了勉励宠臣保持气节。古时有大臣因不廉洁而被罢黜，但不说他不廉洁，而称簠簋不饰；有犯污秽淫乱、男女杂居罪的，不说他淫秽，而称帷薄不修；有软弱无能不称职的，不说他懦弱无能，而称下官不职。所以对待确定已有罪过的显贵大臣，尚且不直接指斥他的罪过，而是换一种委婉的用词，为他避讳。所以那些受到君主严厉谴责、呵斥的大臣，一听到谴责、呵斥，就身穿丧服，把剑放在盛水的盘子里，到请罪之室去请罪，皇上并不让人拿绳索绑着他走。犯了中等罪行的大臣，听到判决令就自杀，皇上不派人去割下他的首级。犯有重罪的人，听到判决令就向北面叩拜两次，跪着自杀，君主不派人去揪按着他斩下首级。君主只是说："是你自己犯了过失，我对你是以礼相待的！"君主对臣子以礼相待，所以臣子们都自好而有志气；以廉耻约束臣子，人们都会重视品德节行。君主用礼义廉耻对待大臣，而大臣如果不以气节品行报答君主，那他就不是人了！

故化成俗定，则为人臣者，主耳忘身，国耳忘家，公耳忘私，利不苟就，害不苟去，唯义所在。上之化也，故父兄之臣，诚死宗庙；法度之臣，诚死社稷；辅义之臣，诚死君上；守圄捍敌之臣，诚死城廓封疆。故曰圣人有金城者，比物此志也。彼且为我死，故吾得与之俱生；彼且为我亡，故吾得与之俱存；夫将为我危，故吾得与之俱安。○夫犹彼也。《左传》"则夫致死焉"，亦谓彼致死也。**顾行而忘利，守节而仗义，故可以托不御之权，**○不御之权，谓全授以权柄，不复制御之也。**可以寄六尺之孤，此厉廉耻、行礼谊之所致也。主上何丧焉！此之不为，而顾彼之久行。故曰可为长太息者，此也。**○以上不挫辱大臣，太息之五。

译文

这种习俗蔚成风气，那么做臣子的就会只为君主而不顾自身，只为国家而不顾家庭，只考虑大家的利益而不顾个人私利，见到利益而不轻易谋取，见到危险也不随便逃避，只按照道义的要求办事。君主提倡这种教化，所以宗族重臣就会真心地为维护宗庙而死，推行和制定法度的大臣就会真心地为国家社稷而死，辅佐君主的大臣就会真心地为君主而死，看守监狱和守卫边疆的大臣就会真心地为国家城郭、疆界的安全而死。所以说圣明的君主都有金城，这是用金城来比喻这种意志。他尚且愿意为我而死，所以我应该与他同生；他尚且愿意为我而亡，所以我应当与他共存；他尚且愿意为我冒着危险，所以我应当与他都安全。只考虑自己要做的事情合不合道义，而不去考虑能不能获得利益，坚守节操而尊崇大义，这样就可以把权柄安心委托给他，可以把尚未成人的皇位继承人托付给他，这是推行廉耻、提倡礼义所带来的结果，对国君来说，并没有什么损失啊！这种事不做，却长期做那种羞辱、杀戮大臣的行为，所以说这是值得长叹的事。

曾评

奏疏以汉人为极轨[1]，而气势最盛、事理最显者，尤莫善于《治安策》。故千古奏议，推此篇为绝唱。可流涕者少一条，可长太息者少一条，《汉书》所载者，殆尚非贾子全文。贾生为此疏时，当在文帝七年，仅三十岁耳。于三代及秦治术无不贯彻，汉家中外政事无不通晓，盖有天授，非学所能几耳。

奏议以明白显豁、人人易晓为要。后世读此文者，疑其称名甚古，其用字甚雅，若仓卒不能解者。不知在汉时乃人人共称之名，人人惯用之字，即人人所能解也。即以称名而论，其称淮南、济北，如今日称端华、肃顺[2]也；其称匈奴，如今日称英吉利也；其称淮阴侯、黥布、彭越、韩信、张敖、卢绾、陈豨六七公，犹今日称洪秀全、李秀成、石达开、张洛刑、苗沛霖、畲匪、回匪也；[3]其称樊、郦、绛、灌，犹今日称江、塔、罗、李[4]也；其称郡国，犹今日称府厅也；其称傅、相、丞、尉，犹今日称司、道、守、令也。又以用字而论，其用"厝"字，犹今日用"置"字也；其用"虖"字，犹今日用"乎"字也；其用"虑"字，犹今日用"大致"也；其用"执"字，犹今日用"势"字也；其用"亡"字，犹今日用"无"字也；其用"亶"字，犹今日用"但"字也；其用"幾幸"，犹今日用"冀幸"也；其用"隃"字，犹今日用"逾"字也；其用"县"字，犹今日用"悬"字也。由此等以类推，则当日通称之名、通用之字，断无不共喻者。然则居今日而讲求奏章，亦用今日通称之名、通用之字可矣。

注释

1 极轨：最高典范。2 端华、肃顺：端华，清大臣，即郑亲王，同治顾命八大臣之一，与弟肃顺同朝用事。肃顺，端华弟，历任御前大臣、总管内务府大臣、户部尚书、协办大学士。3 洪秀全、李秀成、石达开：太平天国首领，天王洪秀全，忠王李秀成，翼王石达开。张洛刑：也作张洛行、张乐行，著名捻军首领，被太平天国封为沃王。苗沛霖：初办团练与捻军作战，成为一方割据势力，次年投靠清将胜保，官至道员，后举兵反清，被太平天国封为奏王。首鼠两端，时叛时降，后在安徽蒙城被清军僧格林沁部击败，为部下所杀。畲（hǎ）匪：对捻军的蔑称。湘人谓畲，含有呆傻蠢笨的意思。回匪：对同治年间西北回民起义民众的侮称。4 江、塔、罗、李：指湘军著名将领江忠源、塔齐布、罗泽南、李续宾。

刘向极谏外家封事

导读

刘向，字子政，沛（今江苏沛县）人。汉皇族楚元王刘交四世孙。元帝、成帝时历任宗正、光禄大夫、中垒校尉。西汉著名经学家、目录学家。

汉成帝时，外戚专权，严重危及刘氏政权，刘向深以为忧，因而上书极谏，劝诫皇上认清形势，早作防范。所谓封事，即密封的奏章，事关重大，必须审慎保密。封事极言王氏僭盛，国祚旁移，事势危如累卵。建言培植宗室，黜远外戚，既可使王氏宗族得以保全，长享富贵，又可使刘氏常安，不失社稷，方为万全之策。成帝召见刘向，虽然有所感触，但终未作出决断。后来王莽篡汉，证实了刘向的预见完全准确。

刘向在奏疏中既为皇上着想，又为皇上的生母王太后及其族人着想，真挚恳切的情意溢于言表。曾氏特别拈出“忠爱”二字，认为足以上接三光而通神明。要想学他的文章，首先要学他的心术。心术正则文正，根本固则枝叶茂盛。

臣闻人君莫不欲安，然而常危；莫不欲存，然而常亡，失御臣之术也。夫大臣操权柄，持国政，未有不为害者也。昔晋有六卿[1]，齐有田、崔[2]，卫有孙、宁[3]，鲁有季、孟[4]，常掌国事，世执朝柄。终后田氏取齐，六卿分晋，崔杼弑其君光，孙林父、宁殖出其君衎，弑其君剽。季氏八佾舞于庭，三家者以《雍》彻并专国政，卒逐昭公。[5]周大夫尹氏管朝事，浊乱王室，子朝、子猛更立[6]，连年乃定。故《经》曰：“王室乱。”又曰：“尹氏弑王子克。”[7]甚之也。《春秋》举成败，录祸福，如此类甚众，皆阴盛而阳微。下失臣道之所致也。故《书》曰：“臣之有作威作福，害于而家，凶于而国。”[8]孔子曰：“禄去公室，政逮大夫，危亡之兆。”[9]

注释

1 晋有六卿：春秋末年，晋国范氏、中行氏、知氏、赵氏、韩氏、魏氏六个世袭卿族持掌国政，相互兼并攻伐，导致六卿分晋，晋室瓦解，分立为战国七雄中的赵、魏、韩三国。2 齐有田、崔：春秋晚期，齐国田氏势力日益壮大，逐渐掌握了齐国的政权。至战国时期，田和废齐康公，自立为国君，取代了姜姓齐国，称为“田齐”。崔杼，春秋时齐国大夫，因齐庄公吕光与其妻棠姜私通，于是杀齐庄公，立庄公的弟弟为君，即齐景公，自己担任右相，持掌齐国的大权。3 卫有孙、宁：指孙林父与宁殖，春秋时卫国卿大夫，因怨恨卫献公姬衎（kàn）傲慢无礼，于是把卫献公赶出卫国，卫献公逃往齐国。孙林父与宁殖共立姬剽为君，即卫殇公。后殇公让宁喜攻孙林父，孙林父逃至晋国，请求护送献公回国。晋国出兵伐卫，诱使卫国与晋会盟，乘机拘执了殇公。献公复国，诛杀殇公，事因孙、宁而起，故言孙、宁“弑其君剽”。4 鲁有季、孟：季孙氏、孟孙氏，春秋时鲁国世卿、贵族。5 八佾（yì）：古代天子专用的舞乐。佾，舞列。八佾，纵横六十四人。三家：指孟孙氏、叔孙氏、季孙氏，均出自鲁桓公。《雍》：乐名，古代撤膳时所奏。《诗·周颂·雍》为周天子祭礼宗庙毕撤去祭品时所唱乐歌。《雍》彻，天子食毕撤器时奏《雍》乐的礼仪。这里是说三家逾越礼制。卒逐昭公：鲁国发生内乱，鲁昭公攻伐季氏，季平子得到叔孙氏、孟孙氏的援助，三家共同攻伐鲁昭公，鲁昭公出逃至齐国。6 子朝、子猛更立：子朝，周景王庶长子姬朝，为景王所宠爱，欲传位给他。子猛，周景王嫡子姬猛，子朝的弟弟。景王死后，姬猛继位，即周悼王。子朝举兵争夺王位，悼王被杀。尹氏立子朝为王，晋国出兵攻打子朝，拥立悼王的弟弟姬匄为王，即周敬王。子朝兵败，携周室典籍逃往楚国。7 尹氏弑王子克：王子克，周桓王的次子姬克，为桓王钟爱，桓王临死前嘱托周公黑肩扶助姬克日后继承王位。桓王死后，众臣拥立长子姬佗继位，即周庄王。据《左传·闵公二年》记载，周公黑肩不听大夫辛伯劝阻，图谋发动政变，杀害庄王，另立王子克为王。辛伯告知庄王，周公黑肩被杀，事败，王子克逃至燕国。8“故《书》曰”句：语出《尚书·洪范》。而，通“尔”，你的。9“孔子曰”句：语出《论语·季氏篇》。禄，指权力。逮，及。

译文

臣下听说君主没有不想要国家安定的，但是国家却常常陷入危机之中；没有不想要万世长存的，然而却常常灭亡，这是君主没有掌握驾驭群臣的方法。如果大臣手握大权，把持了国政，没有不危害君主的。以前，晋国有范氏、中行氏、知氏、韩氏、赵氏、魏氏等六卿，齐国有田氏、崔氏，卫国有孙氏、宁氏，鲁国有季氏、孟氏，他们常年把持国政，世代掌握着朝廷权柄。最终导致田氏取代了齐国君主而成为齐侯，六卿瓜分了晋国，崔杼杀害了他的君主齐庄公吕光，孙林父、宁殖赶走了他们的君主卫献公卫衎，并杀死了继任的君主卫殇公卫剽。季氏用六十四个人在院里奏乐舞蹈，孟孙、叔孙、季孙三家祭祖时，唱着《雍》乐撤祭品，他们一起垄断国政，最后还驱逐了鲁昭公。周朝大夫尹氏掌管朝政，致使周王室混乱不堪，子朝、子猛先后被立为君，连续几年之后国家才恢复安定。所以《春秋经》说：“王室乱。”又说：“尹氏杀王子克。”太厉害了！《春秋》列举的成败案例，记录的祸福事件，像这一类的很多，都是阴盛阳衰。这是下面做臣子的没有恪守为臣之道而导致的。所以《尚书》说：“如果有大臣作威作福，那么他便会对你的家族产生危害，给你的国家带来不幸。”孔子说：“权力脱离了鲁国公室，国家政权已经被大夫掌握，这是将要灭亡的征兆。”

秦昭王舅穰侯及泾阳、华阳君专国擅势，上假太后之威。[1] **三人者，权重于昭王，家富于秦国。国甚危殆，赖寤范雎**[2] **之言，而秦复存。二世委任赵高，专权自恣，壅蔽大臣，终有阎乐望夷之祸**[3]**，秦遂以亡。近事不远，即汉所代也。汉兴，诸吕无道，擅相尊王。吕产、吕禄席太后之宠，**[4] **据将相之位，兼南北军之众，拥梁、赵王之尊，骄盈无厌，欲危刘氏。赖忠正大臣绛侯、朱虚侯**[5] **等竭诚尽节，以诛灭之，然后刘氏复安。**○以上历数权臣害国，而以吕氏之乱引出王氏。**今王氏一姓，乘朱轮华毂者二十三人，青紫貂蝉，充盈幄内，鱼鳞左右。**[6] **大将军秉事用权，五侯骄奢僭盛，并作威福，击断自恣，**[7] **行污而寄治，**○污，乱也。寄亦托也。行本污乱而托为澄治。**身私而托公。依东宫**[8] **之尊，假甥舅之亲，以为威重。尚书、九卿、州牧、郡守皆出其门。管执枢机，朋党比周**[9]**。称誉者登进，忤恨者诛伤，游谈者助之说，执政者为之言。排摈宗室，孤弱公族。其有智能者，尤非毁而不进。远绝宗室之任，不令得给事朝省，恐其与己分权；数称燕王、盖主以疑上心，避讳吕、霍而不肯称。**[10] **内有管、蔡之萌**[11]**，外假周公之论。兄弟据重，宗族磐互**[12]**，历上古至秦汉，外戚僭贵，未有如王氏者也。虽周皇甫，秦穰侯，汉武安、吕、霍、上官之属，**[13] **皆不及也。**○以上极言王氏僭盛。

注释

1 穰侯：战国时秦国大臣魏冉，宣太后异父同母弟，秦昭王的舅舅，拥立秦昭王，权倾朝野。泾阳：宣太后的儿子嬴芾，秦昭王的弟弟，封地在陕西泾阳，故称泾阳君。华阳君：宣太后的同父弟芈戎，秦昭王的舅舅，封华阳君，与宣太后、穰侯执掌秦国大权。假：凭借。2 范雎（jū）：战国时魏国人，入秦后被任为客卿，提出远交近攻的策略。秦昭王采纳他加强王权、削弱贵族势力的建言，废太后，将穰侯、泾阳君、华阳君等贵族逐出，任用范雎为相。3 阎乐望夷之祸：阎乐，赵高的女婿，任咸阳令，受赵高指使，率党羽逼杀秦二世于望夷宫。4 吕产、吕禄：刘邦死后，惠帝、少帝在位期间，吕后把持政权，临朝称制，大力培植吕家势力，封侄子吕台为吕王，吕禄为赵王，吕产为梁王，并让吕禄、吕产统领北军、南军。席：凭借。5 绛侯、朱虚侯：绛侯周勃，夺吕禄兵权，掌控北军。朱虚侯刘章，刘邦的孙子，齐悼惠王刘肥的次子，吕后称制时封朱虚侯，娶吕禄之女为妻。与丞相陈平、太尉周勃等合谋诛灭诸吕，迎立文帝，安定了刘氏政权。6 朱轮华毂：装饰华丽的车子，比喻显贵。毂，车轮中心的圆木。青紫貂蝉：高官显贵的服饰。青紫，公卿绶带的颜色。貂蝉，指貂蝉冠，王公显贵所戴，饰以貂尾蝉翼。鱼鳞：形容像鱼鳞一样密集排列。7 大将军：王凤，汉元帝皇后王政君的哥哥，汉成帝的舅舅，外戚，权臣。汉成帝即位后，任大司马、大将军，领尚书事。五侯：王凤的弟弟王谭、王商、王立、王根、王逢时同日封侯，世称“五侯”。僭（jiàn）盛：逾越礼制，气焰嚣张。击断自恣：独断专行，肆意妄为。8 东宫：代指太后。汉时太后居长乐宫，在未央宫东，故称东宫。9 比周：相互勾结。结党营私。10 燕王、盖主：燕王刘旦，汉武帝第三子，汉昭帝的哥哥。盖主，盖长公主，即鄂邑长公主，汉昭帝的姐姐。燕王、盖长公主与上官桀、上官安父子及桑弘羊等谋反，事败自杀。燕王、盖主宗室刘氏谋反，故王氏屡次提起。吕、霍：吕后之族、霍光之族。因是外戚专权谋反，故王氏避而不谈。霍光，汉室重臣，昭帝皇后上官氏的外祖父，宣帝皇后霍成君的父亲。因久擅大权，亲党充塞朝廷，子弟骄恣，在他死后，后人谋反而遭诛灭。11 管、蔡之萌：周武王的弟弟管叔和蔡叔，周初封君，周成王时伙同商纣王之子武庚发动叛乱，被周公平定。12 磐互：相互纠结交缠。13 周皇甫：周幽王时的卿士、宠臣。汉武安：田蚡，汉景帝王皇后同母异父弟，汉武帝的舅舅，汉武帝即位后被封为武安侯，担任丞相，专权跋扈。上官：上官桀、上官安父子。上官桀，武帝时任左将军，昭帝即位后，封安阳侯。儿子上官安，任骠骑将军，封桑乐侯，娶霍光的女儿为妻，上官安的女儿是汉昭帝的皇后。后因谋反，被灭族。

译文

秦昭王的舅舅穰侯魏冉和泾阳君公子芾、华阳君芈戎独揽朝政，假借秦宣太后的威势。三人在朝中的权势比昭王还要大，他们的家财比秦国还富有。国家已经非常危险了，幸亏因为范雎的话昭王醒悟，秦国才能得以保全。秦二世任用赵高，专权放纵，阻隔君臣，最终有了阎乐率领的望夷宫之祸，秦由此灭亡。这是最近才发生的事，时间并不久远，后来汉朝取而代之。汉朝兴起以后，众多吕氏公卿不走正道，擅自相互尊彼此为王。吕产、吕禄凭仗着吕后的恩宠，分别占据了将相的位置，手中掌握着南北军的兵士，又有着梁王、赵王这样的尊位，骄奢淫逸却还不知足，将要危及刘氏政权。后来仰仗着忠正大臣绛侯周勃、朱虚侯刘章等竭忠尽节消灭了他们，然后刘氏才又得安宁。现在王氏一姓中乘坐朱轮美车的人就有二十三个，身穿青紫貂蝉的大臣挤满篷帐，一排排坐在皇帝的左右。大将军掌事弄权，五侯骄奢气盛，他们一起作威作福，专断独行，行为污乱谋私却假托公义之名，依靠着东宫的尊威，凭借着甥舅的亲情，达到威重权位。尚书、九卿、州牧、郡守都出自他们门下。他们执掌着朝廷中枢机关，结党营私。称赞他们的就擢升，忤逆他们的就诛杀中伤；游谈的人为他们宣说，执政的人替他们讲话。排挤宗室，孤立削弱公族。那些有智慧才能的人，尤其要加以毁谤而不进用。不让宗室之人任职，不让他们为朝廷做事，害怕他们会和自己争权；多次提起燕王、盖主，以此来使皇上疑惑，避讳吕不韦、霍光而不肯提起。内心有管叔鲜、蔡叔度那样的盘算，表面上却假托周公的言论。兄弟占据重要位置，与宗族相勾结，从上古到秦汉，外戚僭越尊位，没有像王氏这样严重的。即使周朝的皇甫，秦国的穰侯，汉朝的武安侯、吕后、霍光、上官皇后之流，都比不上王氏。

物盛必有非常之变先见，为其人征象。孝昭帝时，冠石立于泰山，仆柳起于上林，[1]**而孝宣帝即位。今王氏先祖坟墓在济南者，其梓柱生枝叶，扶疏上出屋，**[2]**根垂地中。**○垂当作臿，臿与插同。**虽立石起柳，无以过此之明也。**○指明梓柱之征，果为王氏篡汉之兆。向之忠直出于至诚，故其道可以前知。读至王、刘不并立等语，至今如睹其涕泣之状，如闻其呜咽之声。**事势不两大，王氏与刘氏亦且不并立，如下有泰山之安，则上有累卵之危。陛下为人子孙，守持宗庙，而令国祚**[3]**移于外亲，降为皂隶**[4]**，纵不为身，奈宗庙何？妇人内夫家，外父母家，**[5]**此亦非皇太后之福也。**○以上言王氏安则刘氏危。**孝宣皇帝不与舅平昌、乐昌侯**[6]**权，所以全安之也。夫明者，起福于无形，销患于未然，宜发明诏、吐德音，援近宗室，亲而纳信；黜远外戚，毋授以政，皆罢令就第，以则效先帝之所行，厚安外戚，全其宗族，诚东宫之意，外家之福也。王氏永存，保其爵禄；刘氏常安，不失社稷，所以褒睦外内之姓，子子孙孙无疆之计也。如不行此策，田氏复见于今，六卿必起于汉，为后嗣忧，昭昭甚明，不可不深图，不可不早虑！《易》曰："君不密，则失臣；臣不密，则失身；幾事不密，则害成。"**[7]**唯陛下深留圣思，审固幾密，览往事之戒，以折中取信，居万安之实，用保宗庙。久承皇太后，天下幸甚！**

注释

1 冠石：以三石为足而矗立于地的大石。古人认为是将有天子兴于民间的一种祥瑞。仆柳：倒伏的柳树。据《汉书·昭帝纪》载，（元凤）三年（前78）春正月，"泰山有大石自起立，上林有柳树枯僵自起生"。2 梓柱：梓木做的柱子。扶疏：枝叶茂盛的样子。3 国祚（zuò）：指皇位。4 皂隶：贱役。5 内夫家，外父母家：以夫家为内，父母家为外。内，亲；外，疏。6 平昌、乐昌侯：汉宣帝的舅舅王无故封平昌侯，王武封乐昌侯。二人出自社会底层。7 "《易》曰"句：语出《易·系辞上》。幾事：机密事。

译文

事物兴盛之前必然会有非同寻常的变化出现，以此作为这个人的细微表征。汉孝昭帝时，冠石自立在泰山之上，倒伏的柳树竟然在上林苑重新立起，而汉孝宣帝即位。现在王氏在济南的祖坟上，梓木柱长出枝叶，扶疏向上高出了房屋，根插进地下。即使石头站立仆柳竖起，这些征兆也都没有这梓柱发芽明显。事物势必不可能有两个最大的，王氏和刘氏也必然势不两立，如果下方有泰山般的安稳，那么上方就有累卵般的危险了。陛下作为祖先的子孙，护持着宗庙，却让皇位转到外戚手中，降身为差役，即使不为自己，那宗庙又该怎么办呢？妇人以夫家为内，以父母家为外，这也不是皇太后的福分啊。汉孝宣皇帝不给舅舅平昌侯和乐昌侯权力，就是要保全他们。英明的君主能在无形中产生福祉，在祸患未产生前就将其消除，陛下应该明发诏书，宣扬德音，拉近与宗室的距离，亲近他们，信任他们；疏远外戚，不把权力交给他们，把他们全都罢免，让他们回家，效法先王的作为，厚待安抚外戚，保全他们的宗族，这确实是东宫的愿望，外戚的福祉。王氏永远存在，保留他们的爵位俸禄；刘氏长期安定，不失掉社稷，这是使内姓、外姓都和睦相处，子子孙孙永保和平的大计。如果不按此行事，田氏代齐的故事就会在今天重现，六卿一定会在汉朝兴起，成为后世的忧患，这些都昭然可见，不可以不深思，不可以不早早思虑！《易经》说："如果君主不缜密，就会失去臣子的拥戴；如果臣子不缜密，就会丧失性命；如果做机密的事不缜密，就会造成祸害。"请陛下深思，周密审查国家机密，借鉴以往的教训，以折中事理取得大家信任，使国家得长治久安，以护持宗庙，长期侍奉皇太后，那就是天下的幸运了。

曾评

奏疏惟西汉之文，冠绝古今。西汉前推贾、晁，后推匡、刘。[1]贾、晁以才胜，匡、刘以学胜，此人人共知者也。余尤好刘子政忠爱之忱，若有所甚不得已于中者，足以贯三光[2]而通神明。是故识精而不炫，气盛而不矜，料王氏之必篡，思有以早为之所，而又无诛灭王氏之意。宅心[3]平实，指事确凿，皆本忠爱二字，弥纶周浃[4]而出。吾辈欲师其文章，先师其心术，根本固则枝叶自茂矣。

注释

1 贾、晁：贾谊、晁错。匡、刘：匡衡、刘向。2 三光：日、月、星。3 宅心：居心。
4 弥纶周浃：广征博引、综括贯通、周到全面、广泛深入的意思。

刘向论起昌陵疏

导读

汉成帝在位期间曾为自己营建了两处陵墓。初建延陵，大约花费了十年时间，因“其制约小”，未能称意，中途停建。从事中郎陈汤、将作大匠解万年贪功，迎合上意，提出改建昌陵。昌陵位于今西安市临潼区西渭河南岸，在建陵的同时并于新丰戏乡设昌陵县作为昌陵的陵邑。当初解万年诡称三年可以建成，结果用了五年，“中陵、司马殿门内尚未加功”。由于规模宏巨，劳民伤财，昼夜施工，取土东山，与谷同价，以致国家疲敝，府藏空虚，因而刘向上疏极谏停建昌陵。鉴于民怨沸腾，群臣多言不便，且昌陵地下水外渗无法解决，成帝下诏罢营昌陵，重建延陵，此后昌陵便成了一座废陵。延陵位于今咸阳市城北渭城区周陵乡马家窑村，汉成帝死后即葬于此。

《论起昌陵疏》出于对君国的一片忠心，引述大量历史事实，从正反两个方面说明薄葬、俭约之利，厚葬、奢侈之害，情辞真挚恳切，说理明白透彻，是刘向又一奏疏名篇。疏中明言“自古及今，未有不亡之国”，可见汉代文网未密，较少忌讳，清代大兴文字狱，奏议自然不敢如此立言。曾氏选择此篇作为范文加以评点，与弟交流治学心得，希望他能仔细加以揣摩，从中受益，通过多读多练，提高写作水平。

臣闻《易》曰：“安不忘危，存不忘亡，是以身安而国家可保也。”[1]故圣贤之君，博观终始，穷极事情，而是非分明。王者必通“三统”[2]，明天命所授者博，非独一姓也。孔子论《诗》，至于“殷士肤敏，祼将于京”[3]，喟然叹曰：“大哉天命！善不可不传于子孙，是以富贵无常，不如是，则王公其何以戒慎？民萌何以劝勉？”○萌与甿同，力田之民曰甿。**盖伤微子[4]之事周，而痛殷之亡也。虽有尧舜之圣，不能化丹朱[5]之子；虽有禹汤之德，不能训末孙之桀纣[6]。自古及今，未有不亡之国也。昔高皇帝既灭秦，将都洛阳，感悟刘敬[7]之言，自以德不及周而贤于秦，遂徙都关中，依周之德，因秦之阻，世之长短，以德为效，故常战栗不敢讳亡。孔子所谓“富贵无常”，盖谓此也。**○以上言自古无不亡之国，宜薄葬以免后世之发掘。

注释

1“安不忘危”三句：出自《易·系辞下》：“是故君子安而不忘危，存而不忘亡，治而不忘乱，是以身安而国家可保也。”2三统：指夏、商、周三代的正朔，夏正建寅为人统，商正建丑为地统，周正建子为天统，合称三统。意思是朝代的更迭皆由天命所决定，天命所授非独一姓。3殷士肤敏，祼（guàn）将于京：出自《诗·大雅·文王》。朱熹

《诗集传》释此诗，以为“周人追述文王之德，明国家所以受命而代殷者，皆由于此，以戒成王”。殷士，指归顺周朝的殷商贵族。肤，陈列。祼，古代酌酒灌地的祭礼。意思是商朝灭亡后，归顺周朝的殷商贵族在周朝的京师勤敏地陈列礼器，助行祼祭之礼。4 微子：名启，殷商贵族，帝乙的长子，商纣王帝辛的庶兄。纣王无道，微子屡谏，不被采纳，惧祸出走。武王灭商，微子乞降。周公旦攻灭武庚后，封他于商丘，成为宋国的始祖。5 丹朱：帝尧长子，因居丹水，故名丹朱。据《史记·五帝本纪》记载：“尧知子丹朱之不肖，不足授天下，于是乃权授舜。”6 桀纣：夏朝和商朝的末代君主夏桀、商纣，历史上荒淫无道的暴君。7 刘敬：本姓娄，因劝说汉高祖建都关中，高祖采纳了他的意见，赐姓刘，拜为郎中。

译文

臣听《易·系辞下》说：“安不忘危，存不忘亡，是以身安而国家可保也。”所以圣明贤德的君主，纵观历朝历代的起始和终结，深入探究事情之所以这样的原因，从而做到是非分明。作为天子必须懂得政权的建立和巩固，朝代的兴替和更迭，这些都是由天命决定的，明白天命眷顾广大事物，不只注定一家一姓。孔子论定《诗经》，当他读到“殷商贵族以其美德，来镐京助周行祭祀大礼”时，不禁慨叹说：“天命真伟大啊！美好的德行不可以不传给子孙，这是因为富贵无常，不如此，那么王公贵族将如何戒惧谨慎，平民百姓将如何劝导勉励呢？”这想必是感伤微子侍奉周朝，而痛心商朝的灭亡吧。即使有尧、舜的圣明，也不能教化丹朱那样的儿子；即使有禹、汤的德行，也不能训诫桀、纣那样的末代子孙。从古到今，没有不灭亡的国家。当初高皇帝灭秦以后，准备建都洛阳，受到刘敬话语的启发，自认为德行比不上周朝但好过秦朝，于是迁都关中长安，依仗周朝的德行，凭借秦地的险阻，至于传世时间的长短，那就只有让德行来验证了，所以常常心怀敬惧，不敢存有亡国的忌讳。孔子所谓“富贵无常”，大概就是说的这种情况吧。

孝文皇帝居霸陵[1]，北临厕，意凄怆悲怀，顾谓群臣曰：“嗟乎！以北山石为椁，用纻絮斫[2]，陈漆其间，岂可动哉？” ○陈，施也。以石为椁。又以纻絮斫斩糜烂，而施漆于其间，犹吾乡之以瓷灰和漆封棺之口也。**张释之[3]进曰：“使其中有可欲，虽锢[4]南山犹有隙；使其中无可欲，虽无石椁，又何戚[5]焉？”夫死者无终极，而国家有废兴，故释之之言为无穷计也。孝文寤焉，遂薄葬，不起山坟。** ○以上因国家有废兴，引出孝文薄葬之贤。

注释

1 霸陵：在今陕西西安市东郊白鹿原东北角，汉文帝陵寝所在地。2 纻絮斫：砍碎的纻麻絮。3 张释之：西汉名臣。曾随汉文帝与慎夫人至霸陵，进言使文帝感悟，决定薄葬。后官至廷尉，以执法严明著称。4 锢：以金属熔液堵塞空隙。5 戚：忧愁。

译文

孝文皇帝巡视驻留霸陵的时候，登望山陵北侧，心情感伤凄怆，回顾群臣说：“唉！要是用北山的石料作为外椁，用砍碎捣烂的纻麻絮充塞填堵，再在间隙处涂上漆，难道还有人能够动它吗？”张释之进谏说：“假设其中有别人想要的东西，即使是用铜铁浇铸闭塞南山，也还是会有缝隙；假设其中没有别人想要的东西，即使没有石椁，又有什么可忧愁的呢？”死去的人没有终了的时候，而国家有废兴存亡，所以张释之的话是为长远考虑的。文帝因此感悟，于是薄葬，依山为陵，不再封山建坟。

《易》曰[1]：“古之葬者，厚衣[2]之以薪，藏之中野，不封不树，后世圣人易之以棺椁。”棺椁之作，自黄帝始。黄帝葬于桥山[3]，尧葬济阴[4]，丘陇皆小，葬具甚微。舜葬苍梧，二妃不从；[5]禹葬会稽[6]，不改其列；殷汤无葬处；文、武、周公葬于毕[7]；秦穆公[8]葬于雍橐泉宫祈年馆下；樗里子[9]葬于武库，皆无丘陇之处。此圣帝明王贤君智士远览独虑无穷之计也。其贤臣孝子，亦承命顺意而薄葬之。此诚奉安君父，忠孝之至也。夫周公，武王弟也，葬兄甚微。孔子葬母于防[10]，称古墓而不坟，曰：“某[11]，东西南北之人也，不可不识[12]也。”为四尺坟，遇雨而崩，弟子修之，以告孔子。孔子流涕曰：“吾闻之！古者不修墓。”盖非之也。

注释

1《易》曰：语出《易·系辞下》。2 衣：遮盖。3 桥山：在陕西黄陵县西北，相传上有黄帝墓。4 济阴：今山东菏泽市定陶区。一说尧陵在山东菏泽市鄄城县。5 苍梧：苍梧山，即湖南永州宁远县境内的九疑山，相传舜葬于苍梧之野。二妃：指尧之二女、舜之二妃娥皇、女英。6 会稽：指位于浙江绍兴市东南的会稽山，上有大禹陵。7 毕：据唐颜师古《刘向传》注："毕原在长安西北四十里。"8 秦穆公：春秋五霸之一。死后葬雍州橐泉宫祈年馆下，其地在今陕西省宝鸡市凤翔县东南。橐泉宫祈年馆，秦宫观名。《三辅皇图》引《皇览》："秦穆公冢在橐泉宫祈年观下。"9 樗（chū）里子：名疾，又称严君疾。战国时期秦国宗室，秦孝公庶子，秦惠文王异母弟。擅长军事、外交，足智多谋，号为"智囊"。担任秦国丞相，死后葬于武库，其地位于汉长安城内长乐、未央两宫之间。10 防：指山东曲阜东边的防山，防山北麓有孔子父亲叔梁纥和母亲颜徵在的合葬墓。据《礼记·檀弓上》载：孔子既得合葬于防，曰："吾闻之，古也墓而不坟。今丘也，东西南北之人也，不可以弗识也。""于是封之，崇四尺。"11 某：孔子自称。12 识（zhì）：标记。

译文

《易经》中说："古代安葬死者，用厚厚的柴草遮盖尸体，掩埋在野外，不封土起坟，不植树为标识，后世圣人改用棺椁安葬。"棺椁的使用，从黄帝开始。黄帝葬在桥山，尧葬在济阴，坟墓都小，殓具很小。舜葬在苍梧山，二妃没有与他葬在一处；禹葬在会稽山，没有改变那里的山形地貌；汤不知葬处；周文王、周武王、周公葬在毕原；秦穆公葬在雍州橐泉宫祈年馆下；樗里子葬在武库，他们的葬处都没有坟冢。这是圣帝明王、贤君智士独具远见，深思熟虑所作的长远打算啊。他们的贤臣、孝子也都能够遵照顺从君父的心愿采用薄葬，这的确是安葬君父最忠心孝敬的办法啊。周公是周武王的弟弟，安葬兄长非常简单。孔子把母亲葬在了防，称赞古时候修墓不加积土，说："我孔丘是到处游历奔波的人，不能没有标识。"于是建了四尺高的坟，遇上大雨崩塌了，他的弟子去修葺，回来告诉孔子。孔子流着泪说："我听说了！古时候修墓是不加积土的。"孔子认为之前加土不对。

延陵季子[1]适齐而反，其子死，葬于嬴博[2]之间，穿不及泉，敛以时服，封坟掩坎，其高可隐，○其高可隐，谓人隔坟而立，可隐肘也。不能遮蔽全身，不甚高耳。**而号[3]曰："骨肉归复于土，命也，魂气则无不之也。"夫嬴博去吴千有余里，季子不归葬。孔子往观，曰："延陵季子于礼合矣。"故仲尼孝子，而延陵慈父，舜禹忠臣，周公弟弟。其葬君亲骨肉皆微薄矣，非苟为俭，诚便于礼也。宋桓司马[4]为石椁，仲尼曰："不如速朽！"秦相吕不韦[5]集知略之士而造《春秋》，亦言薄葬之义，皆明于事情者也。**○以上杂引圣哲薄葬之事。

注释

1 延陵季子：春秋时吴国著名的贤者季札，吴王寿梦第四子，屡次推让君位，品德高尚，具有远见卓识。2 嬴博：皆为春秋时齐国邑名。嬴县故城在山东莱芜市西北。博县亦名博阳，故城在山东泰安市东南。3 号：哭。4 宋桓司马：宋国司马桓魋（tuí）。据《礼记·檀弓上》载：昔者，夫子居于宋，见桓司马自为石椁，三年而不成。夫子曰："若是其靡也，死不如速朽之愈也。"死之欲速朽，为桓司马言之也。5 吕不韦：战国末年卫国人，著名商人。秦庄襄王时为相国，秦始皇即位，继任相国，被尊为"仲父"。主持编纂《吕氏春秋》。

译文

延陵季子出使齐国，返回的途中他的儿子死了，葬在了嬴、博之间，墓坑挖到还没见到泉水那么深，穿着当时的衣服入殓，建坟掩盖土坑，坟的高度刚刚超过人的手肘，延陵季子哭道："你的骨和肉回归到土中，这是命啊，但是你的魂气是无处不在啊。"嬴、博距离吴有一千多里，延陵季子没有把儿子送回家安葬。孔子去看了说："延陵季子的做法是合乎礼的。"所以孔子是孝子，延陵季子是慈父，舜禹是忠臣，周公坚持做弟弟的本分。他们埋葬自己的君主和至亲骨肉都很简单，并不是刻意要节俭，这确实是合乎礼的。宋桓司马做石椁，孔子说："不如让逝者早点腐朽吧！"秦相吕不韦召集有智慧的人修纂《吕氏春秋》，也讲到了薄葬的道理，他们都是明白事理的人啊。

逮至吴王阖闾[1]违礼厚葬，十有余年，越人发之。及秦惠文、武、昭、严襄五王[2]，皆大作丘陇，多其瘗[3]藏，咸尽发掘暴露，甚足悲也！秦始皇帝葬于骊山之阿，下锢三泉，[4]上崇山坟，其高五十余丈，周回五里有余，石椁为游馆，○游馆，以石为离宫、别馆于地下。**人膏为灯烛，水银为江海，黄金为凫雁，珍宝之藏，机械之变，棺椁之丽，宫馆之盛，不可胜原[5]。又多杀宫人，生埋工匠，计以万数，天下苦其役而反之。骊山之作未成，而周章[6]百万之师至其下矣。项籍[7]燔其宫室营宇，往者咸见发掘。其后牧儿亡羊，羊入其凿[8]，牧者持火照求羊，失火烧其藏椁。自古及今，葬未有盛如始皇者也。数年之间，外被项籍之灾，内离牧竖之祸，岂不哀哉！是故德弥厚者葬弥薄，知愈深者葬愈微。无德寡知，其葬愈厚，丘陇弥高，宫庙甚丽，发掘必速。由是观之，明暗之效，葬之吉凶，昭然可见矣。**○以上历言厚葬之祸，而合前段薄葬，总一收束。

注释

1 吴王阖闾：姬光，又称公子光。派专诸刺杀吴王僚，夺取吴国王位。执政期间，任用伍子胥为相，孙武为将，国势日益强盛，战胜楚国，攻入郢都。后在与越国的槜李之战中重伤而亡，葬于苏州虎丘剑池。其子吴王夫差征调十万民夫为他造墓，三年始成。因他生前爱剑，殉葬的宝剑多达数千柄。2 秦惠文、武、昭、严襄五王：当指秦惠文王、秦武王、秦昭襄王、秦孝文王、秦庄襄王五位秦王。中缺秦孝文王。严襄，即庄襄王。严，庄的避讳字。3 瘗（yì）：埋。4 骊山：位于陕西西安市东的临潼区境内，秦始皇陵墓所在地。三泉：三重泉，指地下深处。5 原：犹推寻。6 周章：即秦末农民起义军将领周文，陈胜称王后，授予他将军印，西向攻秦，率军数十万由函谷关进至临潼东边的戏亭。7 项籍：项羽，名籍。项羽引兵西屠咸阳，烧秦宫室，火三月不灭。8 凿：隧道。

译文

到吴王阖闾去世的时候，夫差违背礼制，厚葬了他的父亲，十几年后，越国人挖开了阖闾的墓。到秦惠文、武、昭、严襄五王的时候，都大肆修建坟冢，埋藏很多陪葬品，后来全都被人挖掘出来，尸身曝露在外，很可悲啊！秦始皇帝葬在了骊山之阿，下面很深，禁锢了三重泉水，上面堆坟的积土成了山，高有五十多丈，方圆有五里多，石椁做成离宫、别馆，用人的膏脂做灯烛，用水银做成江海，用黄金做成凫雁，埋藏的珍宝，机械的巧变，棺椁的富丽，宫馆的盛美，都是无法想象的。秦始皇又杀了很多宫人，活埋了工匠，死的人数以万计，天下深受劳役之苦，便起兵造反。可惜骊山之墓还没建造完成，周章的百万军队已兵临城下了。项羽放火烧了始皇的宫室殿宇，到那儿的人都去挖掘坟墓。后来有个牧童丢了只羊，羊跑进了隧道，牧童举着火照明找羊，失手烧掉了棺椁。从古到今，丧葬没有比秦始皇更盛大的了。几年之间，外遭项羽之灾，内受牧羊人焚烧墓穴之祸，难道不是很可悲吗？所以德行越高的人丧葬越微薄，智慧越深的人埋葬得越简约。无德又不懂道理的人，丧葬越厚重，坟冢起得越高，宫庙越富丽，被人挖掘得就越快。由此看来，明和暗的效验，丧葬的吉凶，已经昭然可见了。

周德既衰而奢侈，宣王[1]**贤而中兴，更为俭宫室，小寝庙，诗人美之，《斯干》**[2]**之诗是也。上章道宫室之如制，下章言子孙之众多也。及鲁严公**[3]**刻饰宗庙，**○严公，即鲁庄公。庄为汉帝之讳，故班氏《汉书》避之。**多筑台囿，后嗣再绝，《春**

秋》刺焉。周宣如彼而昌，鲁秦如此而绝，是则奢俭之得失也。○以上泛言奢俭之得失。

陛下即位，躬亲节俭，始营初陵[4]**，其制约小，天下莫不称贤明。及徙昌陵，增埤为高，**○埤与卑同。**积土为山，发民坟墓，积以万数，营起邑居，期日迫卒，**○卒与猝同。**功费大万百余。死者恨于下，生者愁于上。怨气感动阴阳，因之以饥馑，物故**[5]**流离以十万数。臣甚愍焉！**○愍与闵同。**以死者为有知，发人之墓，其害多矣！若其无知，又焉用大？谋之贤知则不说，以示众庶则苦之。苟以说愚夫淫侈之人又何为哉？**○以上言昌陵功费太巨。

注释

1 宣王：周宣王，周厉王之子。周厉王的暴政引发国人暴动，厉王逃离镐京。周宣王继位后任用召穆公、尹吉甫、仲山甫等一批贤臣辅政，讨伐猃狁、西戎、淮夷等，西周出现短暂的中兴。2《斯干》：《诗·小雅·斯干》。旧说认为此诗通过歌颂宫室的建成，赞美宣王中兴。3 鲁严公：即鲁庄公姬同，春秋时鲁国国君，鲁桓公之子。据《春秋》记载，鲁庄公二十三年（前 671），"丹桓宫楹"。二十四年（前 670），"刻桓宫桷（jué）"。三十一年（前 663），在郎、薛、秦三处筑台。刻饰桓公宗庙，营建台囿，均为非礼、奢侈。《左传·庄公二十四年》载御孙进谏说："臣闻之：'俭，德之共也；侈，恶之大也。'先君有共（洪）德，而君纳诸大恶，无乃不可乎？"庄公死后，庶子般立，被庄公的弟弟庆父所杀。4 初陵：指延陵。5 物故：死亡。

译文

周德已经衰落而且变得奢侈，宣王贤明实现了中兴，改弦更张，节省宫室开支，减小寝庙的规模，诗人赞美他，《斯干》这首诗便是这样的。这首诗的上章说他按照礼制管理宫室，下章说他子孙众多。到了鲁严公的时候，刻意雕饰宗庙，又建了很多台囿，结果是后代两次遭遇灭绝，《春秋》也讽刺他。周宣王那样就使周朝昌盛，鲁、秦这样被灭绝，这是丧葬节俭和奢侈的得失啊。

陛下即位，亲自带头提倡节俭，开始建延陵的时候，形制小而简约，天下没人不称赞陛下贤明的。等迁徙到了昌陵，把低处填高，积土成山，征发人民来修建坟墓，总共有数以万计的人，修建城邑居所，时间紧迫，耗费亿万钱财。死者怀恨于地下，活人在地上忧愁。怨气触动了阴阳，又加上大饥荒，死去和流亡的人有十万之多。臣心中十分悲伤！如果死者有灵，发掘别人的坟墓，危害就多了！如果他无灵，又何必建那么大的坟墓呢？和贤能有智慧的人商议大家都不高兴，让百姓知道便都叫苦。如果只是为了取悦那些愚蠢和骄奢淫逸的人，又何必这样做呢？

陛下慈仁笃美甚厚，聪明疏达盖世，宜宏汉家之德，崇刘氏之美，光昭五帝三王[1]**，而顾与暴秦乱君竞为奢侈，比方丘陇。说愚夫之目，隆一时之观，违贤知之心，亡万世之安，臣窃为陛下羞之！唯陛下上览明圣黄帝、尧、舜、禹、汤、文、武、周公、仲尼之制，下观贤知穆公、延陵、樗里、张释之之意。孝文皇帝去坟薄葬，以俭安神，可以为则。秦昭、始皇增山厚葬，以侈生害，足以为戒。初陵之模，宜从公卿大夫之议，以息众庶。**

注释

1 五帝三王：传说中的上古帝王。五帝，指黄帝、颛顼、帝喾、唐尧、虞舜。三王，指夏禹、商汤、周武王。

译文

陛下非常仁慈笃厚，聪明通达超过世上所有人，应该弘扬汉家美德，发扬刘氏善行，光大五帝、三王，却只顾和暴秦乱世的君主比谁更奢侈，互相攀比谁的坟墓大。取悦蠢人的眼睛，只图一时的美观，违背贤能有智之人的意愿，失去万世的安宁，臣私下里都替陛下感到羞愧！请陛下向上观察圣明的黄帝、尧、舜、禹、汤、文、武、周公、孔子的制度，向下体察贤能智慧的秦穆公、延陵季子、樗里疾、张释之的想法。汉孝文帝削减坟冢实行薄葬，用节俭来安定神明，可以作为标准去效仿。秦昭王、秦始皇增高坟山实行厚葬，因为奢侈造成危害，完全可以当作警戒。延陵的规模，应该听从公卿大臣的意见，以此安抚百姓。

曾评

首段言自古无不亡之国，近世奏议不敢如此立言。至于结构整齐，词旨深厚，皆汉文中之最便揣摩[1]者。沅弟性情极厚，故见余之文气笃厚，则嗜之如饥渴。然余谓欲求文气之厚，总须读汉人奏议二三十首，酝酿日久，则不期厚而自厚矣。

注释

1 揣摩：反复思考，探究悉意。

刘向论甘延寿疏

导读

本篇标题或“理甘延寿、陈汤疏”，意思更加完整、准确。

甘延寿，字君况，西汉北地郁郅（今甘肃庆城县）人。善骑射，有勇力。初为羽林军，后官郎中、谏议大夫，汉元帝时被任为西域都护、骑都尉，奉命与副校尉陈汤出使西域。陈汤，字子公，山阳瑕丘（今山东兖州）人。好读书，博学通达，因家境贫苦而少自检束，不为州里所重。后至长安，经富平侯张勃举荐，待命期间逢父亲去世不奔丧，因而下狱，并牵连张勃受削户处分。后又经人推荐任为郎官，多次自请出使外国，得为副使，与甘延寿同行。

汉宣帝时，匈奴发生内乱，五单于争立，攻战不断。其后匈奴分裂为南北二部，呼韩邪单于附汉，是为南匈奴，其兄自立为郅支单于，是为北匈奴。当初，呼韩邪单于入朝觐见，郅支单于也派使者入朝奉贡，二人俱遣子入侍汉廷。至汉元帝时，郅支单于因怨恨汉朝厚待呼韩邪单于而不助己，于是叛汉，杀汉使谷吉，又拘辱汉朝后续派往的使臣，态度极为骄横傲慢。郅支单于自知有负汉朝，顾忌呼韩邪单于得到汉朝的支持势力日益强大，于是西走康居，借兵攻打乌孙，占领坚昆、丁零，杀掠百姓，抢夺畜产。复与康居结仇，占地筑城，逼使阖苏、大宛等国进贡。甘延寿、陈汤就是在这种情况下被派往西域的。

陈汤为人沉毅果敢，有大志，多策谋，喜奇功。用现在的话说，是一个不按常理出牌的人。到达西域之后，通过对形势的缜密分析，陈汤认为郅支单于势盛，祸害西域各国，成为汉朝边患，其人剽悍好战，但无坚固的城池和精良的武器可守。他与甘延寿商议，若发兵突袭，郅支将进退无路，千载之功，可以一朝而成。甘延寿表示同意，但坚持要上奏朝廷获得批准然后行事。陈汤以为大策奇谋非凡庸之辈所能知晓，让朝臣决议，必定不从。在甘延寿患病时，陈汤擅自矫制决定发兵，甘延寿也只好答应，并与陈汤上疏自劾，奏明出兵的情况。随即统领西域各国的军队和汉朝屯田的吏卒四万余人，分两路进发，直捣康居郅支城，经过激战，郅支重伤，死后被割下首级，汉军大获全胜。

于是甘延寿、陈汤上疏奏捷，疏称：“臣闻天下之大义，当混为一，昔有唐、虞，今有强汉。匈奴呼韩邪单于已称北藩，唯郅支单于叛逆，未伏其辜，大夏之西，以为强汉不能臣也。郅支单于惨毒行于民，大恶通于天。臣延寿、臣汤将义兵，行天诛，赖陛下神灵，阴阳并应，天气精明，陷阵克敌，斩郅支首及名王以下。宜悬头槁街蛮夷邸间，以示万里，明犯强汉者，虽远必诛。”严斥郅支罪大恶极，大张汉朝国威，激壮慷慨，使人扬眉吐气。

甘延寿、陈汤回朝以后，本该论功行赏，因中书令石显、宰相匡衡等反对，认为甘延寿、陈汤矫制擅自兴师，违义犯法，若加封赏，以后奉命出使者争相仿效，希图侥幸，生事蛮夷，为国招难，不可开此先例。由是久议不决。刘向上疏，认为“论大功者，不录小过；举大美者，不疵细瑕”，甘延寿、陈汤功高盖世，超越前古，应加封赏，以勉励有功之臣。于是元帝下诏，封甘延寿为义成侯，陈汤为关内侯，食邑各三百户，加赐黄金百斤。

《鸣原堂论文》共选刘向奏疏三篇，所作评论，以此篇感慨最深。有关陈汤之事，除本篇之外，再选谷永、耿育二疏，在全书中也占较大比重。想必是甘延寿、陈汤捐命疆场，斩杀郅支单于，立功异域与曾氏兄弟出生入死，攻陷天京，剿平太平天国情况有些类似，读到前人的这些奏疏，难免引起联想和共鸣。石显反对封赏，是因当初想把姐姐嫁给甘延寿，甘延寿没有答应，不给他面子，耿耿于怀，借机报复。在曾氏看来，石显本是宦官、谄佞小人，不屑加以谴责。至于匡衡，身为宰相、名儒，妒功嫉能，实在让人难以理解。平心而论，匡衡反对封赏，似非出于嫉妒，而是讨厌陈汤的人品，认为他无视礼法，目无君相，贪财好利，看法一旦形成，便很难改变，因而死死揪住不放。曾国荃性近陈汤，曾氏告诫他，有功之臣，必须事事小心谨慎，警惕戒惧，立于无过之地，以免落下把柄。曾国藩作为湘军统帅，自募兵员，自筹粮饷，竟成大功，但也时遭朝臣掣肘。儒生身处显位，尤不可不力持大体，铲除嫉妒私心，以匡衡为鉴戒。这正是曾氏有感自身经历所发出的心声。

曾按

汉元帝时，陈汤、甘延寿灭郅支单于，将论功封爵。匡衡、石显以为汤与延寿擅兴师矫制[1]，不宜加封，刘向上此疏争之。

注释

1 矫制：假托君命行事。制，制书，即皇帝的诏令。

郅支单于囚杀使者吏士以百数，事暴扬外国，伤威毁重，群臣皆闵[1]**焉。陛下赫然**[2]**欲诛之，意未尝有忘。西域都护延寿、副校尉汤承圣旨，倚神灵，总百蛮**[3]**之军，揽**[4]**城郭之兵，**○揽，犹持之也。城郭，西域有城郭之国也。**出百死，入绝域**[5]**，遂蹈康居，**○康居，初臣服匈奴之国，而后构怨者。**屠五重城**[6]**，搴歙侯之旗**[7]**，**○歙侯，匈奴之贵将。**斩郅支之首，悬旌万里之外，扬威昆山**[8]**之西，扫谷吉**[9]**之耻，**○谷吉，汉使至匈奴被杀者。**立昭明之功，万夷慑伏，莫不惧震！呼韩邪单于见郅支已诛，**○呼韩邪单于，与郅支单于相仇，而先降汉者。**且喜且惧，乡**[10]**风慕义，稽首来宾**[11]**，愿守北藩，累世称臣。立千载之功，建万世之安，群臣之勋莫大焉。**

注释

1 闵：痛心惋惜。2 赫然：形容大怒。3 百蛮：本指古代南方的少数民族，也泛称其他少数民族，此指西域各国的人。4 揽：《汉书·陈汤传》作“揽”。揽，把持。与上“总”皆统领的意思。5 绝域：指隔绝难通的极其遥远的地方。6 五重城：指郅支单于在康居所筑郅支城。按谷永疏中所载应为“三重城”。7 搴：拔取。歙侯：匈奴贵将的封号，此处非指具体某人。8 昆山：喀喇昆仑山。9 谷吉：汉卫司马，元帝时奉命护送郅支单于之子返回匈奴，被郅支单于所杀。10 乡：通“向”。11 来宾：归顺。

译文

匈奴郅支单于囚禁杀害汉朝的使者及其随从人员上百人，这事在境外各国轰动传扬，大大损害了大汉的威望和尊严，群臣对此都感到痛心和惋惜。陛下勃然大怒，想要诛灭郅支的念头从来就没有放下过。西域都护甘延寿、副校尉陈汤奉圣上旨意，倚仗神灵的佑助，率领众军，统领西域各国，出生入死，远至绝域，奔袭康居，攻破屠灭郅支巢穴五重城，拔取城上匈奴歙侯的军旗，砍下郅支的头，悬挂大汉的旗帜于万里之外，振扬大汉的国威于喀喇昆仑山以西，一扫汉使谷吉被害的耻辱，建立了显著的功勋，万邦慑服，莫不恐惧震惊。呼韩邪单于看到郅支已被消灭，又是高兴又是害怕，向往大汉的教化，仰慕大汉的仁义，恭恭敬敬俯首归顺，愿为大汉防守北方边境，世世代代向大汉称臣。讨灭郅支，解除边患，建立千秋功业，赢得国家永久安定，没有比甘延寿、陈汤等众臣的功勋更加卓绝的了。

昔周大夫方叔、吉甫[1]为宣王诛猃狁[2]而百蛮从，其《诗》曰：“啴啴焞焞，如霆如雷。显允方叔，征伐猃狁，蛮荆来威。”[3]《易》曰：“有嘉折首，获匪其丑。”[4]言美诛首恶之人，而诸不顺者皆来从也。今延寿、汤所诛震，虽《易》之折首，《诗》之雷霆，不能及也。论大功者，不录小过；举大美者，不疵细瑕[5]。《司马法》[6]曰：“军赏不逾月。”欲民速得为善之利也，盖急武功，重用人也。吉甫之归，周厚赐之。其《诗》曰：“吉甫宴喜，既多受祉。来归自镐，我行永久。”[7]千里之镐，犹以为远，况万里之外，其勤至矣！延寿、汤既未获受祉之报，反屈捐命之功，久挫于刀笔之前，○捐命，谓捐弃躯命，犹今言拼命也。刀笔谓文吏也。**非所以劝有德、厉戎士也。**

注释

1 方叔、吉甫：方叔和尹吉甫，辅佐周宣王中兴的功臣。2 猃狁（xiǎn yǔn）：中国古代北方游牧民族，周时称猃狁，秦汉改称匈奴。3 啴啴（tān）焞焞（tūn）：形容车马众多的样子。显允：指号令严明，赏罚公允。蛮荆：指楚国。来威：威服。引文出自《诗·小雅·采芑》。诗写方叔奉王命南征荆楚。4 有嘉折首，获匪其丑：引文出自

《易·离卦》上九。嘉，嘉奖。折首，诛敌首恶者。匪，非。丑，众胁从者。5 不疵细瑕：疵，犹挑剔、指责。细瑕，细小的缺点、毛病。6《司马法》：古代军事理论著作，周代政典，至战国时期编为《司马穰苴兵法》。7 祉：福。镐：西周国都镐京。引文出自《诗·小雅·六月》。诗写尹吉甫征伐猃狁凯旋归来庆功宴饮情景。

译文

从前周朝大夫方叔和尹吉甫为周宣王讨伐猃狁，征服蛮夷各国。《诗·小雅·采芑》中赞颂说："战车啴啴焞焞向前进，声势浩大如雷如霆。方叔号令严明赏罚公正，出师征伐北方的猃狁，威震天下，南方的荆楚来归顺。"《易·离卦》上九中说："有嘉折首，获匪其丑。"说的是对于诛灭首恶有功的人要给予嘉奖，对于胁从为恶的人要使他们归顺服从。现在甘延寿、陈汤斩杀匈奴首领郅支单于，征服西域各国，所引起的震动和产生的影响，即使是《易》中所说的"折首"，《诗》中所说的"雷霆"，都比不上。（金无足赤，人无完人，对人对事不应求全责备，）论定丰功伟绩，不必计较细小的过失；推重崇高完美，不必挑剔细微的瑕疵。《司马穰苴兵法》中说："军中赏赐不能拖延超过一个月时间。"这是想使民众尽快获得立功受赏的利益，因为军事紧急，需要重用人才。尹吉甫征伐猃狁凯旋归来，周天子给了他丰厚的赏赐。《诗·小雅·六月》咏叹说："吉甫宴饮心欢喜，赏赐丰厚多福祉。我从战场返回镐京，路途遥远走不到尽头。"镐京离战场不过千里路程，尚且觉得遥远，何况甘延寿、陈汤远征万里之外，他们的辛勤劳苦可以说是到了极点。甘延寿、陈汤不但没有获得赏赐酬劳的福祉回报，反而因拼命战斗立功异域而蒙受冤屈，长期遭受文法奸吏的摧残，这不是褒奖功德之臣和激励将士的做法。

昔齐桓前有尊周之功，后有灭项之罪，[1] ○齐桓公于僖十七年灭项。**君子以功覆**[2]**过，而为之讳行事。**○行事，谓近事，犹今称曰近日成案也。**贰师将军李广利**[3]**，捐五万之师，糜亿万之费，经四年之劳，而廑获骏马三十匹。**○廑，与仅同。**虽斩宛王毋鼓之首，犹不足以复费，**○复费，谓偿其所费也。**其私罪恶甚多。孝武以为万里征伐，不录其过，遂封拜两侯、三卿、二千石**[4]**百有余人。今康居国强于大宛，郅支之号重于宛王，杀使者罪甚于留马，而延寿、汤不烦汉士，不费斗粮，比于贰师功德百之。且常惠**[5]**随欲击之乌孙，**○常惠大破匈奴，实用乌孙全国五万之兵，常惠不过随护之耳。**郑吉**[6]**迎自来之日逐，**○日逐王降汉，郑吉迎之。**犹皆列土受爵。故言**

威武勤劳，则大于方叔、吉甫；列功覆过，则优于齐桓、贰师；近事之功，则高于安远、长罗。〇常惠封长罗侯，郑吉封安远侯。**而大功未著，小恶数布，臣窃痛之！宜以时解县通籍**[7]，〇县，罪未竟也，犹今言案未了结也。解县，速结案而议封也。**除过勿治，尊宠爵位，以劝有功。**

注释

1 齐桓：齐桓公，春秋五霸之一。打出"尊王攘夷"的旗号，北击山戎，南伐楚国，尊周有功。项：周初分封的同姓诸侯国，封地在河南项城一带。因项国不听号令，齐桓公为树立自己的威信，于是灭掉项国，不久又恢复项国。《穀梁传》中对桓公灭项加以谴责，但又为之避讳，说他为项复国有存亡继绝之功。2 覆：掩盖。3 李广利：汉武帝李夫人的哥哥。汉武帝为得到大宛的汗血马，以李广利为贰师将军，两次远征大宛，封海西侯。后领兵击匈奴，兵败投降，不久为匈奴单于所杀。4 二千石：指郡守。汉制，郡守的俸禄二千石。5 常惠：汉武帝时随苏武出使匈奴，被拘留十余年，汉昭帝时才得归汉。汉宣帝时奉命出使乌孙，助乌孙击败匈奴，被封为长罗侯。6 郑吉：早年从军，多次前往西域，汉宣帝时被任为侍郎，派往西域屯田。曾破车师，领兵往迎降汉的匈奴日逐王，使汉朝在西域声威大震。被任为西域都护，封安远侯。7 解县通籍：指结案议封。通籍，记名于门籍，可以进出宫门。

译文

从前齐桓公先有尊崇周朝王室的功劳，后有灭亡项国的罪过，君子因他功劳大于过错，而对他所做的错事加以隐讳遮掩。贰师将军李广利两次远征大宛，损失五万军队，耗费亿万钱财，经过四年劳师动众，仅得大宛骏马三十匹。虽说大宛王毋鼓被他自己的部下所杀，献上了首级，但还是不足以补偿所失的费用。并且李广利贪私、畏敌之类的罪恶很多，孝武皇帝认为他有万里征伐的劳苦，不记他的过失，还是加以封赏，一起远征的将士封拜为两侯、三卿、郡守级别的高官的有一百多人。现今康居比大宛更加强大，郅支的名号比宛王更加尊贵，杀害大汉使者的罪恶比留马不肯进献给大汉更加严重，而甘延寿、陈汤不劳大汉一兵一卒，不费大汉升斗粮饷，与贰师将军李广利相比，功德高过百倍。并且常惠大破匈奴，是借助将要攻打匈奴的乌孙军队；郑吉迎降匈奴日逐王，是日逐王自己前来请降的，他们也都得以封侯和赏赐土地。所以，就威武勤劳的业绩而言，甘延寿、陈汤比方叔、尹吉甫要大；就以功抵过而言，甘延寿、陈汤比齐桓公、贰师将军李广利要强；就近世重大事件中所建功勋而言，甘延寿、陈汤比安远侯郑吉、长罗侯常惠要高。然而大功没有得到彰显，小恶却屡次成为罪状，臣私下对此深感痛心。关于陈汤的事，应当尽快结案议封，恢复官职，不计过失，免于治罪，给予优厚待遇，赏给高官显爵，借以勉励有功之臣。

曾评

匈奴为汉患百余年，武帝用卫、霍[1]诸大将，殚竭[2]天下财货，兴师数十年，卒不能大创之[3]。元帝之世，陈汤、甘延寿矫诏发西域诸国之兵，禽[4]灭郅支单于，由是汉世迄无边患，实千古奇功。乃为匡衡、石显所阻，久不褒封。石显，宦官佞幸，本不足责；匡衡以宰相名儒，而亦嫉妒若此，殊不可解。厥后陈汤屡次获罪，谷永、耿育上疏救之。《汉书》并录三疏于《汤传》中，百世而下，读者犹为鸣咽感叹。兹并录之，以备循省[5]。俾知有功之臣，必战兢惕厉，以立于无过之地，而儒生处具瞻[6]之地，尤不可不力持大体，铲除媢嫉私衷，以匡衡为鉴戒也。

注释

1 卫、霍：卫青、霍去病，汉武帝时抗击匈奴的名将。2 殚竭：竭尽。3 卒：终。创：损伤。4 禽：通“擒”。5 循省：检查，省察。6 具瞻：即俱瞻，谓为众人所瞻望。

谷永救陈汤疏

导读

谷永，字子云，西汉长安人。父亲谷吉，奉命送郅支单于侍子，为郅支所杀。永工笔札，精通《京房易》，善言灾异。历官太常丞、太中大夫、光禄大夫、北地太守、大司农。

陈汤封关内侯，拜射声校尉之后，汉成帝初即位，丞相匡衡再次上疏追究陈汤前在康居时的不法行为，说他奉命出使，专门负责西域蛮夷事务，不但不以身作则，为部下表率，反而贪没所没收的康居王国的财物。疏上，陈汤获罪免官。又，陈汤上书，说康居王送往汉朝作为质子的康乘不是真的王子。后经查验，康乘确是真王子。陈汤因而下狱被囚禁，按律当被处死。为援救陈汤，太中大夫谷永上疏替他辩解。疏中盛称陈汤的功绩，强调功臣为国家所做出的重大贡献，劝君上应“记人之功，忘人之过”，善待功臣，以激励臣民为国赴难、不惜牺牲的精神。

曾按

自刘向上疏后，延寿封蒙城侯[1]，汤封关内侯。至成帝时，匡衡复奏汤前收康居财物，坐[2]免官。又汤上书言康居侍子非王子也，按验实为王子，汤下狱当死，谷永上此疏救之。

注释

1 蒙城侯：《汉书》作“义成侯”。2 坐：定罪。

臣闻楚有子玉得臣，文公为之仄席而坐；[1]**赵有廉颇、马服，**○马服君，赵将赵奢也。**强秦不敢窥兵井陉；**[2]**近汉有郅都、魏尚，匈奴不敢南向沙幕。**[3]**由是言之，战克之将，国之爪牙，不可不重也。**

盖君子闻鼓鼙之声，则思将率之臣。[4]**窃见关内侯陈汤，前使副西域都护，忿郅支之无道，闵王诛之不加，策虑愊亿**[5]，○愊亿，愤怒之貌。**义勇奋发。卒兴师奔逝**[6]，**横厉乌孙，**○渡水曰厉，横厉犹曰横行也。**逾集都赖，**○都赖，郅支城外之水名也。**屠三重城，斩郅支首，报十年之逋诛**[7]，**雪边吏之宿耻**[8]，**威震百蛮，武畅西海。汉元以来，征伐方外**[9]**之将，未尝有也。**

注释

1 子玉得臣：成得臣，字子玉，春秋时楚国令尹，领军统帅。文公：晋文公。仄席而坐：

指坐不安稳。2 廉颇、马服：廉颇与赵奢，战国时赵国名将。窥兵井陉（xíng）：出兵进犯井陉。井陉，战国时赵邑，在河北石家庄西部。3 郅（zhì）都、魏尚：郅都，汉景帝时任雁门太守，匈奴畏惧，不敢侵犯。魏尚，汉文帝时任云中太守，治军严明，匈奴不敢侵犯。沙幕：即沙漠。4 鼓鼙（pí）：古代军中战鼓。鼙，小鼓。此句出自《礼记·乐记》："君子听鼓鼙之声，则思将帅之臣。"5 策虑愊（bì）亿：犹言焦虑愤懑。策虑，谋划思虑。愊亿，怒气填膺。亿，通"臆"。6 奔逝：驱驰，疾行。7 逋诛：逃避诛罚。8 宿耻：旧耻，历年累积的耻辱。9 方外：域外。

译文

臣听说楚国有成得臣，晋文公因此便坐不安席；赵国有廉颇和马服君赵奢，强大的秦国便不敢进犯井陉；近代汉朝有郅都、魏尚，匈奴便不敢从沙漠南下侵扰。由此说来，克敌制胜的将领，是国家忠实勇猛的卫士，不可不加以重视啊。

君子听到战鼓之声，就会思念良将。微臣见关内侯陈汤，从前担任西域都护副使，愤恨郅支单于叛逆暴虐，痛惜皇上未能将他诛灭，焦虑愤懑，义勇奋发。终于发兵远征，翻山越岭，横行乌孙，集兵都赖水，屠灭三重城，斩郅支单于首级，得报郅支杀害汉朝使者、十年逃避诛罚的旧仇，一洗边吏积年的耻辱，声威震动百蛮，武功畅行塞外，所向披靡，直达西海。自汉朝开国以来，出境讨伐敌人（像陈汤那样）的将领，还从来没有过。

今汤坐言事非是，幽囚久系，历时不决。执宪之吏，欲致之大辟[1]。昔白起[2]为秦将，南拔郢都，北坑赵括，以纤介之过，赐死杜邮[3]，秦民怜之，莫不陨涕。今汤亲秉钺[4]，席卷喋血万里之外，○喋血，犹践血，谓足踏血而行也。其字应作蹀，不从口。**荐功祖庙，告类[5]上帝，介胄之士，靡不慕义。以言事为罪，无赫赫[6]之恶。《周书》[7]曰："记人之功，忘人之过，宜为君者也。"夫犬马有劳于人，尚加帷盖之报，[8]况国之功臣者哉？窃恐陛下忽于鼓鼙之声，不察《周书》之意，而忘帷盖之施。庸臣遇汤，**○遇，待也。谓以庸臣之礼待遇汤也。**卒从吏议，使百姓介然有秦民之恨。**○介然，犹耿耿。**非所以厉死难之臣也。**

注释

1 大辟：古代五刑之一，即死刑。2 白起：战国时期秦国名将，封武安君。曾领兵攻陷楚国郢都，长平之战大破赵将赵括，坑杀降卒四十万。因威重功高，为秦相范雎所忌，失去灭赵战机。当秦昭王想再起用他攻赵时，白起托病不起，被削去封爵，贬为士卒，强迫迁出咸阳，逼令自杀。3 杜邮：在陕西咸阳东北，白起被赐死自刎处。4 秉钺（yuè）：借指掌握兵权，也谓指挥战斗。5 告类：皇帝祭告上天的大礼。6 赫赫：显著。7《周书》：指《逸周书》。《逸周书》，本名《周书》。8 犬马有劳于人，尚加帷盖之报：意即念犬马之劳，思帷盖之报。犬马为人奔走效力，不应忘记它们的忠勤，死后埋葬用帷幕、篷盖加以掩盖，化用《礼记·檀弓下》："敝帷不弃，为埋马也；敝盖不弃，为埋狗也。"

译文

如今陈汤因上书言事失实获罪，久在监狱囚禁，历经时日不能结案，执法的官吏想要定他死罪。从前秦国的将军白起，南伐楚国，攻陷郢都，北击赵括，坑杀降卒四十万，因微小的过失，在杜邮被赐死，秦国百姓怜悯他的遭遇，无不伤心落泪。而今陈汤亲自临阵指挥，席卷西域，喋血苦战，剿灭匈奴于万里之外，献功汉廷祖庙，祭告上苍天帝，军中将士无不仰慕他忠勇报国的壮举。陈汤仅以言事失实触犯刑律，并无显著的大恶重罪。《周书》中说："记住人的功绩，忘记人的过错，人君宜应如此。"犬马为人奔走效劳，死后尚且加用帷盖掩埋作为回报，何况是国家的功臣呢？微臣担心陛下忽略战场拼杀的鼓声，未经体察《周书》的深意，从而忘却对功臣的酬劳，像对待庸臣那样对待陈汤，最终听从执法官吏的议决，使百姓耿耿于怀，留下秦民伤悼白起那样的遗恨。这不是对舍生忘死、为国赴难的功臣加以勉励的做法。

耿育讼陈汤书

导读

耿育，汉哀帝时议郎。

陈汤前经谷永上书救助，得从狱中释放出来，削除封爵，贬为普通士兵。后西域都护段会宗被乌孙军队围困，情况紧急，成帝召见陈汤，陈汤出谋划策，段会宗得以安然无事，陈汤复被起用为从事中郎。

成帝始建延陵，后又看中霸陵曲亭之南，想要改建。将作大匠解万年认为借此可以成就大功，蒙受重赏，于是说动陈汤建议成帝营建昌陵。昌陵工程巨大，劳民伤财，施工极难，最后不得不被废弃，陈汤、解万年也因此获罪，都被流放敦煌。后来敦煌太守上奏，说陈汤是亲诛郅支单于的功臣，不宜安置在近边塞的地方。于是哀帝下诏，又将他转徙至安定。议郎耿育上书申辩，为陈汤鸣冤叫屈。书上，陈汤被哀帝召还，死于长安。数年以后，王莽执政，感激当初封侯的陈汤为自己说情，追谥陈汤为破胡壮侯，陈汤的儿子陈冯为破胡侯，陈勋为讨狄侯。

陈汤是当时和后世存在争议的人物。他出使西域，攻灭匈奴郅支单于，为汉朝西北边疆的安定做出了重大贡献，作为功臣，自然应当受到奖励，受到尊重，但并不等于说功臣就可以贪贿骄纵。俗话说：苍蝇不叮无缝的蛋。曾氏提醒九弟沅甫，“俾知有功之臣，必战兢惕厉，以立于无过之地”，可以说是一剂对症下药的良方。

曾按

前谷永上书，汤得免。罢，复起为从事中郎，后又得罪谪徙敦煌[1]，耿育上此疏讼之。

注释

1 敦煌：在甘肃省西北部，汉代边陲重镇。

延寿、汤为圣汉扬钩深致远[1]之威，雪国家累年之耻，讨绝域不羁之君，○绝域之君，谓郅支单于也。**击万里难制之虏，岂有比哉？先帝[2]嘉之，仍下明诏，**○仍下，谓频下诏也。**宣著其功。改年垂历[3]，传之无穷。应是南郡献白虎[4]，边陲无警备。会先帝寝疾[5]，然犹垂意不忘。数使尚书责问丞相，趣[6]立其功。独丞相匡衡排而不予，封延寿、汤数百户。此功臣战士所以失望也。**

注释

1 钩深致远：出自《易·系辞上》：“探赜索隐，钩深致远。”本指探讨深奥的道理。此指远征深入匈奴腹地，招致西域各国归顺。2 先帝：指汉元帝。3 改年垂历：改换年号，载入史册。汉元帝恢复与匈奴和亲政策，曾改年号为“竟宁”，意思是边境休战安宁。4 南郡献白虎：《汉书·宣帝本纪》有“南郡获白虎、威凤”的记载，是安定、太平、祥瑞的象征。5 寝疾：卧病。6 趣：催促。

译文

甘延寿、陈汤远征异域，血战破敌，为大汉振扬了国威，洗雪了国家累积多年的耻辱，讨伐对抗汉朝奔窜绝远之地的匈奴首领，击斩万里之外难以制服的郅支单于，他们的功劳谁能相比呢？先帝嘉奖他们，接连颁下圣明的诏书，彰显他们的功勋，改换年号，载入史册，流传永久。与此相应，有南郡献白虎的祥瑞，边境安宁，天下太平。当先帝卧病在床的时候，还对他们念念不忘，多次派尚书责问丞相，催促为他们论功行赏。（先帝原本打算按安远侯郑吉的先例，封他们各人千户）唯独丞相匡衡从中阻挠，结果仅封甘延寿、陈汤每人数百户，这就使得功臣、战士感到大失所望。

孝成皇帝承建业之基，乘征伐之威，兵革不动，国家无事。而大臣倾邪[1]，谗佞在朝，曾不深惟本末[2]之难，以防未然之戒，欲专主威，排妒有功，使汤块然[3]被冤拘囚，不能自明。卒以无罪，老弃敦煌，正当西域通道。令威名折冲之臣，○古人以冲车攻城，故能御侮者，谓之折冲。**旋踵及身[4]复为郅支遗虏所笑，诚可悲也！至今奉使外蛮者，未尝不陈郅支之诛，以扬汉国之盛。夫援[5]人之功以惧敌，弃人之身以快谗，岂不痛哉！且安不忘危，盛必虑衰，今国家素无文帝累年节俭富饶之畜，又无武帝荐延枭俊禽敌之臣，**○荐延，谓臣下荐达，而帝延纳之也。枭俊，谓枭雄俊杰之材。**独有一陈汤耳。假使异世不及陛下，尚望国家追录其功，封表其墓，以劝后进也。汤幸得身当圣世，功曾未久，反听邪臣鞭逐斥远，使亡逃分窜[6]，死无处所。远览之士莫不计度[7]，以为汤功累世不可及，而汤过人情所有。汤尚如此，虽复破绝筋骨，暴露形骸，犹复制于唇舌[8]，为嫉妒之臣所系虏[9]耳。此臣所以为国家尤戚戚也。**

注释

1 倾邪：指心术不正，相互倾轧。2 深惟本末：指深入考虑事情的主次。惟，思。3 块然：孤独无助的样子。4 旋踵及身：谓旋即亲身受到。旋踵，形容时间很短。5 援：引，借助。6 亡逃分窜：指在外逃窜，与人离散。7 计度：思忖，考量。8 唇舌：口舌议论，谗言毁谤。9 系虏：囚拘。

译文

孝成皇帝继承先帝建立的基业，乘着战胜的威势，偃武息兵，国家安宁无事。但朝中大臣心术不正，有意倾轧，更有奸佞小人进谗诬陷，从来不好好想想事情的主次轻重和成功的艰难，用来作为防患将来的警戒，一心想的是独揽大权，树立自己的威望，排挤嫉妒有功之臣，使陈汤蒙受冤屈孤身囚系狱中，不能洗刷自己的清白。终于在无罪、年老体衰的情况下，也被抛弃放逐到遥远的边境地区敦煌，敦煌正当通往西域的要道，使当年驰骋疆场威名远震的忠臣良将，旋即落到被他所战败的敌人那样的下场，反为郅支单于的余党所耻笑，真是可悲啊！直到现在，奉命出使境外蛮夷各国的使节，无不通过宣称诛灭郅支单于的往事，用来显扬汉朝的强盛。借助功臣的威名恐吓敌人，废弃功臣本人而使谗人称心快意，难道不令人痛心吗？况且安定的时候不可忘记危险，强盛的时候必须忧虑衰弱，现在国家平时没有文帝累年节俭积蓄的大量财富，又没有武帝时荐举延纳的众多骁勇善战、所向无敌的猛将雄才，仅有陈汤一人而已。假使时过境迁，陈汤的功绩湮没无闻，尚且希望国家追录他的功劳，封土树碑，为他修建坟墓，以此勉励后人。陈汤有幸生逢盛世，立功至今时间相隔不久，反而听任奸邪谗臣将他驱逐到偏远的边塞，让他家破人亡，四处逃窜，死无葬身之地。有远见的人莫不心里盘算，认为陈汤的功绩累世无人可比，而陈汤的过错不过是常人难免会犯的。陈汤尚且如此，他人即使是粉身碎骨，横尸疆场，还是免不了受制于谗人的口舌，被嫉妒之臣陷害成囚徒。这正是臣为国家深深感到忧愁的原因。

刘安谏伐闽越书

导读

刘安，汉高祖刘邦之孙，淮南厉王刘长之子，袭封淮南王。好文学，善辞章，著有《离骚传》。又招致宾客、方术之士数千人编成《鸿烈》一书，即今所传《淮南子》。汉武帝时因被告谋反，下狱自杀。

闽越国系春秋时期越王勾践的后裔所建立的国家。楚灭越国之后，越之余部退至福建、浙江南部，传至无诸，汉高祖封他为闽越王，闽越正式立国。南越是秦亡后不久南海郡尉赵佗所建立的国家，曾两次归属汉朝，其辖境包括今广东、广西大部，福建、湖南、贵州、云南小部分地区及越南北部。赵佗去世，他的孙子赵胡继位，闽越王郢乘机发兵进攻南越。南越上书告急，汉武帝派遣王恢、韩安国讨伐闽越。

刘安《谏伐闽越书》，上言不宜劳师动众对闽越用兵，宜以德怀远，使之归顺。如曾氏所评，此疏“陈义甚高，摛辞居要”，“以见务广穷兵之害，均为有国者所当深鉴”。

曾按

汉武帝初，闽越发兵击南越，南越上书告急。帝遣两将军将兵诛闽越，淮南王刘安上书谏之。

陛下临天下，布德施惠，缓刑罚，薄赋敛，哀鳏寡[1]，恤孤独，养耆老，振匮乏，盛德上隆，和泽下洽[2]。近者亲附，远者怀德。天下摄然，人安其生[3]。○摄者，收敛之意。摄然，犹安然也。**自以没身不见兵革。今闻有司举兵，将以诛越，臣安窃为陛下重[4]之。越，方外之地，劗发文身[5]之民也，**○劗，古翦字。**不可以冠带之国[6]法度理也。自三代之盛，胡越不与受正朔[7]，非强弗能服，威弗能制也，以为不居之地，不牧之民[8]，不足以烦中国也。故古者封内甸服，封外侯服，侯卫宾服，蛮夷要服，戎狄荒服，远近异势也。[9]**

注释

1 鳏（guān）寡：鳏夫、寡妇。鳏，无妻或丧妻的。2 和泽下洽：指恩泽沾润百姓。3 生：生计，生业。4 重：难，深忧。5 劗（jiǎn）发文身：即断发文身，古代南方百越民族有此风俗。劗，同“剪”。6 冠带之国：犹言礼仪之邦。7 胡越：泛指不在汉朝统治范围之内的少数民族。胡指北方、西域各族，越指南方越族。正朔：正统。8 不牧之民：指闽越不受汉朝管辖的民众。牧，治理，统治。9 封内甸服：封内，指王畿以内。甸服，指京师城郭之外近郊五百里范围内的区域。封外侯服：封外，指王畿之外。侯服，指离京师五百里或一千里的区域。侯卫宾服：介于侯服与要服之间，离京师一千至一千五百里的区域。蛮夷要服：蛮夷，南蛮、东夷。要服，离京师一千五百里至两千里的区域。戎狄荒服：戎狄，西戎、北狄。荒服，指离京师两千里以外的边远地区。以上古代王畿外围以五百里为一区划，由近及远，分成甸服、侯服、宾服（一作绥服）、要服、荒服，合称“五服”。这里的意思是说，闽越远在要、荒之地，不在汉朝的统治区域之内。

译文

陛下统治天下，推行德政，普施恩惠，放宽刑罚，减轻赋税，怜悯照顾鳏寡孤独，赡养孝敬老人，帮助救济贫困。皇上仁德广大深厚，恩泽沾润天下百姓。生活在临近地区的人们亲近依附，分布在边远地区的民众也都感恩戴德，天下安定太平，人人安居乐业，自认为直到老死也不会见到战争。现在听说朝廷发兵遣将，将要征讨闽越，臣安私下替陛下深感担忧。闽越本是大汉境外的偏远地区，生活在那里的土著断发文身，未经开化，不能用礼仪之邦的法度进行治理。从夏、商、周三代兴盛以来，北方的胡人、南方的越人不受中原王朝的统治，并不是中原王朝的强大不能征服他们，威力不能制服他们，而是因为那里的土地不适宜居住，那里的土著难于治理，不值得烦劳中原王朝花费心力拓展经营。所以古代设定了五服制度，王畿之内为甸服，王畿之外为侯服，侯服之外有宾服，蛮夷地区为要服，戎狄地区为荒服。这些区域的划分，因远近不同，情况各有差异，区别加以对待。

自汉初定以来，七十二年，吴越人相攻击者，不可胜数，然天子未尝举兵而入其地也。臣闻：越非有城郭邑里也，处溪谷之间，篁竹之中，习于水斗，便于用舟。地深昧而多水险，中国之人，不知其势阻而入其地，虽百不当其一。得其地不可郡县也，攻之不可暴取也。以地图察其山川要塞，相去不过寸数，而间[1]独数百千里，阻险林丛，弗能尽著[2]，视之若易，行之实难。天下赖宗庙之灵，方内大宁，戴白[3]之老，不见兵革。民得夫妇相守，父子相保，陛下之德也。越人名为藩臣，贡酎[4]之奉，不输大内；一卒之用，不给上事。自相攻击，而陛下发兵救之，是反以中国而劳蛮夷也。且越人愚戆[5]轻薄，负约反复，其不用天子之法度，非一日之积[6]也。一不奉诏，举兵诛之，臣恐后兵革无时得息也。○以上言闽越不宜用兵。

注释

1 间：间隔，距离。2 著：指画在地图上。3 戴白：指头生白发。4 贡酎（zhòu）：土贡和酎金。酎，荐宗庙的醇酒，指助祭的献金。5 愚戆：愚笨，粗鲁。6 积：久。

译文

自从汉朝初定天下以来，七十二年间，吴越等地的越人互相攻击的事件，不计其数，但是天子从来没有发兵进入这一地区。臣听说越人没有城市和乡、里区划组织，生活在山林溪谷之间，竹海之中，习惯于水上拼斗，擅长使用舟船，地方偏僻幽深，并且大多水流险急。中原地区的人摸不清当地山势险峻、地形复杂的情况而进入其中，即使百人也抵不过一个越人。占领了这里的土地，不能设置郡县进行治理，向他们发动进攻，又不能一举拿下。从地图上看，越地的山川要塞相隔不过几寸，但实际距离足有数百千里，其中的险阻丛林，难以全部标明。看起来取胜好像很容易，做起来实在困难。国家仰赖祖宗神灵的保佑，境内和平安宁，白发苍苍的老人从来没有见到过战争。百姓得以夫妻相守，父子相保，这都是陛下的恩德啊。越人名义上是汉朝的藩臣，实际上不向朝廷献纳贡品和酎金，并无一兵一卒供给朝廷役使和差遣。他们自相攻击，陛下发兵救助南越，这是使中原礼仪之邦反而为蛮夷效劳了。况且越人愚悍粗鲁，见识短浅，违背盟约，反复无常，他们不遵天子的法度，不是一日一时，而是由来已久了。一旦不奉诏命，便发兵讨伐他们，臣恐怕日后的征战没有停息的时候了。

间者数年，岁比不登[1]，民待卖爵赘子[2]，以接衣食。赖陛下德泽赈救之，得毋转死沟壑。四年不登，五年复蝗，民生未复。今发兵行数千里，资衣粮，入越地，舆轿而隃领[3]，○领即岭字，自贵州、广西、广东、福建、浙东皆共此岭。古岭内为中国，岭外为百越。今之岭内为湖南、江西、浙西三省，岭外则黔、广、闽、浙五省。**拖舟而入水，行数百千里，夹以深林丛竹，水道上下击石。林中多蝮蛇、猛兽。夏月暑时，呕泄霍乱之病相随属也。曾未施兵接刃，死伤者必众矣。前时南海王反，陛下先臣使将军间忌将兵击之。**○先臣，淮南厉王长也。安之父，故称先臣。间忌，人姓名也。**以其军降，处之上淦[4]，后复反。会天暑多雨，楼船卒水居击櫂，未战而病死者过半。亲老涕泣，孤子啼号，破家散业，迎尸千里之外，裹骸骨而归。悲哀之气，数年不息，长老至今以为记。曾未入其地，而祸已至此矣！臣闻军旅**

之后，必有凶年。言民各以其愁苦之气，薄[5]**阴阳之和，感天地之精，而灾气为之生也。陛下德配天地，明象日月，恩至禽兽，泽及草木。一人有饥寒，不终其天年而死者，为之凄怆于心。今方内无狗吠之警，而使陛下甲卒死亡，暴露中原，沾渍山谷。**○暴露，谓骨。沾渍，谓血也。**边境之民为之早闭晏开，鼂不及夕。**○鼂同朝。**臣安窃为陛下重之！**○以上言军士逾领死亡必多。

注释

1 岁比不登：连年歉收。2 卖爵赘子：出卖爵位，抵押子女。赘子，指把子女抵押给人当奴婢。3 舆轿而隃领：谓负载翻山越岭。舆轿，用作动词，指肩挑人抬。舆，肩舆，俗称滑竿。4 上淦（gàn）：在今江西东北淦水上游樟树市一带。5 薄：迫。

译文

近来几年，连年歉收，百姓要靠出卖爵位、抵押子女，用来接济衣食。仰赖陛下的恩德救济百姓，百姓才得免于背井离乡死在流亡途中。建元四年歉收，建元五年又遭蝗灾，百姓的生产生活还没有恢复。如今出兵远征数千里，身带衣粮等物资，进入越人地界，肩挑人抬，负重翻山越岭，拖着船在溪流河谷中跋涉，行军数百里甚至上千里，两岸林木阴森，乱竹丛生，湍急的水流上下冲击岩石。林中又多蝮蛇、猛兽。夏季炎热，上呕下泄，霍乱等疾病接连发生。还未发兵交战，死伤的军卒必定会很多。从前南海王反叛，陛下先朝之臣淮南王派遣将军间忌领军进剿，南海王率所部归降，将他们安置在上淦地区，后来再次反叛。时逢天热多雨，派往平叛的楼船水军将士在水中船上居住，疲困劳顿，还没有交战，病死的就已过半。死者亲属，老人伤心悲泣，孤儿号啕痛哭，败尽家产，筹集路费，前往千里之外的地方接运亲人的尸体，包裹骸骨返回家乡。悲惨哀痛的气氛弥漫笼罩，多年不能消除，老年人至今还清楚记得那时的情景。当时还没有进入越境，所带来的灾祸已经到了这样严重的程度。臣听说战乱之后，必有凶年。就是说百姓各自的愁苦怨气汇积上冲迫近日月，以致阴阳不能调和，感动天地神灵，降灾以示警戒。陛下仁德匹配天地，光明如同日月，恩泽遍及禽兽、草木，即使一人因冻饿不能终其天年而死去，心里也会为他感到凄怆悲伤。现在境内安宁，连引人警觉的狗叫声都没有，却要让陛下的士卒丧生，尸体暴露原野，鲜血浸染山谷。边境百姓，下午早早关上城门，上午迟迟打开城门，一副情况危急的样子。臣安私下替陛下深感担忧。

不习南方地形者，多以越为人众兵强，能难边城，○能难边城，谓能为难也。**淮南全盛之时，多为边吏。臣窃闻之，与中国异。限以高山，人迹所绝，车道不通，天地所以隔内外也。其入中国，必下领水。**○今湖南之郴州河，江西之赣州河，皆领水也。此领水当指建昌河、广信河言之。故下文言至余干[1]界中。**领水之山峭峻，漂石破舟，不可以大船载食粮下也。越人欲为变，必先田[2]余干界中，积食粮乃入，伐材治船，边城守候诚谨，越人有入伐材者，辄收捕焚其积聚。虽百越奈边城何？且越人绵力薄材[3]，不能陆战，又无车骑弓弩之用。然而不可入者，以保地险，而中国之人不能其水土也。**○不能即不耐也，犹今言不服水土。**臣闻越甲卒不下数十万，所以入之，五倍乃足，挽车奉饷者不在其中。南方暑湿，近夏瘅热[4]，暴露水居，蝮蛇蠚生[5]。**○蠚，音壑，毒也。**疾疠多作，兵未血刃，而病死者十二三。虽举越国而虏之，不足以偿所亡。臣闻道路言，闽越王弟甲[6]弑而杀之，甲以诛死，其民未有所属，陛下若欲来内，**○来，同徕。内，同纳。谓招徕、收纳之也。**处之中国，使重臣临存，施德垂赏以招致之，此必携幼扶老以归圣德。若陛下无所用之，则继其绝世[7]，存其亡国，建其王侯，以为畜越。此必委质为藩臣，世共贡职。陛下以方寸之印，丈二之组[8]，镇抚方外，不劳一卒，不顿[9]一戟，而威德并行。**○以上言越人易防，且可就抚。

注释

1 余干：地名，即今江西余干县。2 田：耕作。3 绵力薄材：人力物力薄弱。4 瘅（dàn）热：酷热。5 蠚（hè）生：或作“蠚虫”。指马蜂、蝎子之类（有毒刺）的毒虫。6 弟甲：犹弟某。因未证实，作不确定之词。弟甲，指闽越王郢的弟弟余善。7 继其绝世：指接续闽越王断绝的世系。8 组：系在印纽上的绶带。9 顿：即“钝”，意指损失。

译文

不熟悉南方地形的人，大多认为越人境内人多势众，兵力强大，会对边城造成威胁，当年淮南国全盛时期，领有这片土地，设置任命了大量边境官吏。臣私下听说，越人分布地区与中原不同。高山阻障，行人绝迹，车路不通，这是一道天造地设限隔中原地区和边外不可逾越的屏障。越人想要进入中原地区，必定要从建昌河、广信河顺流而下，沿岸山崖险峻陡峭，激流挟带巨石撞毁船只，不可以用大船装载粮食下运。越人想要发动叛乱进犯中原，一定要先在余干县境内开垦耕种，积存粮食，然后进入边境，砍伐树木修造船只。边城只要真正做到严防谨守，遇有越人入境砍伐木材，就将他们拘捕并且烧毁他们积聚的造船材料。这样的话，即使是百越合力，拿边城又有什么办法呢？况且越人人力财力不足，不能陆战，又无车马及弓弩等武器可供使用。然而不能攻入占领越地，原因是越人据险防守，中原将士不服当地水土。臣听说闽越的士兵不少于数十万，要攻入闽越，必得五倍的兵力才够，其中还不包括拉车运送粮饷的后勤人员。南方炎热潮湿，临近夏季天气酷热，暴露在野外，宿营在水边，蛇蝎毒虫侵害叮咬，军士多染疾疫，还没有临阵交锋，病死的已占十分之二三。即使把越国人全部俘虏了，也不足以补偿汉军所受的损失。臣道听途说，据传闽越王的弟弟某杀了闽越王，某也因此被杀，闽越国民没有首领统辖。陛下如果想要他们归顺，收纳他们，可以将他们迁往中原地区安置，派重臣前往慰问，施加恩德，给予赏赐，招抚他们前来，这样，他们就会感戴陛下的圣德，心悦诚服，扶老携幼而来。如果陛下认为大汉用不着这些越人，那就延续闽越王断绝的世系，保存闽越国灭亡的国脉，重新封建他们的王侯，作为大汉的附属国。这样，他们必定会委派人质送至朝廷，心甘情愿做大汉的藩臣，世世代代朝贡尽职。陛下只要用一寸见方的印章，一丈二尺长短的印绶，就可以镇抚境外的闽越，不劳一兵一卒，不损一剑一戟，使陛下的威望和盛德传遍天下。

今以兵入其地，此必震恐，以有司为欲屠灭之也，必雉兔逃入山林险阻，○雉兔逃，谓如雉兔之惊而逃也。**背而去之，则复相群聚；留而守之，历岁经年，则士卒罢倦[1]，食粮乏绝，男子不得耕稼树种，妇人不得纺绩织纴[2]，丁壮从军，老弱转饷，居者无食，行者无粮。民苦兵事，逃亡者必众；随而诛之，不可胜尽，盗贼必起。臣闻长老言，秦之时尝使尉屠睢[3]击越。**○尉，官也，屠睢，姓名也。**又使监录凿渠通道[4]，**○监，官也，录，名也。**越人逃入深山林丛，不可得攻。留军屯守空地，旷日持久，士卒劳倦，越乃出击之，秦兵大破，乃发適戍[5]以备之。当此之时，内外骚动，百姓靡敝[6]，行者不还，往者莫及，皆不聊生。亡逃相从，群为盗贼。于是山东之难始兴，**○山东之难，谓秦二世时陈涉等作难，皆在太行山以东也。**此老子所谓“师之所处，荆棘生之”[7]者也。兵者，凶事。一方有急，四面皆从。臣恐变故之生，奸邪之作，由此始也！《周易》曰：“高宗伐鬼方，三年而克之。”[8]鬼方，小蛮夷。高宗，殷之盛天子也。以盛天子伐小蛮夷，三年而后克，言用兵之不可不重也。臣闻天子之兵，有征而无战，言莫敢校[9]也。如**

使越人蒙死徼幸，〇蒙死，犹冒死也。徼幸，越人自知不能胜中国而徼求幸胜也。**以逆执事之颜行**[10]**，**〇文颖曰：颜行，犹雁行。鼒案：信陵君书请为天下雁行顿刃。雁行者，相连而进。顿刃乃是居前当锋刃也。颜行者：颜者，额顮，居前行者，若额然，与雁行义异。**厮舆之卒**[11]**，有一不备而归者，虽得越王之首，臣犹窃为大汉羞之！**〇以上言伐越之害。

注释

1 罢倦：疲倦。罢，通"疲"。2 纺绩织纴（rèn）：指从事纺织。绩，绩麻。纴，纺织。3 尉屠睢（suī）：秦郡都尉屠睢，是秦始皇派遣平定岭南百越的主将，后为越人所杀。4 凿渠通道：指开凿灵渠。灵渠在今广西兴安县境内。秦征岭南，为便于运粮，提供后勤保障，据传命监御史史禄负责开凿，连通湘江、漓江，成为长江流域与珠江流域之间的重要水上交通孔道。5 適戍：因罪谪罚戍边的人。適，通"谪"。6 靡敝：犹凋敝，谓流离困苦。7 师之所处，荆棘生之：意思是军队所到之处，田地荒芜。8 高宗伐鬼方，三年而克之：引文出自《周易·既济》。高宗，商王武丁。鬼方，商周时活动于我国西北地区的少数民族。9 莫敢校：不敢较量。10 执事：指天子任命的统军将帅，意即王师。颜行：前列，先锋。意指进军。11 厮舆之卒：从事劈柴、赶车之类贱役之人。

译文

现在派遣军队攻入闽越境内，这必然会使越人感到震惊恐慌，认为官府要把他们赶尽杀绝，必定会像野鸡、野兔那样逃窜至山林险阻之处藏身，等到汉军转身撤离，他们就重新群聚集结，如果在那里留守驻防，经历时间太久，就会士卒疲劳困乏，粮食耗尽，男子不得从事生产，荒废耕作，妇女不得从事纺织，荒废女工。成年男子都已抽调从军，老弱无力的也都跟随转运粮饷，留在家里的没有饭吃，出门在外的饿肚子。百姓苦于战争，外出逃亡的必定很多，再加屠杀，也难杀尽，盗贼必定会兴起。臣听老年人说，秦朝的时候，曾派都尉屠睢平定岭南越人，又命监郡御史录开凿灵渠，连通水道。越人逃进深山丛林，秦军无法发动进攻。留下军队屯垦防守那里荒芜人烟的空地，旷日持久，士卒劳苦疲倦。越人出山袭击，秦军大败，于是调遣刑徒驻守防备越人。在那个时候，全国内外动荡不安，百姓困苦流离，失去家园，逃亡在外，难以生存，成群结伙，聚集成为盗贼。于是崤山以东陈胜、吴广等人揭竿而起，正如老子所说："军队所到之处，遍地荆棘丛生。"战争是凶险的事情，一方出现警急状况，四面都会响应，臣担心变故的发生，奸邪的图谋，会因讨伐闽越而引起。《周易》中说："商王武丁讨伐鬼方，花了三年才征服它。"鬼方是一个蛮夷小邦，商王武丁是商朝大有作为的君主，以大有作为的君主讨伐一个蛮夷小邦，花费了三年时间才取得胜利，这是说对待战争不可不慎重啊。臣听说天子的军队，只有威慑，没有战斗，这是说没有人敢与天子的军队较量。假如越人怀着侥幸的心理敢于冒死迎战，抵挡汉军前锋，在两军交战的时候，那些微贱士卒万一没有防备，战败而归，即使斩获了越王的首级，臣还是私下为大汉感到羞耻。

陛下以四海为境，九州为家，八薮为囿[1]，江汉为池，生民之属，皆为臣妾。人徒之众，足以奉千官之供；租税之收，足以给乘舆之御。玩心神明，秉执圣道，负黼依[2]，凭玉几，南面而听断，号令天下，四海之内莫不响应。陛下垂德惠以覆露[3]之，使元元[4]之民安生乐业，则泽被万世，传之子孙，施之无穷，天下之安，犹泰山而四维[5]之也。夷狄之地，何足以为一日之间[6]，而烦汗马之劳乎？《诗》云“王犹允塞，徐方既来”[7]，言王道甚大，远方怀之也。臣闻之农夫劳而君子养焉，愚者言而智者择焉。臣安幸得为陛下守藩，以身为障蔽，人臣之任也。边境有警，爱身之死而不毕[8]其愚，非忠臣也。臣安窃恐将吏之以十万之师，为一使之任也。○一使人便可镇抚闽越，何必以十万之师，仅代一使之任乎？以上言以德怀远，不必用兵。

注释

1 八薮为囿（yòu）：以全国各地的湖泽湿地作为游猎场所。八薮，古代八个泽薮的总称。据载，鲁有大野，晋有大陆，秦有杨纡，宋有孟诸，楚有云梦，吴越之间有具区，齐有海隅，郑有圃田，谓之八薮。2 负黼（fǔ）依：负，背靠。黼依，古代帝王座后绣有斧形花纹的屏风。《周礼·春官·司几筵》：“凡封国命诸侯，王位设黼依。”3 覆露：庇护，养育。4 元元：平民百姓。此处含广大、众多的意思。5 四维：指四方用绳子系牢固。6 间：嫌隙。一日之间，谓暂时的冒犯得罪。一说，间，义同“居”。意思是那里土地无法居住，没有价值。7 王犹允塞，徐方既来：引自《诗·大雅·常武》。犹，通“猷”，谋略。允，诚。塞，实。徐方，徐国。诗中赞美周宣王平定徐国叛乱使之归服。8 毕：尽。

译文

陛下把四海作为疆域，九州作为家，八薮作为猎场，江汉作为园池，所有百姓，都是陛下的臣妾。服侍的下人众多，足够供奉上千官员；所收的租税丰厚，足够陛下使用。专心领会天地神灵无欲、无为的意志，坚持圣明天子仁惠爱民的道德，坐在黼依屏风前面，凭靠玉制的几案，南面称尊，听朝决事，号令天下，四海之内没有不响应的。陛下广施德惠，养育庇护天下百姓，使他们得以安居乐业，恩泽遍及万世，子孙代代相传，永无穷尽，大汉江山，就像泰山四面紧系绳索一样安定稳固。闽越偏远地区，哪里值得因为一时的违命冒犯而劳师动众呢?《诗·大雅·常武》中说：“天子的谋略周密，招致徐方归服。”说的是天子行事光明正大，远方之人因为感念天子的恩德而愿意归顺。臣听说农夫劳力而君子养德，愚昧无知的人所说的话，聪明睿智的人也会加以选择采用。臣庆幸作为藩臣能为陛下防守边疆，用自己的身体当作屏障，这是臣下的责任和本分。边境发生紧急情况，不能舍身忘死尽自己愚忠，那就算不上是忠臣。臣安私下担心，军中将吏动用十万军队，难道是仅仅完成一位使者的任务吗?

曾评

淮南王安收养文士，著《淮南子》，亦犹吕不韦好客养士，著《吕览》[1]一书也。此篇盖亦八公[2]辈所为，陈义甚高，摛辞[3]居要，无《淮南子》冗蔓[4]之弊，而精警处相似。班史以载入《严助传》中，与主父偃、徐乐、严安、贾捐之诸篇并列，以见务广穷兵之害，均为有国者所当深鉴。后世如苏子瞻《代张方平谏用兵书》，亦可与此篇方轨并驾[5]。

注释

1《吕览》：即《吕氏春秋》。2 八公：指刘安赏识看重的八位门客，左吴、李尚、苏非、田由、毛被、雷被、伍被、晋昌。3 摛（chī）辞：铺陈文辞。4 冗蔓：繁杂散乱。5 方轨并驾：犹并驾齐驱。方轨，两车并行。

贾捐之罢珠厓对

导读

贾捐之，字君房，西汉洛阳人。贾谊曾孙，有文名。因中书令石显告发，下狱被杀。

汉元帝时，珠厓反叛，连年不定，元帝想要发兵征讨，贾捐之建议不当击。元帝觉得这样会助长叛贼的气焰，有损先帝功德，派侍中、驸马都尉、乐昌侯王商前往责问，贾捐之于是上《弃珠厓议》作答。疏中通过引述史事和对汉朝当时的形势以及珠厓所处地位作了详细的分析，说明不可用兵的理由。认为唐虞三代不务地广，远人归服，颂声并作；汉文帝轻徭薄赋，与民休息，国家得以恢复元气；秦朝务欲广地，招致速亡；汉武好用兵，天下骚然。如今民生凋敝，国库空虚，不宜劳师远征。所论义理正大，很有说服力。但其中所言骆越之人，与禽兽无异；区区珠厓，孤悬海中，弃之不足惜，足见他的识量浅狭，缺乏政治家的远见卓识。领土关系国家核心利益，轻言放弃，未免太过不负责任。

"君房下笔，语言妙天下。"此话出自杨兴之口，虽属相互吹捧，但大致符合事实。就世传贾捐之《与友人书》，可见一斑。

大丈夫以凌云之气，而俯首书案之间，午夜一灯，晨窗万字，盖将学为有用之文，以歌太平，颂中兴，策治安，演丝纶耳。岂有为此沾沾，徒作酸文耶！虚辱君命，戏笔横斜。

放弃珠厓后，元帝几次召见贾捐之，进言多被采纳。当时中书令石显当权，为贾捐之所不齿，多次指陈他的短处，因而仕进不顺，很难再见到皇帝。贾捐之与长安令杨兴交好，杨兴时以才能进用受到重视，二人拉帮结派，相互交荐，谋得高官。二人合计，杨兴欲得京兆尹，贾捐之欲为尚书令，争取掌控实权。贾捐之准备再揭石显的短处，从杨兴计不如交结石显，容易达到目的。于是二人联名上奏，对石显大加吹捧，举荐宜封关内侯。他们的意图被石显发觉，向皇上告发，二人皆下狱，贾捐之被判死刑，杨兴减死罪一等，罚为城旦服苦役。司马光在《通鉴》中对此评论说："君子以正攻邪，犹惧不克，况捐之以邪攻邪，其能免乎！"

以贾捐之的轻躁，想必难合曾国藩的胃口。曾氏有关本篇的评论，只是着眼文章，就事论事。因其六弟温甫生前好读此文，爱屋及乌，盛加赞誉，回思往事，不禁流露出"鹡鸰在原"的深情。

此文为说明问题，方便论述，追求文气超迈，有关史事时间顺序及行文措辞，不太拘泥、讲究，意在当时读者都能明白。如将"文景之治"府库充盈，说成武帝元狩六年之时；公孙勇诈为使者，接在淮南王阴谋反叛之后；至于"今天下独有关东，关东大者，独有齐楚"，未免稍稍费解。

曾按

贾捐之，字君房，贾谊之曾孙也。武帝时，立儋耳、珠厓郡[1]。其后二十余年，反者六次。昭帝五年，罢儋耳郡，并属珠厓。至宣帝、元帝时，珠厓反者又三次，帝欲大发军讨之，捐之以为不当击。帝使王商诘问之，捐之以书对。

注释

1 儋（dān）耳、珠厓郡：在今海南省。汉武帝平定南越，置儋耳、珠厓二郡。至汉昭帝时，儋耳并入珠厓郡。

臣幸得遭明盛之朝，蒙危言[1]之策，无忌讳之患，敢昧死[2]竭卷卷。○卷卷，犹拳拳，亦作惓惓。

臣闻尧舜圣之盛也，禹入圣域而不优[3]。故孔子称尧曰“大哉”、《韶》[4]曰“尽善”、禹曰“无间”[5]。以三圣之德，地方不过数千里，西被流沙，东渐于海，朔、南暨，[6]声教讫于四海。欲与声教则治之；不欲与者，不强治也。故君臣歌德，含气之物[7]，各得其宜。武丁、成王，殷、周之大仁也，然地东不过江黄，西不过氐羌，南不过蛮荆，北不过朔方，[8]是以颂声并作，视听之类，咸乐其生。越裳氏重九译而献[9]，此非兵革之所能致。及其衰也，南征不还[10]；齐桓救其难，孔子定其文。[11]○以上言唐虞三代不务地广。

注释

1 危言：直言。2 昧死：冒死，不避死罪。3 优：完美。4《韶》：舜乐名。5 无间：间，差距。无间，指与圣人的标准无差距，意思是无可挑剔。出自《论语·泰伯第八》，子曰：“禹，吾无间然矣。”6“西被流沙”三句：被，覆盖。渐，入，延伸。朔，北方。暨，及。意思是西至沙漠，东到大海，以及北方、南方。一说前二句颠倒，按：《书·禹贡》为“东渐于海，西被于流沙，朔、南暨”。暨，日微现于地平线上。意思是太阳初升于东海，西照流沙，微现于北方、南方。指凡日光所照临之处。7 含气之物：犹众生万物，与下文“视听之类”略同。8 江黄：在淮南，今安徽寿县。一说，指古江国和黄国。江国在今河南息县以西。黄国在今河南潢川县。氐羌：指古代氐族、羌族分布的西北地区。蛮荆：春秋楚地，古代南方少数民族分布地区。朔方：朔方郡。汉武帝时所置，在黄河河套西北部。9 越裳氏重九译而献：越裳氏，古有越裳国，在今越南、老挝一带。重九译，因语言不通，经辗转多次翻译才能听懂。据《尚书大传》记载，周成王时，越裳氏以三象重译，而献白雉。10 南征不还：指周昭王南巡荆楚，死于汉水。11“齐桓”二句：鲁僖公四年、五年，齐伐楚，责问楚国不贡包茅和昭王南征不还，为“首止之盟”，助周襄王定太子位，孔子在《春秋》中作了记载，对齐桓公尊王的举动加以肯定。

译文

臣庆幸生逢圣明昌盛的朝代，受命直抒己见，进言献策，不避忌讳，免受惩罚，甘愿冒死竭尽拳拳忠心。

臣听说尧、舜是圣德最隆盛的君主，大禹已经符合圣君的标准，但还没有达到完美的境界。所以孔子称赞尧说："真伟大啊！"称赞《韶》乐说："尽善尽美！"称赞大禹说："无可挑剔。"凭着三位圣君的德行，土地范围不过几千里，西至沙漠，东到大海，以及北方、南方边境，声威教化遍行天下。愿意归化的，则对他们加以治理；不愿归化的，不强迫他们接受统治。于是君臣歌颂圣德，众生万物，各得其所。商王武丁和周成王是殷周时代的伟大仁君，然而拥有的土地东边不超过淮南江黄，西边不超过氐羌，南边不超过荆楚，北边不超过现今的朔方郡，但全国上下一片颂扬之声，万物众生，都感到快乐满足。越裳氏经过辗转多次翻译前来进贡，这不是通过征战所能招致的。到周朝衰落时，昭王南征不回还，齐桓公尊王解救危难，孔子把这件事记载在《春秋》一书中，加以肯定。

以至乎秦，兴兵远攻，贪外虚内，务欲广地，不虑其害。然地南不过闽越，北不过太原，而天下溃畔[1]，祸卒在于二世之末。长城之歌[2]，至今未绝。○以上秦务广地而速亡。

赖圣汉初兴，为百姓请命，平定天下，至孝文皇帝闵中国未安，偃武行文，则断狱数百。民赋四十，丁男三年而一事。○本一年供役一次，因天下民多，故三年仅供一役也。事即役也。**时有献千里马者，诏曰："鸾旗[3]在前，属车在后，吉行日五十里，师行日三十里，朕乘千里之马，独先安之？"于是还马与道里费，而下诏曰："朕不受献也。其令四方，毋求来献。"当此之时，逸游之乐绝，奇丽之赂塞，郑卫之倡微矣[4]！夫后宫盛色，则贤者隐处；佞人用事，则诤臣杜口[5]。而文帝不行，故谥为孝文，庙称太宗。**[6] ○以上文帝与民休息，不务远略。

注释

1 溃畔：即溃叛。叛乱离散。2 长城之歌：秦时歌谣。据郦道元《水经注·河水》引晋杨泉《物理论》说："秦筑长城，死者相属，民歌曰：'生男慎勿举，生女哺用脯。不见长城下，尸骸相支拄。'其冤痛如此。"3 鸾旗：天子仪仗中绣有鸾鸟的旗子。4 郑卫之倡微矣：春秋时期郑国、卫国的俗乐，即"郑卫之音"，儒家摒斥为淫声。倡，倡优，乐人，此指使人意乱神迷的倡风。微，衰落。5 诤臣杜口：诤臣，直言敢谏之臣。杜，绝，堵塞。6“故谥”二句：皇帝的谥号由礼官议定，继位的皇帝认可。谥号有褒贬，故谥法有美谥、恶谥。汉文帝仁惠节俭，勤政爱民，孝行显著，故谥孝文皇帝；有守成之德，庙号太宗。

译文

到秦朝的时候，兴兵攻打远方，贪图外利而致内部空虚，一心想要扩大疆域，不考虑这样做的危害。然而所拥有的土地南边不超过闽越，北边不超过太原，随即天下溃散叛离，终于在秦二世末年发生祸乱，以致亡国。冤痛凄惨的长城歌谣至今仍在流传。

仰仗大汉兴起，为百姓请命，平定天下。至孝文皇帝怜恤中原还未安定，止兵息战，实行文治。一年中全国所判决的案件仅有数百起，百姓缴纳的赋税每年减至四十钱，成年男子服役改为三年一次。当时有人献千里马，文帝下诏说：“（天子出行，）鸾旗在前面导引，扈从的车队在后面跟随，正常出行每日五十里，领军出行每日三十里，朕乘千里马，独自先往何处去呢？”于是文帝把马还给了献马人，并给了他路费。接着下诏说：“朕不接受贡物，命令全国各地不要请求前来进献。”在此期间，纵情宴游玩乐的现象绝迹了，贿赠奇珍瑰宝的情况没有了，醉心痴迷民间音乐的风气衰歇了。后宫重美色，那么贤人就会退隐山林；奸佞小人当权，直言敢谏的诤臣就会闭口无言。文帝不这样做，所以谥号为“孝文”，庙号称“太宗”。

至孝武皇帝元狩六年，太仓之粟，红腐而不可食；都内之钱，贯朽而不可校[1]**。乃探平城之事**[2]**，**○平城，高祖被围之地。**录冒顿**[3]**以来，数为边害。**○冒顿在汉初最强，武帝欲报祖宗之仇，故兴兵以伐匈奴。又兼用兵于西南北三边也。**籍兵厉马，因富民以攘服**[4]**之。西连诸国，至于安息；东过碣石，以玄菟、乐浪为郡；**[5]**北却匈奴万里，更起营塞；制南海以为八郡**[6]**。则天下断狱万数，民赋数百，造盐铁酒榷**[7]**之利，以佐用度，犹不能足。当此之时，寇贼并起，军旅数发。父战死于前，子斗伤于后，女子乘亭鄣，**○亭鄣，边塞屯宿之所。犹今城上之更栅[8]也。**孤儿号于道，**○古文中五字句极少，此连用四句，声调悲壮，可歌可泣。**老母、寡妇饮泣巷哭。遥设虚祭，想魂乎万里之外。淮南王盗写虎符，阴聘名士；**[9]**关东公孙勇**[10]**等诈为使者。是皆廓地泰**[11]**大，征伐不休之故也。**○以上武帝好用兵，天下骚然。

注释

1 校：查对，计点。2 平城之事：即白登之围。汉高祖刘邦亲率大军迎击匈奴，追至大同平城，中匈奴诱兵之计，被围困在平城白登山。3 冒顿（mò dú）：匈奴冒顿单于。4 攘服：犹征服。5 安息：西域国名，在今伊朗境内。碣石：碣石山，在河北昌黎县。玄菟（tú）：郡名，汉武帝置，在今辽宁东部及朝鲜咸镜道一带。乐浪：郡名，汉武帝置，在今朝鲜境内。6 八郡：指南海、苍梧、郁林、合浦、交趾、九真、日南、珠厓（包括并入的儋耳）八郡。7 榷（què）：专卖，征税。8 更栅：更卒巡夜歇息的房舍。9 "淮南王"二句：淮南王，指刘安。虎符，古代调兵的凭证，金属制的虎形令牌。10 公孙勇：据《汉书·田广明传》记载，曾任城父县令的公孙勇与其门客胡倩等谋反，假冒朝廷派往地方督剿盗贼的官员。连上二句，意思是天下动乱，不断发生谋反、叛乱的情况。11 泰：太，过甚。

译文

到孝武皇帝元狩六年（前 117）的时候，太仓堆积的粮食发霉腐烂不可食用，国库储存的钱币贯绳朽断散乱不可查对。于是追究当年高祖平城被围一事，录列匈奴自冒顿单于以来屡次为害边境的罪行，招募士兵，训练战马，凭借国富民强将匈奴征服。拓展疆域，西边连接西域各国直到安息；东边越过碣石，建置玄菟、乐浪二郡；北边迫使匈奴后退万里，修筑营垒要塞以备防守；南边为加强对南海地区的控制，即在这分置八郡。然而一年中全国所判决的案件多达上万起，百姓缴纳的赋税每年增至数百钱，加上经办盐、铁、酒专卖征税作为辅助用度，仍然不够开支。在此期间，各地盗贼反寇纷纷而起，朝廷多次发兵征战。父亲战死在前，儿子斗伤在后，妇女登城参战，孤儿当路哭号，老母、寡妇在里巷悲泣痛哭，虚设灵位，遥遥祭奠，怀念万里之外的亡魂。淮南王刘安阴谋反叛，暗中刻制虎符，招纳名士；关东公孙勇等作乱，假冒朝廷使者、官员。这些都是拓展疆域贪欲太大，征战不休的缘故。

今天下独有关东[1]，关东大者，独有齐楚。民重久困，连年流离，离其城郭，相枕席于道路。人情莫[2]亲父母，莫乐夫妇。至嫁妻卖子，法不能禁，义不能止，此社稷之变也。今陛下不忍悁悁[3]之忿，欲驱士众，挤之大海之中，○珠厓隔海即今之琼州也，故曰挤之大海中。**快心幽冥之地[4]，非所以救助饥馑，保全元元也。《诗》云"蠢尔蛮荆，大邦为雠"[5]，言圣人起则后服，中国衰则先畔，动**

为国家难，自古而患之久矣，何况乃复其南方万里之蛮乎？骆越[6]之人，父子同川而浴，相习以鼻饮，与禽兽无异，本不足郡县置也。颛颛[7]独居一海之中，○颛颛，与专专同，犹曰区区也。**雾露气湿，多毒草虫蛇水土之害，人未见虏，战士自死。又非独珠厓有珠犀玳瑁也，弃之不足惜，不击不损威。其民譬犹鱼鳖，何足贪也？臣窃以往者羌军[8]言之，暴师曾未一年，兵出不逾千里，费四十余万万，大司农[9]钱尽乃以少府禁钱续之。**○少府藏帝之私钱，故曰禁钱。**夫一隅[10]为不善，费尚如此，况于劳师远攻，亡士毋功乎？求之往古则不合，施之当今又不便，臣愚以为非冠带之国，《禹贡》[11]所及，《春秋》所治，皆可且无以为，愿遂弃珠厓，专用恤关东为忧。**

注释

1 关东：函谷关以东。2 莫：莫不。3 悁悁：愤怒的样子。4 幽冥之地：荒僻遥远的地方。5 蠢尔蛮荆，大邦为雠：出自《诗·小雅·采芑》。蠢尔，无知蠢动貌。6 骆越：秦汉时期活动于今广西、广东沿海地区和越南的古代民族。7 颛颛（zhuān）：犹区区，微不足道。8 羌军：指汉宣帝时赵充国平定羌人叛乱。9 大司农：官名，主管国家财政。10 一隅：一处。隅，角落，边远的地方。11《禹贡》：《尚书》篇名。战国时期托名大禹所作的地理著作。

译文

现在全国只有关东最大，而关东只有齐、楚最大。关东百姓长期极度困乏，连年流离失所，离开自己所居住的城邑，在道路上纵横相枕而卧。人情莫不在于亲近自己的父母、喜欢夫妻团聚，（如今百姓为生活所迫，）嫁妻卖子，到了法令、道义都不能禁止的地步，这真是国家的灾祸。现在陛下不能忍耐一时的愤怒，想要驱赶士卒蜂拥挤赴大海之中，为了称心如意，征服荒僻遥远的不毛之地，这不是救助饥荒，保全人民的办法。《诗经》中说："蠢蠢而动的蛮荆，竟敢与大国为敌。"意思是说有圣人出现，蛮夷才会臣服，如果中原王朝衰落，他们就会首先反叛，动不动给国家带来灾难，自古以来这种祸患长期存在，何况更是远在万里之外的南方蛮族呢？骆越人的习俗，父子在同一条河里洗澡，彼此习惯于用鼻子饮水，与禽兽没有什么区别，本来就不值得在那里设置郡县。区区大海中的一个孤岛，雾露潮湿，又多毒草虫蛇，加上海上风险，水土不服，敌人未被俘虏，战士自己已先丧命。又不是只有珠厓出产珍珠、犀角、玳瑁，舍弃不会可惜，不攻也不会有损大汉的国威。那里的百姓就好比鱼鳖，何必贪求得到呢？臣私下就拿从前出兵征讨羌人来说吧，军队出征不到一年的时间，范围不超过千里，就已耗钱四十余万万。国库的钱用光了，大司农就动用少府所藏专供宫廷使用的禁钱接续。一处不起眼的角落出现问题，耗费尚且如此之多，何况是劳师远攻，士卒死亡而无成效呢？查对往昔，不合古训，用于当今，又无好处。愚臣认为，凡是未开化的地区，《禹贡》记载所及，《春秋》谈论治理，都认为可以姑且算作无用之地。希望就此放弃珠厓，集中精力专意拯救关东百姓。

曾评

贾君房在当世有文名，故杨兴曰："君房下笔，语言妙天下。"昔亡弟愍烈公温甫好"语言妙天下"五字，尤好读《罢珠厓对》。大抵西汉之文，气味深厚，音调铿锵，迥非后世可及。固由其措词之高，胎息[1]之古，亦由其义理正大，有不可磨灭之质干[2]也。如此篇及路温舒[3]《尚德缓刑书》，非独文辞超前绝后，即说理亦与六经同风已。

注释

1 胎息：师承，效法。2 质干：实际内容和气骨。3 路温舒：字长君。习律令。曾任县狱史，举孝廉，官至廷尉奏曹掾、太守等职。汉宣帝时上《尚德缓刑书》。

诸葛亮出师表

导读

诸葛亮，字孔明，琅邪（今山东沂南县）人。蜀汉丞相，封武乡侯，谥忠武侯。三国时期杰出的政治家、军事家。

世传诸葛亮《出师表》有两篇，本篇为《前出师表》，是诸葛亮出师伐魏，临行前写呈后主刘禅的表章。文中劝说后主要继承先帝遗志，广开言路，亲贤远佞，赏罚严明。言辞恳切，表达了对先帝刘备知遇之恩的由衷感激和兴复汉室、北伐中原的坚定决心。

“出师一表真名世，千载谁堪伯仲间”，陆游的诗句反映了后人对《出师表》的评价。为国家振兴“鞠躬尽瘁，死而后已”，诸葛亮的名言体现了中华民族最宝贵的精神。

读《出师表》自然也会使人想到“扶不起的阿斗”，稀里糊涂“舆榇自缚”出降，降后“乐不思蜀”。一国之主，庸懦如此，不禁令人发一浩叹。

曾国藩虽不能与诸葛亮相比，但他们都是做大事的人，志气恢宏，具有坚忍不拔的毅力，而又心思缜密。“古人绝大事业，恒以精心敬慎出之”，“故知不朽之文，必自襟度远大、思虑精微始也”，既是对《出师表》所作的评论，同时也是曾国藩的自我写照。

臣亮言：

先帝创业未半而中道崩殂[1]，今天下三分，益州罢弊[2]，此诚危急存亡之秋也。然侍卫之臣不懈于内，忠志之士亡身于外者，盖追先帝之殊遇[3]，欲报之于陛下也。诚宜开张圣听，以光先帝遗德，恢宏志士之气，不宜妄自菲薄[4]，引喻失义[5]，以塞忠谏之路也。○以上志义不可卑薄。

宫中府中，俱为一体，陟罚臧否[6]，不宜异同。若有作奸犯科[7]，及为忠善者，宜付有司，论其刑赏，以昭陛下平明之治，不宜偏私，使内外异法也。

注释

1 崩殂（cú）：古时指皇帝死亡。2 罢弊：疲劳困乏。罢，通“疲”。3 殊遇：特殊的知遇。多指帝王的恩宠、信任。4 菲薄：轻视，瞧不起。5 引喻失义：引用比喻托词拒谏的委婉说法。6 陟罚臧否（pǐ）：赏罚褒贬。陟，进用。臧，善。否，恶。7 作奸犯科：为非作歹，触犯法令。科，法律条文。

译文

臣诸葛亮上表进言：

先帝创建兴复汉室的大业未完成一半就中途去世了。如今天下分裂为三国，蜀汉民力困乏，这的确是危急存亡的关键时刻啊。然而侍从护卫的文武官员在宫廷内尽职毫不懈怠，忠心报国的将士在战场上奋不顾身，这是追念先帝对他们的特殊知遇之恩，想通过效忠陛下作为报答。（陛下圣明，）理应广泛听取他们的意见，发扬光大先帝遗留下来的美德，振奋鼓舞爱国志士的士气，不宜看轻自己，找些不适当的理由，堵塞忠臣进谏的言路。

内朝宫官和外朝府官，都是一个整体，或赏或罚，或褒或贬，不应有所差别。如有作奸犯法的，或有忠善表现的人，应该交付主管部门，议定对他们的刑赏，从而显示陛下治国理政的公正严明，不宜偏心护短，存有私念，使宫内宫外执法标准不一致。

侍中、侍郎郭攸之、费祎、董允等，[1] 此皆良实，志虑忠纯，是以先帝简拔以遗陛下[2]。愚以为宫中之事，事无大小，悉以咨之，然后施行，必能裨补阙漏，有所广益。将军向宠[3]，性行淑均[4]，晓畅军事，试用于昔日，先帝称之曰"能"。是以众议举宠为督。愚以为营中之事，事无大小，悉以咨之，必能使行阵和睦，优劣得所也。亲贤臣，远小人，此先汉所以兴隆也；亲小人，远贤臣，此后汉所以倾颓[5] 也。先帝在时，每与臣论此事，未尝不叹息痛恨于桓、灵[6] 也。侍中、尚书、长史、参军，此悉贞亮[7] 死节之臣也，愿陛下亲之信之，则汉室之隆，可计日而待也。○以上言宫府内外，视同一体，贤才尚可倚任。

注释

1 郭攸之：字演长，河南南阳人，时任侍中。费祎（yī）：字文伟，江夏鄳县（今河南罗山西南）人，时任侍中。董允：字休昭，南郡枝江（今湖北枝江东北）人，时任侍郎。2 简拔以遗（wèi）陛下：简拔，选拔。遗，给予。3 向宠：字巨违，襄阳宜城（今属湖北）人。4 淑均：善良公正。5 倾颓：衰亡。6 桓、灵：东汉桓帝、灵帝。桓帝时宦官专权，发生"党锢之祸"。灵帝时政治昏乱，爆发黄巾起义。7 贞亮：忠贞坦诚。

译文

侍中郭攸之、费祎，侍郎董允等人，他们都是切实有用的良材，志在报效国家，忠诚不二，品德纯正，所以先帝选拔他们留下来辅佐陛下。臣认为宫中的事情，无论大小，都可以拿来征求他们的意见，然后施行，必定能够弥补缺漏，更加周全，获得更好的效果。将军向宠，性情温和，办事公平，通晓军事，以前曾经任用过，先帝称他能干，因此大家共议推举他担任中部督。臣认为军队里的事情，无论大小，都可以征求他的意见，必定能使部队将士和睦同心，德才优劣之人各有安排。亲近贤臣，疏远小人，这是先汉之所以兴隆的原因；亲近小人，疏远贤臣，这是后汉之所以败亡的原因。先帝在世时，每逢与臣谈论这些事情，没有不叹息桓、灵二帝而深感痛心遗憾的。侍中郭攸之、费祎、尚书陈震、长史张裔、参军蒋琬，这些都是忠贞坦诚，能够做到以死报国的忠臣，希望陛下亲近他们，信任他们，那么汉室的兴隆就指日可待了。

臣本布衣，躬耕于南阳，苟全性命于乱世，不求闻达于诸侯。先帝不以臣卑鄙，猥自枉屈[1]，三顾臣于草庐之中，谘臣以当时之事，由是感激，遂许先帝以驰驱。后值倾覆，受任于败军之际，奉命于危难之间，尔来[2]二十有一年矣。先帝知臣谨慎，故临崩寄臣以大事也。受命以来，夙夜[3]忧叹，恐托付不效，以伤先帝之明。故五月渡泸[4]，深入不毛。今南方已定，兵甲已足，当奖率三军，北定中原，庶竭驽钝[5]，攘除奸凶，兴复汉室，还于旧都。此臣所以报先帝而忠陛下之职分也。○以上自叙生平志事。

至于斟酌损益，进尽忠言，则攸之、祎、允之任也。愿陛下托臣以讨贼兴复之效！不效，则治臣之罪，以告先帝之灵。若无兴德之言，则责攸之、祎、允之咎，以彰其慢。陛下亦宜自谋，以谘诹[6]善道，察纳雅言，深追先帝遗诏。臣不胜受恩感激！今当远离，临表涕泣，不知所云。○以上总收一节。

注释

1 猥（wěi）自枉屈：降低身份。猥，犹辱，谦辞。枉屈，指屈尊就卑。2 尔来：从那时以来。3 夙夜：早晚，日夜。4 泸：泸水，今金沙江在四川的一段。5 驽钝：愚笨迟钝，才能低劣。谦辞。6 谘诹（zōu）：商讨，询问。

译文

臣本是个平民，在南阳从事农耕，在乱世中苟且保全性命，不奢求在诸侯中显声扬名。先帝不因为臣身份卑微，识见浅陋，辱屈尊驾，三次光顾臣的草庐，征询臣对时局的看法，因此心怀感激，于是答应为先帝奔走效劳。后来遇到失败，臣在战败的时候接受委任，在危难的时刻承担使命，从那时到现在已经二十一年了。先帝知道臣做事谨慎，因此临终时把国家大事托付给臣。臣接受遗命以来，日夜忧愁叹息，唯恐先帝的托付不能实现，有损先帝的英明。所以五月渡过泸水，深入偏僻的穷荒地区。现在南方已经平定，兵甲也已准备充足，即当鼓舞士气，统领三军将士，北上平定中原。臣希望竭尽自己庸劣的才能，铲除奸险凶恶的敌人，光复汉朝的统治，回到旧日的国都。这是臣所用来报答先帝并效忠陛下分内应尽的职责。

至于考虑、权衡利害得失，尽心进献忠言，那就是郭攸之、费祎、董允等人的责任了。希望陛下把讨伐奸贼，兴复汉室的重任托付给臣，如果不能成功，就请治臣的罪，用来告慰先帝的在天之灵。如果没有弘扬圣德的进言，那就责罚郭攸之、费祎、董允等人的过失，来表明他们的怠慢失职。陛下自己也应思虑运筹，征求好的治国方略，采纳正确有益的言论，深切追念先帝临终时的遗训。臣受恩感激不尽！现在臣即将告别陛下远行，临写表章，百感交集，禁不住泪水直流，不知道说了些什么。

曾评

古人绝大事业，恒以精心敬慎出之。以区区蜀汉一隅，而欲出师关中，北伐曹魏，其志愿之宏大，事势之艰危，亦古今所罕见。而此文不言其艰巨，但言志气宜恢宏，刑赏宜平允，君宜以亲贤纳言为务，臣宜以讨贼进谏为职而已。故知不朽之文，必自襟度远大、思虑精微始也。

前汉宫禁，尚参用士人；后汉宫中，如中常侍、小黄门[1]之属，则悉用阉人[2]，不复杂调他士，与府中有内外之分，大乱朝政。诸葛公鉴于桓、灵之失，痛憾阉官，故力陈宫中府中宜为一体。盖恐宦官日亲，贤臣日疏，内外隔阂也。公以丞相而兼元帅，凡宫中、府中以及营中之事，无不兼综。公举郭、费、董三人治宫中之事，举向宠治营中之事，殆皆指留守成都者言之。其府中之事，则公所自治，百司庶政，皆公在军中亲为裁决焉。

注释

1 中常侍、小黄门：皇帝侍从官，东汉皆由宦官充任。2 阉（yān）人：宦官。

陆贽奉天请罢琼林大盈二库状

导读

陆贽，字敬舆，苏州嘉兴人。唐大历年间进士，历任监察御史、翰林学士、兵部侍郎，官至宰相。工诗文，尤长于政论。有《陆宣公翰苑集》。

琼林、大盈二库，是在国库之外所设专供皇帝私藏贡品的御用仓库，始设于唐玄宗开元年间。唐德宗时，藩镇割据，叛乱频发，建中四年（783），泾原兵挟持节度使姚令言发动兵变，攻陷长安，唐德宗被迫逃往奉天（今陕西乾县）。叛军拥立在京的前幽州节度使朱泚为帝，进兵围攻奉天，史称“奉天之难”。在此期间，奉天仍设琼林、大盈二库，传言金帛盈溢，战士饥寒，得不到赏赐，军情怨离，成为引发兵变的重要诱因。陆贽上言请罢琼林、大盈二库，改过散财，转祸为福。状，指臣下向皇帝说明情况，反映问题所上的奏呈。

《奉天请罢琼林大盈二库状》是陆贽的奏疏名篇，文中多用排偶，条理精密，文笔流畅。曾氏评论称赞此文“义理之精，足以比隆濂、洛；气势之盛，亦堪方驾韩、苏”，“而公之剖晰事理，精当不移，则非韩、苏所能及”。认为通过学习，扬长避短，可以提高写作水平，使自己的文章令人刮目相看。

右臣[1]闻：作法于凉[2]，其弊犹贪；作法于贪，弊将安救？○以上四句见《左传·昭公九年》。**示人以义，其患犹私；示人以私，患必难弭[3]。**○以上四句，不知有所本否。**故圣人之立教也，贱货而尊让，远利而尚廉。天子不问有无，诸侯不言多少。百乘之室，不畜聚敛之臣。夫岂皆能忘其欲贿之心哉？诚惧贿之生人心而开祸端，伤风教而乱邦家耳。是以务鸠敛[4]而厚其帑椟[5]之积者，**○鸠，聚也。**匹夫之富也；务散发而收其兆庶[6]之心者，天子之富也。天子所作，与天同方。生之长之，而不恃其为；成之收之，而不私其有。付物以道，混然忘情，取之不为贪，散之不为费。以言乎体则博大；以言乎术则精微。**○数句言天子理财之道，极大极精。**亦何必挠废公方，崇聚私货，降至尊而代有司之守，辱万乘以效匹夫之藏！亏法失民，诱奸聚怨。以斯[7]制事，岂不过哉？**○以上言天子不蓄私财。

今之琼林、大盈，自古悉无其制。传诸耆旧之说，皆云创自开元。贵臣贪权，饰巧求媚，乃言郡邑贡赋，所用盍[8]各区分。税赋当委之有司，以给经用；贡献宜归乎天子，以奉私求。玄宗悦之，新是二库。荡心侈欲，萌柢[9]于兹！迨乎失邦，终以饵[10]寇。《记》曰：“货悖而入，必悖而出。”[11]岂非其明效欤？○以上言开元始置二库，旋即丧邦。

注释

1 右臣：唐代中书省官员。古代以面南西边为右，中书省又称“西台”，作者时为西台官员，故自称右臣。2 凉：凉薄。3 弭（mǐ）：消除。4 鸠敛：聚敛，搜刮钱财。5 帑（tǎng）椟：钱柜。6 兆庶：犹兆民。7 斯：此。8 盍（hé）：何不。9 萌柢：发芽生根，起源。10 饵：食；饲。11 货悖而入，必悖而出：出自《礼记·大学》，意思是用违背常理得到的财物，也会不合情理地失去。悖，违背。

译文

臣听说：在凉薄的基础上制定法令，它的弊病尚且是贪婪。在贪婪的基础上制定法令，它的流弊又将如何挽救呢？向人们展示道义，尚且担忧人们会自私自利；向人们展示自私，对社会的危害必定难以消除。所以圣人教化的宗旨，是轻视钱财而尊重礼让，远离私利而崇尚廉洁。贵为天子，不问财物有无；作为诸侯，不论财物多少；卿大夫家中，不蓄养搜刮民财的家臣。难道是他们都能忘记自己希望得到财物的心愿吗？实在是惧怕滋生贪财的念头而生祸端，败坏风俗教化，招致国家乱亡啊。因此，一心聚敛钱财增加私人库藏积蓄的，是庸人的财富；一心散发钱财广收兆民之心的，是天子的财富。天子的所作所为，与自然同一道理，使万物滋生成长，而不自恃有功；成熟、收获了，却不独自占为私有。遵循自然法则，与自然融为一体，忘却一己私念，获取钱财不贪心，散发钱财不浪费。就内在精神而言，可以说是宏伟博大；就具体方法而言，可以说是细致精密。又何必扰乱败坏公家的法令，看重聚敛私财，降低至尊的身份而去代行主管官吏的职责，屈辱万乘的尊严而去仿效庸人的积藏。损坏法令，丧失民心，诱发奸人贪婪的欲望，招致天下民众怨恨。用这样的方式治理国事，难道不是错误的吗？

如今设立的琼林、大盈二库，自古以来都没有这样的成例。依据长者的传说，都说创自开元年间。当时的贵臣王鉷贪恋权势，花言巧语求取玄宗皇帝的欢心，于是进言郡县上缴的贡品、赋税，用途何不各自加以区分。赋税当交付国库，用作国家经费开支；贡品宜归天子，供奉皇帝私人需求。玄宗皇帝听了这项建议感到高兴，便新设了琼林、大盈二库。骄奢淫逸的欲望就从这里萌芽生根。等到长安失守，库藏的钱财珠宝，最后都资助了贼寇。《礼记》中说：“用违背常理得来的财货，必然也会不合常理地失去。”这难道不是明证吗？

陛下嗣位之初，务遵理道，敦行约俭，斥远贪饕[1]**。虽内库旧藏，未归太府；而诸方曲献，**○曲献，犹云私献。**不入禁闱。清风肃然，海内丕变**[2]**。议者咸谓汉文却马**[3]**、晋武焚裘**[4]**之事，复见于当今。近以寇逆乱常，銮舆**[5]**外幸；既属忧危之运，宜增儆励**[6]**之诚。臣昨奉使军营，出由行殿，忽睹右廊之下，榜列二库之名，戄然**[7]**若惊，不识所以。何则？天衢尚梗，**○天衢尚梗，言世乱也，犹"皇路清夷"言世治也。**师旅方殷**[8]**，疮痛呻吟之声，噢咻**[9]**未息，忠勤战守之效，赏赉未行。而诸道贡珍，遽**[10]**私别库，万目所视，孰能忍怀？**○以上言大难未平，不宜遽私二库。

注释

1 贪饕（tāo）：贪得无厌。2 丕变：大变。3 汉文却马：汉文帝拒收千里马。见贾捐之《罢珠厓对》。4 晋武焚裘：据《晋书·武帝纪》记载："太医司马程据献雉头裘，帝以奇技异服典礼所禁，焚之于殿前。"指晋武帝崇尚俭朴，焚烧程据所献之裘。5 銮舆：天子车驾，代指天子。6 儆励：警戒策励。7 戄（jué）然：震惊的样子。8 殷：激烈；频繁。9 噢咻：抚慰伤痛。10 遽：急切。

译文

陛下刚继位的时候，谨遵治国的道理，真心实意奉行节俭，排斥、疏远贪得无厌的小人。虽然皇宫内库的旧有库藏没有统归国库太府寺经管，但各地私献的贡品不得进入皇宫内廷，朝廷内外清廉整肃，天下风气为之大变。大家议论，都说汉文帝拒绝接受千里马，晋武帝焚烧雉头裘的事，又在当今重见了。近来因贼寇叛逆扰乱纲常，陛下被迫离京外出巡行，既然是国家命运处在忧患危难时期，就应加倍诚心警戒策励。臣前些日子奉命出使军营，出门经过行宫，忽然看到右边长廊檐下悬挂琼林、大盈二库的匾额，不禁感到惊惧，不知怎么会这样。为什么呢？如今社会动乱，战事正频繁进行，悲痛伤心的呻吟之声还没有抚平，忠心勤王、拼命战斗的守城功劳还没有得到赏赐。然而却把各道进献的珍宝，急切地藏入国库之外的私库，人人看见，谁能无动于衷呢？

窃揣军情，或生觖望[1]**，试询候馆**[2]**之吏，**○公时奉使出外，故询候馆之吏。今之驰驿者，州县皆至公馆迎候。**兼采道路之言，果如所虞，**○果如所虞，即果如所虑也。不作虑者，调平仄马蹄[3]耳。**积憾已甚！或忿形谤讟**[4]**，或丑肆讴谣，颇含思乱之情，亦有**

悔忠之意。是知氓[5]俗昏鄙，识昧高卑，不可以尊极临[6]，而可以诚义感。顷者[7]，六师初降，百物无储。外捍凶徒，内防危堞[8]。昼夜不息，迨将五旬。冻馁交侵，死伤相枕。毕命同力，竟夷[9]大艰。良以陛下不厚其身，不私其欲，绝甘以同卒伍，辍食以啖功劳。无猛制而人不携，怀所感也；无厚赏而人不怨，悉所无也。今者攻围已解，衣食已丰，而谣讟方兴，军情稍阻，岂不以勇夫恒性嗜货矜功[10]，其患难既与之同忧，而好乐不与之同利，苟异恬默[11]，能无怨咨[12]？此理之常，固不足怪。○叙军士怨讟之兴，款款入情，婉婉动听，此等处最不易及。**《记》曰[13]："财散则民聚，财聚则民散。"**○唐讳民，皆作人，各书多有未尽改者。**岂非其殷鉴欤？众怨难任，蓄怨终泄，其患岂徒民散而已？亦将虑有构奸鼓乱，干纪[14]而强取者焉！**○以上言军情离怨，恐生变乱。

注释

1 觖（jué）望：不满，怨恨。2 候馆：接待过往官员、使者的驿馆。3 马蹄：指马蹄韵。4 谤讟（dú）：怨恨毁谤。5 氓：民。6 以尊极临：指以皇权临驾实施压制。7 顷者：近来，不久前。8 危堞：危城。9 夷：平。10 矜功：夸耀功劳。矜，骄傲自夸。11 恬默：恬淡沉静。12 怨咨：怨恨嗟叹。13 "《记》曰"句：出自《礼记·大学》。14 干纪：违犯法纪。

译文

据臣揣测军中将士的情绪，或许已经不满和怨恨，试着询问驿站官吏，兼听路人的议论，果然如所担心的情况一样，累积的怨恨已经很深了！有的通过毁谤表现心中的愤怒，有的通过传唱歌谣肆意丑化攻击，大有心怀不满想要反叛的情绪，也有后悔当初不该效忠朝廷的意思。由此可知凡夫俗子糊涂粗鲁，不懂高下尊卑的道理，不可以用至高无上的权威对他们进行强制压服，只可以用诚信和恩义加以感化。不久前，勤王的援军初到，军需物资没有任何储备，对外抵御凶悍的叛军，对内坚守危城，日夜不停，坚持将近五十天。饥寒交加，战士死伤累累，仍然同心协力拼命战斗，终于得解奉天之围，平定大难。这实在是因为陛下没有待己优厚，没有谋求私利，不图享受而与士卒同甘苦，省吃俭用以供有功劳的将士享用。不用严刑峻法，而无人伙同叛离，这是感怀恩德的缘故；没有丰厚的赏赐却无人抱怨，那是知道皇上确实没有什么东西。现在围攻已经解除，衣食已经丰足，又有谣言、毁谤正在兴起，军心渐渐不稳，与朝廷渐生隔阂，难道陛下不知道武夫的性情是喜好财货和夸耀功勋？危难的时候既与他们同忧患，而安乐的时候不与他们共享利益，如果不是性情淡泊宁静的人，怎能没有抱怨嗟叹呢？这是常理，本不足怪。《礼记》中说："财散则民聚，财聚则民散。"难道商朝的灭亡不能作为鉴戒吗？众怒难以抵挡，积蓄的怨恨终将发泄出来，所造成的祸患哪里仅仅是民众离散而已？也将考虑会有策划奸谋，鼓动叛乱，违犯法纪，乘机起事，强行夺取政权的啊！

夫国家作事，以公共为心者，人必乐而从之；以私奉为心者，人必咈[1]而叛之。故燕昭筑金台[2]，天下称其贤；殷纣作玉杯，百代传其恶。盖为人与为己殊也。周文之囿百里，时患其尚小；齐宣之囿四十里，时病其太大。盖同利与专利异也。为人上者，当辨察兹理，洒濯[3]其心，奉三无私[4]，以壹有众[5]。○壹对三，有众对无私，开后世借对之法，究不宜学。**人或不率[6]，于是用刑。然则宜其利而禁其私，天子所恃以理，天下之具也。舍此不务，而壅利行私，欲人无贪，不可得已。今兹二库珍币所归，不须度支[7]，是行私也；不给经费，非宜利也。物情离怨，不亦宜乎？**○以上言所以致离怨之由。

注释

1 咈（fú）：违逆。2 燕昭筑金台：战国时期燕昭王筑黄金台，置千金其上，以招徕天下贤士。3 洒濯：洗涤。4 奉三无私：奉，奉行。三无私，天无私覆，地无私载，日月无私照。比喻帝王以天下为公，不谋私利。出自《礼记·孔子闲居》。5 以壹有众：对大众一视同仁。《左传·襄公二十一年》："在上位者洒濯其心，壹以待人。"6 不率：不服从。7 度支：规划计算开支。

译文

代表国家办事，一心为公众共同利益着想的人，民众必定会乐于跟随他；一心为满足私人利益着想的人，民众必定会违逆而背叛他。所以燕昭王建筑黄金台，为国家揽才，天下人都称赞他贤明；商纣王制作玉杯，为满足个人私欲，百代之下流传他的恶名。这就在于为人、为己不同的缘故。周文王的苑囿方圆百里，当时的百姓还担心它太小；齐宣王的苑囿方圆四十里，当时的百姓还讨厌它太大。这就在于与民同利和一己专利有所区别的缘故。作为至高无上的君主，应当明辨详察这个道理，洗涤去除自己的私心，奉行"天无私覆，地无私载，日月无私照”的古训，做到大公无私，对广大群众一视同仁。如果有人不服从，就用刑。这样就可以普及大众共同分享应得利益，禁防人们自私自利的贪欲。天子所依仗的是以理服人，理是用于治理国家有效的器具，舍此不用，而把财货积藏入库，以利一己之私，想要别人不生贪念，也就做不到了。如今的琼林、大盈二库所收藏的珍宝钱币，无须规划计算开支，就是积藏私财；不用于国家经费开支，就不是大公无私使国民普遍受益的做法。民心背离，怨言四起，不也就理所当然了吗？

智者因危而建安，明者矫失而成德。以陛下天姿英圣，傥加之见善必迁，是将化蓄怨为衔恩，反过差为至当，促殄[1]遗孽，永垂鸿名，易如转规[2]，指顾可致。然事有未可知者，但在陛下行与否耳！能则安，否则危；能则成德，否则失道。此乃必定之理也。愿陛下慎之惜之！陛下诚能近想重围之殷忧[3]，追戒平居之专欲，器用取给，不在过丰，衣食所安，必以分下。凡在二库货贿，尽令出赐有功，坦然布怀，与众同欲。是后纳贡，必归有司；每获珍华，先给军赏。瑰异纤丽，一无上供。推赤心于其腹中，降殊恩于其望外。将卒慕陛下必信之赏，人思建功；兆庶悦陛下改过之诚，孰不归德？如此则乱必靖，贼必平。徐驾六龙，旋复都邑；兴行坠典[4]，整缉棼纲[5]。乘舆有旧仪，郡国有恒赋。天子之贵，岂当忧贫？是乃散其小储而成其大储也，捐其小宝而固其大宝也。举一事而众美具，行之又何疑焉？○以上言转祸为福，改过散财。

吝少失多，廉贾[6]不处；溺近迷远，中人所非。况乎大圣应机，固当不俟[7]终日。不胜管窥愿效之至，谨陈冒以闻！谨奏。

注释

1 促殄（tiǎn）：犹速歼，剿灭。2 规：圆规。3 殷忧：深忧。4 坠典：已废亡的典章制度。5 棼（fén）纲：纷乱的纲纪。6 廉贾（gǔ）：指不贪眼前小利而谋长远厚利的商贾。7 俟：等待。

译文

有智慧的人在危难的情况下能够将局势转变为安定，贤明的人会矫正过失而成就自己的美德。凭陛下的天姿英明，若能加上见善必从，定将化解人们的积怨使他们转而感激陛下的恩德，变过错为尽善尽美，速歼叛贼余党，长留伟名，犹如转动圆规，轻而易举就可以做到。然而事态的发展也有不可预知的情况，只是在于陛下愿不愿做罢了。能做就会平安，不做就有危险；能做可以成就美德，不做将会失去道义。这是必然的道理。希望陛下慎重对待这件事，珍惜扭转局势的机会。陛下果真能够时时想到近来奉天之围的深重忧患，追悔戒惧平日个人私欲的过失，器具用品不必过多，够用就可以了，衣服、食物等生活必需品，一定要拿来分给下属。所有私藏在琼林、大盈二库的钱财，全部拿出来赏赐有功的人，真诚地表明心意，坦露情怀，与大家同甘共苦。从此以后所收到的贡品，一定要上缴国库由主管部门统管；每当得到珍宝等豪华贵重的物品，首先用于军中赏赐。珍奇难得的东西，一律不许上供。推心置腹对待全体官兵，给予他们意想之外的特殊待遇。官兵感慕陛下信守诺言的赏赐，人人振奋想要为国立功；百姓被陛下改过的诚意感动而愉悦，谁不归服有德的明君呢？这样，叛乱必定宁息，贼寇必能平定。然后陛下从从容容乘御龙车，返回国都长安，恢复废亡的典章制度，整顿紊乱的朝纲。皇上的供奉有以往旧的规程，郡县封国有定额上缴的赋税，贵为天子，何须忧愁贫穷呢？这就叫散了个人私储的小库而成全了国家公储的大库，舍弃个人的小宝而巩固了皇权的大宝。做一件事而事事完美，去做就行了，又有什么可疑虑的呢？

贪小利失大利，精明的生意人不会这样做；沉溺眼前利益看不见长远利益，普通人也认为不对。况且伟大圣明的君主本应当机立断，一天也不能耽搁。以上是臣希望尽力报效陛下的一己之见，恭谨陈述，冒昧上呈。谨奏。

曾评

骈体文为大雅所羞称，以其不能发挥精义，并恐以芜累而伤气也。陆公则无一句不对，无一字不谐平仄，无一联不调马蹄；而义理之精，足以比隆濂、洛[1]；气势之盛，亦堪方驾韩、苏[2]。退之本为陆公所取士，子瞻奏议终身效法陆公。而公之剖晰事理，精当不移，则非韩、苏所能及。吾辈学之，亦须略用对句，稍调平仄，庶笔仗整齐，令人刮目耳。

注释

1 濂、洛：濂，指北宋理学家周敦颐。洛，指北宋理学家程颢、程颐。2 韩、苏：韩，唐代韩愈，字退之。苏，北宋苏轼，字子瞻。

鸣原堂论文

卷下

苏轼代张方平谏用兵书

导读

苏轼（1037—1101），字子瞻，号东坡居士，宋眉州眉山（今四川眉山市）人。北宋杰出的文学家、书画家。文汪洋恣肆，明白畅达，与父苏洵、弟苏辙合称“三苏”，都被列入“唐宋八大家”。而苏轼尤以诗清新豪健、善用夸张比喻，词开豪放一派，在艺术表现方面独具风格。少年时即“奋厉有当世志”，嘉祐二年（1057）中进士。神宗时曾任祠部员外郎，因反对王安石新法而求外职，任杭州通判，知密州、徐州、湖州。后以作诗“谤讪朝廷”罪贬谪黄州。哲宗时任翰林学士，曾出知杭州、颍州等，官至礼部尚书。后又贬谪惠州、儋州。北还后第二年病逝于常州。南宋时追谥文忠。

张方平（1007—1091），字安道，号乐全居士，南京人。为宋仁宗、英宗、神宗三朝重臣，曾三入承明，出典十州。元祐六年（1091）薨，年八十五，谥文定。

苏洵、苏轼、苏辙父子三人与张方平的交往，谊深时长，关系密切。宋仁宗至和二年（1055），张方平以户部侍郎镇蜀，驻节成都。苏洵携二子往见张氏，与论古今治乱及一时人物，皆不谋而合，甚为相得。张方平见苏氏兄弟，赞叹不已，许为“国士”。由于事前苏洵有上张方平书信言及上京应试进士并结交京华士大夫之意，故张氏不仅为苏氏父子出资办装，还专门给与自己政见不合的欧阳修写了一封推荐信。自此以后，苏氏父子与张方平开始了漫长而亲密的交往。苏轼自己说：“我游门下，三十八年，如俯仰中。十五年间，六过南都，而五见公。”他们之间虽无实质的门生关系，但其交谊的忘年之契，情同父子。有人论说，苏氏父子与张方平关系密切，关键在于苏张之间政治取向的高度契合，私人情感上有知遇之恩。王称《东都事略》中的《张方平传》，对张方平总评曰：“然方平志大气高，有宏毅开济之资，识王安石之奸于将用之初，知苏氏父子之贤于未遇之际。”这便是苏张之间交谊密切的实质。

苏张之间既交往密切，在三苏诗文集和《张方平集》中便留下了很多记录，甚至有苏轼为张方平代作的文章，如《代张方平谏用兵书》《赵康靖公神道碑》《故龙图阁学士滕元发墓志铭》等。

曾国藩所选评的苏轼《代张方平谏用兵书》，便是一篇巧设譬喻、论说精辟的不朽奏章。文中首先论述好兵如好色，最终导致亡国灭身，指出胜不一定就是好事，败不一定就是坏事。然后列举秦始皇、汉武帝、隋文帝、唐太宗四位皇帝的事功来论证自己的观点，继而以本朝的事例来进一步论证，说明和亲的好处，指出战争的惨祸；同时说明人君做事应顺应天理民意，否则必定大败。最后以机智巧妙的语言希望哲宗皇帝纳谏，勿再对西夏用兵。

此文系北宋熙宁十年（1077），苏轼自密州知州改任徐州知州时所作。上海涵芬楼《四部丛刊集部》影印的南宋郎晔选注《经进东坡文集事略》卷四十的本文题下注云：“熙宁十年。”是年苏轼四十二岁，二月改知徐州。时张方平为南京留守。四月，苏轼乘舟沿汴河赴任，弟苏辙同行。过南都，见张方平，代方平撰此《谏用兵书》。

此文自宋以来，颇为士林所重，好评如潮。如清桐城派散文家刘大櫆，云此文“沉着痛快，足为忠谏之式”；黄绂鳞则说：“此篇引今证古，历叙前代，旨丰而言不约，意博而辞不寡，盖以东坡之长江大河而泻张公湖海停蓄者也”，认为是“不失三代训诰之风”的巨制。清古文大家姚鼐选编《古文辞类纂》，其奏议类中选录了这篇宏文。但据曾国藩所加按语，知姚氏选评中有说“东坡此书是子虚乌有之事，方平并未入奏”的话，于是曾国藩便进而推测，这是苏轼后来贬谪黄州听到宋军徐禧的永乐之败，神宗悔痛后，而追作此文以发抒己意。今据《苏轼年谱》所载熙宁十年史事和《苏轼文集》等史料，可知姚、曾二人的评语与推论，均是有失考究的。因为苏轼代张方平作《谏用兵书》，不仅不是子虚乌有的事，且苏轼后来为张方平作《张文定公墓志铭》乃有重复谏书中“老臣且死，见先帝地下，有以借口矣”的话。故南宋大臣、文学家周必大《省斋文稿》说，其“意旨必出方平”，“不然何其危言至是”！郎晔《经进东坡文集事略》的此文末注亦云：“此疏既奏，上为之动，及永乐之败，颇思其言。”

臣闻好兵犹好色也。伤生之事非一，而好色者必死；贼民之事非一，而好兵者必亡。此理之必然者也。

夫惟圣人之兵，皆出于不得已，故其胜也，享安全之福；其不胜也，必无意外之患。后世用兵，皆得已而不已。故其胜也，则变迟而祸大；其不胜也，则变速而祸小。是以圣人不计胜负之功，而深戒用兵之祸。何者？兴师十万，日费千金，内外骚动，殆于道路者七十万家[1]**。内则府库空虚，外则百姓穷匮。饥寒逼迫，其后必有盗贼之忧；死伤愁怨，其终必致水旱之报。上则将帅拥众，有跋扈之心；下则士众久役，有溃叛之志。变故百出，皆由用兵。至于兴事首议之人，冥谪**[2]**尤重。盖以平民无故缘兵而死，怨气充积，必有任其咎者。**○数句非儒者之言，亦失陈奏之体。**是以圣人畏之、重之，非不得已不敢用也。**○以上浑言用兵必有祸灾。

注释

1 殆于道路者七十万家：详见《孙子·用间》：“凡兴师十万，出征千里，百姓之费，公家之奉，日费千金，内外骚动，怠于道路，不得操事者七十万家。”2 冥谪：指阴间的责罚。

译文

臣听说，喜欢用兵打仗就像喜欢女色一样。伤害生命的事情不止一种，但过分好色的人却必定会死；伤害人民的事情不止一件，但喜欢打仗的人必定先灭亡。这是必然的规律和道理。

只有圣人用兵，都是出于万不得已，所以他们打了胜仗，能够享受家国平安的福分，即使打败了，也不会有什么意料之外的祸患。至于后世的出兵打仗，都是能停却不愿意停。所以仗打胜了，事变发生得晚，但带来的祸患更大；仗没打胜，事变发生得快，但带来的祸患较小。因此圣人一般并不计较胜负的功过，而是十分戒备用兵打仗所带来的祸患。这是为什么呢？因为发动十万人的军队去打仗，每天要耗费巨额钱财，弄得朝廷内外一片骚动，疲惫地奔波于道路上的家庭大概有七十万户。于是，朝廷之内府库空虚，而朝廷之外的百姓更为贫困匮乏。饥寒交迫，随后必定会有盗贼频出的忧患；死伤怨恨，最终必定会导致水旱等自然灾害的报应。在上位的将帅们拥兵自重，便会渐渐产生专横暴戾之心；在下位的士兵们长久地服役，便会产生离散叛乱的念头。各种意外事故的出现，都是由用兵打仗引起的。至于那个兴起事端，首先提出用兵的人，对他的责罚应当更为严重。因为就是他们这些人使老百姓无缘无故地因打仗而死，大家怨气充塞郁积，最后必定会让他们去承担罪过，接受惩罚。因此圣人对于用兵打仗这件事，是十分畏惧、十分慎重的，不是万不得已是不敢轻易用兵的。

自古人主好动干戈，由败而亡者不可胜数，臣今不敢复言，请为陛下言其胜者。秦始皇既平六国，复事胡越，[1] 戍役之患，被于四海。虽拓地千里，远过三代，而坟土未干，天下怨叛。二世[2] 被害，子婴[3] 被擒，灭亡之酷，自古所未尝有也。汉武帝[4] 承文、景[5] 富溢之余，首挑匈奴，兵连不解，遂使侵寻，及于诸国，岁岁调发，所向成功。建元[6] 之间，兵祸始作，是时蚩尤旗[7] 出，长与天等。其春，戾太子[8] 生。自是师行三十余年，死者无数。及巫蛊事[9] 起，京师流血，僵尸数万，太子父子皆败。班固[10] 以为太子生长于兵，与之终始。帝虽悔悟自克，而殁身之恨，已无及矣。

注释

1 秦始皇（前259—前210）：即嬴政。战国时秦国国君、秦王朝的建立者。先后灭六国，称皇帝，自为始皇帝；废分封，置三十六郡；收天下兵器，聚之咸阳；统一法度，车同轨，书同文；筑长城，治驰道。又用丞相李斯议，焚书坑儒。实行专制主义，死后一年爆发陈胜、吴广、刘邦、项梁、项羽等各地起义。复事胡越：据《史记·秦始皇本纪》，“胡越”当作“吴越”。吴越指今江苏、浙江南方部族。2 二世：即胡亥，秦朝第二代皇帝，前210—前207年在位。统治期间，继续大修阿房宫和驰道，诛戮大臣，赋税徭役加重，后被赵高逼迫自杀。3 子婴：秦始皇长子扶苏之子。赵高杀二世，立子婴，去帝号，称王。在位四十六日即降于刘邦，后被项羽所杀。4 汉武帝（前 156—前 87）：即刘彻，汉景帝之子。承文、景之业，对内实行政治经济改革，对外用兵，开拓疆土。在位五十四年，为前汉一代军事、政治、经济、文化的极盛时期。5 文、景：指汉文帝刘恒（汉高祖刘邦之子）与汉景帝刘启（文帝之子）。文景之治是前汉比较安定富裕的时期。6 建元：指汉武帝在位的第一个年号（前 140—前 135），也是帝王有年号之始。7 蚩尤旗：彗星名。古人以此星出，则主有征伐之事。蚩尤系古代东方九黎族首领，曾与黄帝战于涿鹿。此指汉武帝时东南方起义军兴。8 戾太子：武帝太子刘據的谥号。武帝末年，巫蛊之祸起，他为江充所诬陷，因举兵诛江充，与丞相刘屈氂等战于长安，兵败逃亡，自杀。后武帝知據受冤，乃族灭江充家。其孙刘询继昭帝位为汉宣帝，追谥太子为"戾"。9 巫蛊事：指汉武帝末年的巫蛊之祸。当时以为用巫术诅咒及用木偶人埋地下能害人，称为"巫蛊"。武帝晚年多病，疑其左右人巫蛊所致，以致发生江充诬告太子刘據而兵变，激战五日，死者数万人的大祸。10 班固（32—92）：字孟坚，扶风安陵（今陕西咸阳市东北）人。东汉史学家、文学家，有《汉书》《白虎通义》《两都赋》等传世。

译文

自古以来，君王就好用兵打仗，因失败而使国家灭亡的，数都数不清。这些事，我现在也不敢再多说，请允许我为陛下说说他们之中的获胜者吧。秦始皇已经平定了六国，却又派兵征讨吴、越等南方部族，使戍守边关的徭役等祸患，遍及整个国家。虽然拓展地域千里，远远超过了夏商周三代，但秦始皇死后，他坟上的土还没有风干，国家就因为人们的怨恨而叛乱四起了。秦二世被逼迫自杀身亡，而秦王子婴又被起义军擒拿，那种国家灭亡的惨烈残酷，是自古以来都不曾有过的。汉武帝继承文帝、景帝治理后富足强盛的家底，首先挑起对匈奴的战争，战事接连不断，于是渐次发展，殃及周边各诸侯国，年年调兵征粮，为的就是要成就大功。建元年间，兵祸刚起，当时天上就出现了蚩尤旗彗星，其长度一下子横跨整个天空。这一年春天，武帝长子戾太子出生。从此以后行军打仗三十多年，死人无数。等到汉武帝末年巫蛊之祸发生，京城因激战而血流成河，地上的僵尸有数万，戾太子兵败自杀，父子俩都失败了。东汉史学家班固认为，太子生长在一个崇尚用兵打仗的环境之中，这种好兵的观念会伴随他的终生。汉武帝到晚年虽悔悟变得克制，悔恨死者（太子）已死，但一切都已经来不及了。

隋文帝[1]既下江南，继事夷狄[2]，炀帝[3]嗣位，此心不衰。皆能诛灭强国，

威震万里，然而民怨盗起，亡不旋踵。唐太宗[4]神武无敌，尤喜用兵。既已破灭突厥、高昌、吐谷浑[5]等，犹且未厌，亲驾辽东，皆志在立功，非不得已而用。其后武氏[6]之难，唐室凌迟，不绝如线。盖用兵之祸，物理难逃。不然，太宗仁圣宽厚，克己裕人，几至刑措，而一传之后，子孙涂炭，此岂为善之报也哉？○武氏之祸，谓由太宗穷兵所致，亦非事实。**由是观之，汉唐用兵于宽仁之后，故其胜而仅存；秦隋用兵于残暴之余，故其胜而遂灭。臣每读书至此，未尝不掩卷流涕，伤其计之过也。若使此四君者，方其用兵之初，随即败衄，惕然戒惧，知用兵之难，则祸败之兴，当不至此。不幸每举辄胜，故〔使〕狃于功利[7]，虑患不深。臣故曰：胜则变迟而祸大，不胜则变速而祸小，不可不察也。**○以上用兵胜者亦有大祸，败者更不必论。

注释

1 隋文帝（541—604）：即杨坚。华阴（今属陕西）人。大定元年（581）废北周，自称帝，建立隋王朝，改元开皇。七年后灭梁，九年灭陈，结束东晋以来二百余年的分裂战乱局面，统一全国。2 夷狄：泛指我国古代东方、北方的少数民族。3 炀帝（569—618）：即隋炀帝杨广。文帝次子，仁寿四年（604）即位。在位期间，对外用兵，广兴土木，筑西苑，造离宫，开运河，筑长城，赋重役繁，民不堪命，各地农民纷纷起义，大业十四年（618）被禁军将领宇文化及等缢杀于宫中。4 唐太宗（599—649）：即李世民，唐高祖李渊次子。隋末劝李渊起兵，推翻隋王朝。渊即帝位，封世民为秦王。武德九年（626）发动玄武门之变，得为太子。即位后，行均田制和租庸调法，兴修水利，恢复农业生产，史称“贞观之治”。5 突厥：古代阿尔泰山一带的游牧民族。隋唐之际，占有漠北之地，东西万里，分为东西二部。高昌：古城国名。北魏时北凉沮渠无讳据高昌郡，自立为凉王。后为蠕蠕（柔然）所并。蠕蠕以阚伯周为高昌王，此为高昌国之始。后为唐所灭，以其地为西州。吐谷浑：古族名。鲜卑慕容部的一支。先祖本居辽东，西晋末首领吐谷浑率部西迁今甘肃、青海间，唐贞观中被李靖攻破，国势渐衰。6 武氏：指武则天（624—705），姓武，名曌。初为唐太宗才人，高宗时立为皇后，代决政事，由是掌握国政。高宗死，废黜中宗、睿宗，天授元年（690）自称圣神皇帝，改国号为周，前后执政达四十余年。7 狃（niǔ）于功利：贪于功利。狃，贪。

译文

隋文帝平定江南之后，接着就对周边夷狄各族用兵，等到炀帝继承皇位，这种好征战的心思没有消退过。（他与父亲一样，）都能打败强敌，威名震慑天下。可是民怨沸腾，盗贼渐渐兴起，很快隋朝就灭亡了。唐太宗非常勇武，天下无敌，尤其喜欢用兵打仗；已经打败了突厥、高昌、吐谷浑等西北游牧民族，心里还是不满足，又亲自率兵攻打辽东，他的志向是建功立业，并不是不得已才用兵的。到后来，武则天篡位称帝，使得唐王朝政权衰落，祸事就像牵线一样接连不断。这都是喜好用兵打仗造成的祸患，像事物固有的规律，逃也逃不掉。如果不是这样，唐太宗宽厚仁爱，能克制自己的欲望而造福于百姓，几乎可以搁置刑法而不用，而传一代到高宗之后，李氏的子孙就陷入灾难，这难道是施仁行善会得到的报应，这么看来，汉代与唐代是在施行仁政之后用兵打仗的，所以他们可以打胜仗，且使国家存活下来；而秦朝与隋朝，是在残暴统治之余还开战用兵，所以他们即使战胜了，也很快就走向灭亡。我每次在书中读到这里，没有不合上书本痛哭流涕的，悲伤于他们计谋的过分和过失。假使这四位君主，在他们刚开始用兵的时候，随即就遭到失败，从而使他们警惕、害怕，知道用兵打仗的不容易，那么祸患、衰败的发生，就不至于这样！所不幸的是，每次用兵打仗都取得胜利，使得他们更贪婪于功业和名声，因而忧患意识不深。因此我认为，仗打赢了，变故来得迟缓但带来的灾祸更大；仗打败了，变故来得迅速但祸患较小。这是不可不明察的道理啊。

昔仁宗皇帝覆育天下，无意于兵，将士惰偷，兵革朽钝。元昊[1]乘间窃发，西鄙延安、泾、原、麟、府[2]之间，败者三四，所丧动以万计，而海内晏然。兵休事已，而民无怨言，国无遗患。何者？天下臣庶知其无好兵之心，天地鬼神谅其有不得已之实故也。○以上仁宗虽用兵而民不怨。

今陛下天锡勇智，意在富强。即位以来，缮治甲兵，伺候邻国，群臣百寮窥见此指，多言用兵。其始也，弼臣执国命者，无忧深思远之心；枢臣当国论者，无虑害持难之识；在台谏之职者，无献替纳忠之议。从微至著，遂成厉阶[3]。既而薛向[4]为横山之谋，韩绛[5]效深入之计，陈升之、吕公弼[6]等，阴与之协力，师徒丧败，财用耗屈。较之宝元、庆历之败[7]，不及十一，然而天怒人怨，边兵背叛，京师骚然，陛下为之旰食[8]者累月。何者？用兵之端，陛下作之。是以吏士无怨敌之意，而不直陛下也。○以上今日用兵而民怨。

注释

1 元昊：即嵬名元昊（1003—1048），夏景宗。1032 年改唐宋所赐李姓为嵬名氏，自称兀卒（吾祖）。1038 年称帝，国号大夏，定都兴庆府（今宁夏银川）。对宋、辽作战屡获胜，形成宋、辽、夏鼎立局面。2 延安：即延州，在今陕西延安。泾：泾州，属秦凤路，治所在今甘肃泾川县北。原：原州，属秦凤路，治所在今甘肃镇原。麟：麟州，属河东路，治所在今陕西神木北。府：府州，属河东路，治所在今山西府谷县。3 厉阶：祸端。《诗·大雅·桑柔》："谁生厉阶，至今为梗。"4 薛向：字师正，宋万泉人。元丰初累官同知枢密院事。善于审讯断案，尤善商财，计算无遗策。神宗初，首谋夺取西夏所占横山。横山在陕西北部、无定河上游，邻接内蒙古自治区，富庶多马。事未成功，劳师伤财，与事者种谔被劾，薛向责知绛州。5 韩绛：字子华，韩亿之子，雍丘（今河南杞县）人。宋进士。神宗朝，韩琦荐绛有公辅器，拜枢密副使，寻参知政事。西夏犯塞，绛请行边，为陕西宣抚使，即军中拜同中书门下平章事。因素不习兵事而败，罢知邓州，后复代王安石为相。6 陈升之：字旸叔，宋建阳（今福建建阳市）人，景祐进士，累官侍御史。神宗时拜同中书门下平章事，封秀国公。为人深狡多数，时人谓之"筌相"。吕公弼：字宝臣。吕夷简之子。赐进士出身。仁宗时权知开封府，英宗初拜枢密副使。神宗时反对王安石新法，遂罢为观文殿学士。7 宝元、庆历之败：宝元元年（1038），党项族人李元昊称帝，建国号大夏（史称西夏），定都兴庆（今银川）。次年为逼迫宋朝承认其地位，李元昊率兵犯宋，大败宋兵于三川口。庆历二年（1042），李元昊分兵两路，再次大举攻宋，进抵定川寨。宋夏会战，宋军大败，大将葛怀敏与部将等十六人战死，丧师近万人。8 旰食：即晚食，指勤于政事。

译文

过去，仁宗皇帝庇护化育天下，（治理国家，）没有用兵打仗的心思，于是将士们便变得十分懒散，兵器盔甲都钝朽变坏了。这时，元昊趁机在西北暗中挑起战事，西边延安府、泾州、原州、麟州和府州等地方，宋军被打败过三四次，每次损失人马动辄以万计，但整个国家还是安定的。仗打完了，休养生息，老百姓没有什么怨言，国家也没有留下什么后患。这是为什么呢？因为天下臣民都知道他并没有好打仗的心思，连天地、鬼神也会原谅他是因不得已的缘故而用兵打仗的。

如今，陛下您有上天赐予的勇气和智谋，一心图谋使国家富强。自从您继承皇位以来，命令修整盔甲与兵器，时刻等待着与邻国开战，大臣官员们都看出了陛下的旨意，于是多数都建议用兵。刚开始的时候，掌握国家命脉的辅政大臣，并没有深远的忧患意识；掌握国家言论大政的中枢大臣，也没有对战争的利弊和灾祸发表高见；在朝负责监察、谏议的大臣也没有向皇上尽忠进谏诤言和建议。从这些微小的苗头，渐渐发展到大的趋势，然后就变成战争的祸端。于是，不久薛向就谋划着起兵攻打横山，韩绛就尽力图谋如何深入陕甘横山，陈升之、吕公弼等人也暗中协助他们，结果是损兵折将，宋军惨败，财力物力消耗殆尽。这一仗，虽然比起宝元、庆历年间宋夏之战的大败，还不及十分之一，然而却引起上天发怒、百姓怨恨，边防将士纷纷叛变，京城人心惶惶，骚乱不安，使陛下您几个月来每天连饭都不能按时吃。为什么会这样呢？原因就在于这次战事的祸端是陛下自己挑起来的，所以官吏将士们不恨敌人，反而不那么愿意为陛下效力了。

尚赖祖宗积累之厚，皇天保祐之深，故使兵出无功，感悟圣意。然浅见之士，方且以败为耻，力欲求胜，以称上心。于是王韶构祸于熙河[1]，章惇造衅于（横）〔梅〕山[2]，熊本发难于渝泸[3]。然此等皆戕贼已降，俘累老弱，困弊腹心，而取空虚无用之地以为武功，使陛下受此虚名，而忽于实祸。勉强砥砺，奋于功名，故沈起、刘彝[4]复发于安南，使十余万人暴露瘴毒，死者十而五六，道路之人，毙于输送，资粮器械不见敌而尽。以为用兵之意，必且少衰，而李宪[5]之师复出于洮州[6]矣。今师徒克捷，锐气方盛，陛下喜于一胜，必有轻视四夷、陵侮敌国之意，天意难测，臣实畏之。○以上战胜而锐气方盛，兵无已时。

且夫战胜之后，陛下可得而知者，凯旋捷奏，拜表称贺，赫然耳目之观耳。至于远方之民，肝脑屠于白刃，筋骨绝于馈饷，流离破产，鬻卖男女，熏眼折臂自经之状，陛下必不得而见也；慈父、孝子、孤臣、寡妇之哭声，陛下必不得而闻也。譬犹屠杀牛羊，刳脔[7]鱼鳖以为膳羞，食者甚美，死者甚苦。使陛下见其号呼于梃刃之下，宛转于刀几之间，虽八珍之美，必将投箸而不忍食，而况用人之命以为耳目之观乎？○以上战胜亦可哀矜，而不足喜。姚姬传氏[8]谓东坡此书是子虚乌有之事，方平并未入奏。盖在黄州时闻永乐徐禧之败[9]，神宗悔痛，故追作是文以发挥己意，其以屠杀膳羞为譬，亦是黄州戒杀时议论也。国藩谓东坡好佛，以好杀喻黩兵，理自可通，惟首段言冥谪尤重，则失体耳。

注释

1 王韶构祸于熙河：指宋熙宁六年（1073），王韶率兵大破河湟诸羌，开熙河一路。即在熙河地区颁行汉法，“用夏变夷”，以汉化改造熙河藩部少数民族。王韶，字子纯，宋德安（今属江西）人。嘉祐进士。熙宁初上《平戎策》而按边，累破羌众，拜枢密副使。2 章惇（dūn）造衅于梅山：指宋熙宁五年（1072），朝廷外派章惇为湖南、湖北察访使，章惇招降湖南梅山峒蛮，开拓设置新化、安化二县并进行教化之事。章惇（1035—1105），字子厚，北宋建州浦城（今属福建）人。3 熊本发难于渝泸：指北宋大臣熊本于熙宁六年为平定泸州地区举兵抗宋而设计逮捕百多名夷人并及时处斩示众，和熙宁八年（1075）镇压渝州南川僚人起兵叛宋的事件。按：以上三事件，苏轼用“构祸”“造衅”“发难”等词语指摘王韶、章惇、熊本，足见其反对以革新措施解决民族纠纷的偏见及其保守的政治态度。4 沈起：字兴宗，宋明州鄞（今浙江宁波）人。第进士，知海门县，有惠政。后拜天章阁待制，知桂州。王安石用事，始求边功，沈起言交趾（即安南）可取，遂一意攻讨。交人疑惧，连续攻陷宋朝的廉、白、钦、邕四州，死者数十万，贬团练使。刘彝：字执中，福州人。幼从胡瑗学，登庆历进士，神宗时除都水丞，寻知虔州，著《正俗方》以变俗，是著名水利专家。沈起被罢官后，换刘彝替代。刘沿用沈起的办法，撤去北方守兵，换当地枪杖手分戍各地，于熙宁八年被交趾郡王李乾德进犯广西，李大肆烧杀抢掠，导致邕州城被围，沈起、刘彝均被撤职。5 李宪：字子范，开封祥符人。宋朝宦官，仁宗皇祐年间补入内黄门，升供奉官。神宗时屡次参与监督、指挥边境的征讨活动，迁宣庆使，一度兼管财政。哲宗时历官永兴军路副都总管，系中人为将。6 洮州：在今甘肃临潭以西、西倾山以东的洮河流域。州境邻接蕃地，宋由此输入蕃马。熙宁九年（1076），宋将种谔曾从李宪出塞收复洮州。7 刳（kū）：剖开。脔（luán）：切割成小块。8 姚姬传氏：即姚鼐（1732—1815），字姬传，安徽桐城人。乾隆进士，官至刑部郎中。历主江宁、扬州等地书院凡四十年，为清代著名散文家。9 永乐徐禧之败：为了巩固元丰四年（1081）宋军进攻西夏的成果，次年神宗命给事中徐禧主持修筑永乐城。西夏派大将叶悖麻率二十万军猛攻新城，断水源，结果刚竣工的永乐城被攻破，徐禧、高永能、李舜举等两百多名将校战死。徐禧（1035—1082），字德占，洪州分宁（今江西修水县）人。奉神宗命攻西夏，由于不听部将言，一意孤行，刚愎自用，兵败永乐城，官兵死伤数万，自己也战死。

译文

依赖祖宗深厚的积累与上天深切的庇佑，所以即便是出兵打仗没有立什么功，也应该从中感悟圣意。然而那些见识短浅的人，却把失败看作耻辱的事，还想努力去再战求胜，以讨皇上的欢心。在这个时候，王韶便在熙河制造祸端，章惇则在梅山挑衅生事，熊本就在渝州、泸州两地发起战事。他们这些人还残暴地杀害那些已经归降者，俘虏那些老人弱者，把亲近的老百姓弄得贫困疲敝，结果却只是攻取了一些荒凉无用的地方，还把它当作自己的战功，使陛下承受这种虚而不实的名声，而忽略了战争带来的实实在在的祸患。大家都如此强行磨炼军队，只在奋力求得功名，所以沈起、刘彝又出兵安南，使得十几万士兵在瘴毒弥漫之地日晒夜露，死掉的人有五六成，负责运输的人也大都死在了路上，钱财、粮食、兵器、工具等物还没等军队见到敌人，便已经用尽了。人们认为国家用兵打仗的意识，定会渐渐减弱了，而宦官李宪统领的军队却又在收复洮州。尽管军队取得了胜利，锐气正旺盛，陛下也因此欣喜着，但又一定会轻视四方少数民族，从而产生侵犯欺侮他国的心思，这样的天意难测呀，我实在是很害怕！

况且打了胜仗之后，陛下所能知道的，不过是捷报凯旋，大家都上奏章，称颂庆贺，场面壮观令人惊讶。至于远方的老百姓，战乱中被雪白的刀刃杀得肝脑涂地，身体劳力都断送在为军队筹粮运粮上，家人流离失散，家庭破碎，财产丧失，被迫卖儿卖女，眼睛被熏瞎，手臂被折断，以致拿着绳子上吊自尽的惨状，陛下是肯定看不到的；那些慈父、孝子、孤臣、寡妇的痛哭之声，陛下是肯定听不到的。这就好像屠宰牛羊，把鱼鳖剖开剁碎做成食物，吃的人觉得味道美好，死掉的牛羊、鱼鳖却会很痛苦。若是让陛下看到它们在木棍刀刃下呼号，在案板与刀子之间力图躲避，即使是再美味的饭菜，陛下也一定会丢掉筷子而不忍心食用了。那么，何况看到、听到的是人命挣扎的惨状呢？

且使陛下将卒精强，府库充实，如秦汉隋唐之君，既胜之后，祸乱方兴，尚不可救，而况所在将吏疲软凡庸，较之古人，万万不逮。而数年以来，公私窘乏，内府累世之积，扫地无余；州郡征税之储，上供殆尽；百官俸廪仅而能继，南郊赏给[1]**，久而未办。以此举动，虽有智者，无以善其后矣。且饥疫之后，所在盗贼蜂起，京东河北，尤不可言。若军事一兴，横敛随作，民穷而无告，其势不为大盗无以自全。边事方深，内患复起，则胜、广**[2]**之形，将在于此。此老臣所以终夜不寐，临食而叹，至于恸哭而不能止也。**○以上兵弱饷绌，盗贼将起。

且臣闻之，凡举大事，必顺天心。天之所向，以之举事必成；天之所背，以之举事必败。盖天心向背之迹，见于灾祥丰歉之间。今自近岁日蚀星变，地震山崩，水旱疠疫，连年不（改）〔解〕，民死将半。天心之向背，可以见矣。而

陛下方且断然不顾，兴事不已。譬如人子得过于父母，惟有恭顺静思，引咎自责，庶几可解。今乃纷然诘责奴婢，恣行棰楚，以此事亲，未有见赦于父母者。故臣愿陛下远览前世兴亡之迹，深察天心向背之理，绝意兵革之事，保疆睦邻，安静无为，固社稷长久之计。上以安二宫朝夕之养，下以济四方亿兆之命，则臣虽老死沟壑，瞑目于地下矣。○以上言察天心之向背，息兵安民。

注释

1 南郊赏给：指熙宁七年（1074）南郊时对百官应有的赏赐。2 胜、广：指秦末农民起义领袖陈胜、吴广。陈胜，字涉，阳城（今河南登封东南）人；吴广，字叔，阳夏（今河南太康）人。

译文

而且，即使陛下您的将士都精悍强壮，您的府库充实富足，您也会如同秦、汉、隋、唐的君主一样，打了胜仗之后祸乱兴起，尚且不能平息相救，又何况现在的将士官吏疲乏软弱平庸，比起古人来，远远赶不上。并且这些年来，官府、百姓都是那么困窘贫乏，朝廷府库历代积聚的财富，无所存余；州郡所征税收的储蓄，也因上交国库而用尽了；朝中百官的俸禄，也仅仅能勉强支付，南郊郊祀要给百官的赏赐也久久没有办理。以这样的状况来行动，即使有再聪明的人，恐怕也无法善后。而且在饥荒灾疫之后，各地的盗贼也会蜂起作乱，京东路和河北路这些地方，尤其严重得令人不敢说呀！倘若兴起军事，随即又蛮横地征赋纳粮，致使百姓穷困得无处申告求救，那就势必不做强盗就无法保全自己。边疆的战事正陷入很深，内部再起祸患，那陈胜、吴广时的情状，恐怕就要在今天重现了。这就是我终夜难以入睡，该吃饭了却吃不下而只能叹息，以至于悲痛地大哭而不能停止的原因。

我还听说，凡是要办成大事，一定要顺应天意。天意所赞成的，按它的指向来做，事情必能成功；要是违背天意，行事必定会失败。而与天意相符还是相背的迹象，一般可以从当时的吉祥灾殃与农业生产的丰歉等看出来。如今从近年来发生的日食和星象变化，以及地震山崩、水旱瘟疫等灾祸的连年不断，却无力解救，百姓已有将近半数死亡的情况来看，这天意的向背可以说已经看到了。可是陛下对此却全然不顾，还在不停地兴兵生事。打个比方，若是做儿子的得罪了父母，那就只有恭敬而顺从地静思反省，主动承担错误并作自我批评，这样或许才能得到父母的谅解。而现在却是一味地斥责那些奴婢，对他们肆意棍棒拷打，用这样的态度来对待父母，则不可能得到父母的赦免。所以我恳请陛下远察前朝兴衰的轨迹，深切体察天意向背的道理，打消兴兵打仗的念头，保卫好疆土，与邻国和睦相处，安下心来，平静地以无为之道治理国家，这才是稳固社稷，使国家长治久安的办法。如此，对上可以安养好太皇太后二宫，对下可以救济四方亿万百姓的性命，这样，我即便是老死在沟壑之中，也可以在地下放心地闭上眼睛了。

昔汉祖破灭群雄，遂有天下；光武百战百胜，祀汉配天。然至白登被围[1]，则讲和亲之议；西域请吏，则出谢绝之言。[2]此二帝者，非不知兵也，盖经变既多，则虑患深远。今陛下深居九重而轻议讨伐，老臣庸懦，私窃以为过矣。然人臣纳说于君，因其既厌而止之则易为力，迎其方锐而折之则难为功。凡有血气之伦，皆有好胜之意。方其气之盛也，虽布衣贱士有不可夺，自非智识特达，度量过人，未有能勇于奋发之中舍己从人、惟义是听者也。今陛下盛气于用武，势不可回，臣非不知，而献言不已者，诚见陛下圣德宽大，听纳不疑，故不敢以众人好胜之常心望于陛下。且意陛下他日亲见用兵之害，必将哀痛悔恨，而追咎左右大臣未尝一言，臣亦将老且死，见先帝于地下，亦有以借口矣。惟陛下哀而察之。

注释

1 白登被围：汉初，匈奴冒顿单于不断攻扰汉北方郡县。汉高祖七年（前200），匈奴大军围攻晋阳（今山西太原），高祖亲率三十余万大军迎战，被围困于平城白登山（今山西大同东北）达七日之久。后用陈平计，重赂冒顿的阏氏（皇后），始得脱险。2 西域请吏，则出谢绝之言：据《后汉书·光武帝纪》："（建武二十一年）冬，鄯善王、车师王等十六国皆遣子入侍奉献，愿请都护。帝以中国初定，未遑外事，乃还其侍子，厚加赏赐。"请吏，请求为臣，谓愿意臣服。

译文

过去，汉高祖将天下群雄一一击败，然后得到了天下；光武帝百战百胜，延续了汉朝的祭祀。可是到了高祖在白登被围，便接受了和亲的建议；西域在东汉初请求臣服，光武帝却婉言谢绝。这两位皇帝并不是不懂得用兵，只是因为经历的变故多了，所以考虑后患就深远一些。如今，陛下您深居于九重宫内，却轻率地与臣下商议讨伐之策，老臣我虽是平庸怯懦之辈，私下里总觉得这是不对的啊！可是作为臣子，总喜欢顺着君王的意思，从而取悦于君王，因此看到君王已经满足而规劝他不要再打，这样省力些；迎着他正旺盛的锐气而去打断他，就不容易成功。凡是有血气的人或动物，都会有争强好胜之心。当其气盛的时候，即使是平民百姓或地位低贱之士，其心志也不会轻易改变。除非是见识特别高远、度量宏大超过一般人，否则是不会在自己意气风发的时候，放弃自己的观点而听从别人的劝告，只遵从道义而不顾及面子的。现在，陛下您想动武，心气正旺盛，那情势大概是不可回转的。这一点，我并不是不知道，但我还是不断地向您进谏，那是因为我确实也知道，陛下您有着宽大的圣德，勇于采纳不同的意见，而不随便地加以怀疑，所以我才不敢用平凡众生那种好胜之心来看陛下。而想到以后，陛下亲眼目睹到用兵的祸害，一定会哀痛、悔恨不已，而追咎左右大臣不曾规劝的责任，（那时）我已老朽将死，等到地下见到先帝，也就有了有话在先的借口了。只希望陛下可怜我而深察我的这份苦心。

曾评

东坡之文，其长处在征引史实，切实精当，又善设譬喻。凡难显之情，他人所不能达者，坡公则以譬喻明之。如《百步洪》诗[1]，首数句设譬八端，此外诗文亦几无篇不设譬者。此文以屠杀膳羞喻轻视民命，以棰楚奴婢喻上忤天心，皆巧于构想，他人所百思不到者，既读之而适为人人意中所有。古今奏议推贾长沙、陆宣公、苏文忠[2]三人为超前绝后。余谓长沙明于利害，宣公明于义理，文忠明于人情。吾辈陈言之道，纵不能兼明此三者，亦须有一二端明达深透，庶无格格不吐之态。

注释

1《百步洪》诗：指苏轼于元丰元年（1078）秋知徐州任上所作的《百步洪》诗二首。《乌台诗案》则云："熙宁十年，知徐州日，观百步洪，作诗一篇。"百步洪，又名徐州洪，在今徐州市东南二里，为泗水所经，有激流险滩，长百余步，故名百步洪。诗第一首前半写舟行洪波中的惊险，后半纵谈人生哲理，表达其佛教的世界观。全诗运用大量新颖、贴切的比喻，笔墨淋漓恣肆，行气如虹，突显苏诗特色。2贾长沙：即西汉政论家、文学家贾谊（前200—前168）。所著政论有《陈政事疏》《过秦论》等，为西汉鸿文。陆宣公：即陆贽（754—805），字敬舆。唐苏州嘉兴人。官至中书侍郎、同平章事。所作奏议数十篇，指陈时弊，论辩明彻，为后世所重。卒谥"宣"，遗著有《陆宣公奏议》。苏文忠：即宋文豪苏轼。

苏轼上皇帝书[1]

导读

公元1068年，即北宋熙宁元年，锐意进取的北宋第六位皇帝——宋神宗赵顼继位。他对宋朝的积贫积弱深感忧心，恰又素来欣赏王安石的才干，于是即位后便召王安石赴京推行新法，振兴北宋王朝。熙宁二年（1069）二月，王安石任参知政事，先后颁布实行均输、青苗、农田水利、免役等新法。变法在前一阶段取得显著效果，初步扭转了国君"日忧于一日，岁忧于一岁"的局面，但因操之过急，利弊互见，于是受到守旧派的激烈反对。朝中的司马光、范缜、赵瞻等，纷纷上书陈述对新法的不满；一向看不起王安石的苏轼也不甘落后，积极加入了改革反对派的行列。

苏轼于熙宁四年（1071）正月，首次向皇帝上书《议学校贡举状》，接着又"以身先天下试其小者"，上了《谏买浙灯状》。因为第二次对皇帝的劝谏，皇帝从善如流，放弃了买浙灯的打算，这让苏轼感动不已，于是二月便以殿中丞、直史馆、判官告院、权开封府推官的身份"谨昧万死"，第三次上书皇帝陛下。其上书的缘由和用意，他后来在上哲宗《杭州召还乞郡状》中说得十分明白："时王安石新得政，变易法度……欲具论安石所为不可施行状……然未测圣意待臣深浅，因上元有旨买灯四千碗，有司无状，亏减市价。臣即上书论奏，先帝（神宗）大喜，即时施行。臣以此卜知先帝圣明，能受尽言，上疏六千余言，极论新法不便。"这就是曾国藩所选评的苏轼《上皇帝书》，南宋郎晔选本题作"万言书上神宗"（本篇以下简称郎本）。

苏轼这次上书，向神宗皇帝提出了三个要求："愿陛下结人心、厚风俗、存纪纲而已。"落到实处，就是通过上书，给神宗皇帝上一堂当今如何"结人心、厚风俗、存纪纲"九字箴言的历史课，"极论新法不便"，而奉劝皇帝慎行新法。他的做法，是先讲道理，表明自己的观点，然后谈古论今，抨击王安石新法。如讲"结人心"，他先讲"人主之所恃者人心而已"，突出"结人心"的重要性。然后说"人心之于人主也，如木之有根，如灯之有膏，如鱼之有水，如农夫之有田，如商贾之有财"，用一连串的比喻进行具体论说。接着连举七人，正反对比，义正词严，得出结人心和背人心的不同结果，将矛头直指王安石变法的推动机构制置三司条例司。在论说设制置三司条例司的背弃人心之后，又分论遣使太多、兴修水利、雇役、青苗放钱和均输等新法的弊端，从而达到他抵制新法，奉劝皇帝结人心的忠谏目的。

他劝神宗"厚风俗"，也是开头说理，认为国家的存亡，在于道德的浅深，而不在乎强与弱，在于风俗的厚薄，而不在乎富与贫。然后连举七例，并以人的身体如何护元气设喻，劝皇上厚风俗，不要急于求功而贪富强。紧接着，用大量历史例证，说明用人宜求老成忠厚，不取新锐，不宜躐等，不贵骤迁速化，而必须历试。至于劝皇上"存纪纲"一节，苏轼更以"擢用台谏"，"以折奸臣之萌而救内重之弊"，直指王安石权重，"足以

1　苏轼上皇帝书：各本题下有："熙宁四年二月□日，殿中丞、直史馆、判官告院、权开封府推官臣苏轼，谨昧万死，再拜上书皇帝陛下。"此书于《四部丛刊》影印宋刊本，即南宋郎晔选注的《经进东坡文集事略》为卷二四。

胁制台谏，使不敢言”，且“执政私人，以致人主孤立，纪纲一废”。曾国藩认为这已有倾轧王安石之意。

文章结尾，苏轼以“臣非敢历诋新政，苟为异论”为掩饰，说所献三言，也不是自己的“私见”，而是众所周知的“中外所病”，然后表述了自己不惧死罪，而尽愚忠，还是要“卒吐其说”以劝谏皇上的忧恐心情。有人评论说，苏轼用一千字的开头结尾把皇帝说成尧舜禹汤，中间却用五六千字说皇帝是无道昏君。这就难怪他上完此书便“惧祸乞出”，立刻请求离开朝廷而要求做个外放的小官以避祸。

从苏轼的《上皇帝书》不难看出，北宋的朝廷上下，即使是在强敌环伺的情况下，仍然秉持开国以来“崇文抑武”的国策，不以开拓进取为立足之本，反以修道德、正风俗为根本，而对王安石以发展生产、富国强兵，改变宋朝积贫积弱的政治危机为目的的“熙宁变法”很不理解，且非常抵触。苏轼在《上皇帝书》中所鼓吹的“国家之所以存亡”，“在道德之浅深”“风俗之厚薄”，而“不在乎强与弱”“富与贫”，不仅是反对王安石的富国强兵主张，也是对自己过去的观点的否定。不过，苏轼并没有全盘否定新法。他肯定了新法中“裁减皇族恩例”的措施，因为这和他的《谏买浙灯状》要求限制皇族特权的精神是一致的；他还肯定了新法中“刊定任子条式，修完器械，阅习鼓旗”等措施。苏王交恶的主要原因，是双方政治见解的不同。整体看来，在苏王的论争中，苏是偏于保守的。这也就注定了苏轼在北宋党争政治中的坎坷命运。

臣近者不度愚贱，辄上封章言买灯事[1]。自知渎犯天威，罪在不赦，席藁[2]私室以待斧钺之诛，而侧听逾旬，威命不至。问之府司，则买灯之事寻（以）〔已〕[3]停罢。乃知陛下不惟赦之，又能听之，惊喜过望，以至感泣。何者？改过不吝[4]，从善如流，此尧舜禹汤所以勉强而力行，秦汉以来之所绝无而仅有。顾此买灯毫发之失，岂能上累日月之明，而陛下翻然改命，曾不移刻，则所谓智出天下而听于至愚，威加四海而屈于匹夫。臣今知陛下可与为尧舜，可与为汤武，可与富民而措刑，可与强兵而伏戎虏矣。有君如此，其忍负之？惟当披露腹心，捐弃肝脑，尽力所至，不知其他。乃者臣亦知天下之事，有大于买灯者矣，而独区区以此为先者，盖未信而谏，圣人不与；交浅言深，君子所戒。是以试论其小者，而其大者固将有待而后言。今陛下果赦而不诛，则是既已许之矣。许而不言，臣则有罪，是以愿终言之。臣之所欲言者三：愿陛下结人心、厚风俗、存纪纲而已。○以上总起，篇首三百余字，失之冗漫，汉唐制科对策往往如此。今京曹奏疏，首段亦多浮词。若督抚奏疏，宜就事论事，闲语不可太多。

注释

1 买灯事：指熙宁三年（1070）十二月，朝廷为东京上元节放花灯，下诏减价买浙灯四千余枝，次年正月苏轼上《谏买浙灯状》，神宗览奏，诏罢灯会之事。2 席藁（gǎo）：古代臣子将就刑戮，以藁荐为坐席，是一种表示请罪的方式。3（以）〔已〕："以"当作"已"，据郎本改。4 改过不吝：语出《尚书·仲虺之诰》："用人惟己，改过不吝。"孔安国传："有过则改，无所吝惜。"即谓改正过错毫无保留。

译文

臣近来不估量自己的愚贱，就上奏章谏议去年年底皇上下诏买浙灯的事。自知冒犯皇上尊严，犯了不赦之罪，因此在家席藁而卧，以等待斧钺重刑处罚。然而侧身静听已过旬日，处罚命令没有下达，便向府司人员询问，他们说买灯的事随后不久就已停止了。于是知道陛下不仅赦免了臣，而且听从了臣的建议，使臣惊喜过望，以至于感动得哭了。为什么呢？改正过错毫无保留，且从善如流，这是尧、舜、禹、汤所勉力实行的，是秦、汉以来绝无仅有的。所以买灯这一小的过失，怎能损害陛下的日月之明呢？然而陛下迅速改变成命，不曾延迟一刻，这真是所谓智慧超出天下人，而愿听从最愚蠢之人的建议；威严施加于四海，却愿屈从于平民百姓呀！臣现在知道陛下可被称为尧、舜，可被称为汤、武，可以给予人民富裕生活而置刑法于不用，可以使军队强大而让戎虏降伏。有这样的君主，谁忍心辜负他？只有披肝沥胆，竭尽忠诚，尽力献策，而不考虑其他了。先前臣也知道天下之事有比买灯之事更大更重要的，而唯独把这件区区小事放在首位，是因为不被信任就上谏言，是圣人不赞成的；交情浅而言谈深，是君子引以为戒的。因此就用小事来做一个尝试，而那些大事本来就要有所等待然后才能说的。现今陛下果然赦免而不惩罚，这就是已允许臣谏议了。允许谏议而不说，那么臣就有罪，因此臣愿意全部说出来。臣想要说的有三点，即希望陛下能凝聚民心、纯厚风俗、保存纪纲。

人莫不有所恃。人臣恃陛下之命，故能役使小民；〔小民〕[1]恃陛下之法，故能胜伏强暴。至于人主所恃者谁欤？《书》曰："予临兆民，懔乎若朽索之驭六马。"[2]言天下莫危于人主也。聚则为君臣，散则为仇雠。聚散之间，不容毫厘。故天下归往谓之王，人各有心，谓之独夫[3]。由此观之，人主之所恃者人心而已。人心之于人主也，如木之有根，如灯之有膏，如鱼之有水，如农夫之

有田，如商贾之有财。木无根则槁，灯无膏则灭，鱼无水则死，农夫无田则饥，商贾无财则贫，人主失人心则亡。此必然之理，不可逭[4]之灾也。其为可畏，从古以然。苟非乐祸好亡，狂易丧志，孰敢肆其胸臆，轻犯人心乎？

注释

1 小民：岳麓书社版《曾国藩全集》十四册据《宋文鉴》补“小民”二字，郎本无。2 予临兆民，懔（lǐn）乎若朽索之驭六马：语出《尚书·五子之歌》。孔安国传：“十万曰亿，十亿曰兆，言多。懔，危貌。朽，腐也。腐索驭六马，言危惧甚。”用腐朽的绳索驾驭六匹马，形容危险得很。3 独夫：语出《尚书·泰誓下》，是说商纣王众叛亲离，孤独一人。蔡沈集传则曰：“独夫，言天命已绝，人心已去，但一独夫耳。”4 逭（huàn）：逃；避。

译文

人都是有所凭借的。臣子凭借陛下的命令，所以能役使百姓；百姓凭借陛下的法令，所以能制伏强暴。至于君主所凭借的是什么呢？《尚书》说：“我治理兆民，畏惧得像用腐烂的绳索驾着六匹马。”说的是天下没有比居君主之位更危险的了。聚合在一起是君臣，离散开去是仇敌。聚合与离散之间，容不得一点失误。因此天下人心所归向的称之为王，天下人心所背离的称之为独夫。由此看来，君主所凭借的是天下民心。民心对于君主来说，就如树有根，如灯有油，如鱼有水，如农夫有田地，如商人有财物。树无根就枯槁，灯无油就熄灭，鱼无水就会死，农夫无田地就会饥饿，商人无财物就贫穷，君主失去民心就会亡国。这是必然的道理，是不可逃避的灾难。其可畏惧，自古就是这样。假如不是以祸为乐，喜好灭亡，狂妄自大，丧失神志，谁敢放纵自己的心怀主张，轻易违犯民心呢？

昔子产焚《载书》以（弥）〔弭〕众言，[1]赂伯石以安巨室，以为众（论）〔怒〕难犯[2]，专欲难成。而（孔子）〔子夏〕[3]亦曰：“信而后劳其民，未信则以为厉己也。”[4]惟商鞅变法[5]，不顾人言，虽能骤致富强，亦以召怨天下。使其民知利而不知义，见刑而不见德，虽得天下，旋踵而亡。至于其身，亦卒不免，负罪出走，而诸侯不纳，车裂以徇[6]，而秦人莫哀。君臣之间，岂愿如此！宋襄公[7]虽行仁义，失众而亡；田常[8]虽不义，得众而强。是以君子未论行事之是非，先观

众心之向背。谢安之用诸桓[9]未必是，而众之所乐，则国以乂安。庾亮之召苏峻[10]未必非，而势有不可，则反为危辱。自古迄今，未有和易同众而不安，刚果自用而不危者也。○以上浑言结人心，以下胪列失人心之事。

注释

1 昔子产焚《载书》以弭众言：“弭”，原误作“弥”，据郎本改。句意借《左传·襄公十年》的故事，说当时郑伯年幼，政在诸卿，国事相与议定，不得一人独裁。但子孔性好专权，自以为既然自己当国执政了，大家都得听命于己，于是与大夫设盟载之书曰：“自群卿诸司以下，皆以位之次序，一听执政之法，悉皆禀受成旨，不得干与朝政。”他这是让权柄在己，侵犯了郑国卿大夫、诸司的权力，树敌众多。子产考虑到《载书》不除，将会引起动乱，于是向子孔晓以利害，建议焚除《载书》。子孔接受了子产的意见，焚《载书》以安人心。2 众怒难犯：“怒”误作“论”，据郎本改。3 子夏：原误作“孔子”，据《论语·子张》改为“子夏”。4 信而后劳其民，未信则以为厉己也：语出《论语·子张》：“子夏曰：‘君子信而后劳其民；未信，则以为厉己也。’”意谓君子必须得到百姓信任以后才去役使百姓，否则百姓会以为你在折磨他们。5 商鞅变法：指战国时政治家商鞅在秦国进行的政治改革。商鞅主张以农为本，重农抑商，大力发展农业生产。秦孝公死后，商鞅被贵族诬害，车裂而死。6 车裂以徇：车裂，俗称五马分尸。即将被杀之人的头与四肢分别拴在五辆车上，以五马驾车，同时分驰，撕裂肢体。徇，即让罪犯周行市廛以示众为戒，俗称游街示众。7 宋襄公：名兹父，春秋时宋国君。公元前638年伐郑，与救郑的楚兵战于泓水。楚兵强大，他坚持“仁义”，待楚兵渡河列阵后再战，大败受伤，次年伤重而死。8 田常：即田成子，春秋时齐国大臣。他推行笼络民心的办法，以大斗借贷，小斗收进。后杀死齐简公，拥立平公，任相国，尽杀公族中的强者，扩大封邑，从此齐国由田氏专政。9 谢安之用诸桓：指东晋孝武帝时，宰相谢安于淝水之战后，桓冲去世，荆州、江州需人补缺的情况下，不以侄谢玄兼任，而任命桓氏家族桓石民为荆州刺史、桓伊改镇江州、桓石虔迁豫州刺史，即以三桓分镇三州，是各得其所且消除隐患的明智之举。10 庾亮之召苏峻：指晋成帝时，庾亮以帝舅为中书令，执朝政，恐历阳内史苏峻作乱，不听朝臣劝告而下优诏召峻为大司农，峻不应命而起兵反，庾亮失众而与弟出奔浔阳之事。

译文

过去子产烧毁《载书》来平息众人的责难，收买伯石来安抚势力强大的贵族，都是因为众怒难犯，个人欲望难以实现。而子夏也说：“取信于民之后，才能役使民众，没有取得民众的信任而去役使民众，民众就会认为你是在虐待他们。”商鞅变法，不考虑人民的议论，虽然能使秦国迅速富强，但也招来了天下人的怨恨，使秦国百姓知谋利而不知义，重刑罚而轻教化。秦国虽然统一了天下，但很快就灭亡。至于商鞅自身，也终于免不了厄运，获罪从秦国出走，而其他诸侯国不接纳他，最后被处以车裂之刑示众，而秦国人没有哀怜他的。君臣之间，难道愿意这样吗？宋襄公虽讲仁义，但却失众身亡；田常虽不讲仁义，但却得众强大。因此君子不论做事的对与错，先看人心的支持和反对。谢安用桓氏家族三桓分镇三州，不一定对，但众人都乐其所乐，因此国家平安无事。庾亮召苏峻入京不一定错，然而情势不允许，因此反而自取危险屈辱。从古到今，没有为人谦和平易与众一心而不平安的，也没有刚愎自用而不危殆的。

今陛下亦知人心之不悦矣。中外之人无贤不肖，皆言祖宗以来，治财用者不过三司使、副、判官[1]，经今百年，未尝阙事。今者无故又创一司，号曰制置三司条例司[2]，〔使〕六七少年日夜讲求于内，使者四十余辈分行营干于外。造端宏大，民实惊疑；创法新奇，吏皆惶惑。贤者则求其说而不可得，未免于忧；小人则以其意度（于）朝廷，遂以为谤。谓陛下以万乘之主而言利，谓执政以天子之宰而治财。商贾不行，物价腾踊，近自淮甸，远及川蜀，喧传万口，论说百端。或言京师正店，议置监官，夔路[3]深山，当行酒禁；拘收僧尼常住[4]，减克兵吏廪禄。如此等类，不可胜言。而甚者，至以为欲复肉刑[5]。斯言一出，民且狼顾[6]。陛下与二三大臣，亦闻其语矣，然而莫之顾者，徒曰：“我无其事，又无其意，何恤于人言。”夫人言虽未必皆然，而疑似则有以致谤。人必贪财也，而后人疑其盗。人必好色也，而后人疑其淫。何者？未置此司，则无此谤。岂去岁之人皆忠厚，而今岁之士皆虚浮？孔子曰：“工欲善其事，必先利其器。”[7]又曰：“必也正名乎？”[8]今陛下操其器而讳其事，有其名而辞其意，虽家置一喙以自解，市列千金以购人，人必不信，谤亦不止。

注释

1 三司使、副、判官：宋代治财用三司，为盐铁、度支、户部，有正、副使，每部各置判官一员。2 制置三司条例司：是王安石始行新法，为指导变法实施而设立的机构，用以统筹财政。该司由王安石与枢密陈升之统领。3 夔路：即夔州路，川中四路之一。据《宋史·地理志》五：“夔州路，州十：夔，黔，施，忠，万，开，达，涪，恭，珍。军三：云安，梁山，南平。监一：大宁。”夔州路，治今重庆奉节。4 常住：指僧、道的寺舍、什物、树木、田园、仆畜、粮食等常住物，简称常住。5 肉刑：摧残肉体的刑罚，分墨、劓、剕、宫等类。6 狼顾：狼行走时，常回头看，防袭击。比喻人有所畏惧。7 工欲善其事，必先利其器：语出《论语·卫灵公》："子贡问为仁。子曰：'工欲善其事，必先利其器。'"可见是孔子回答问仁而先设的一个譬喻。8 必也正名乎：语见《论语·子路》："子路曰：'卫君待子而为政，子将奚先？'子曰：'必也正名乎！'"此处用孔子的话，直指设制置三司条例司，必须先纠正名分上的不当。

译文

陛下现在也知道民心不高兴了。朝廷内外的人，无论贤者还是不肖者，都说太祖太宗以来，治理国家财政的，只有盐铁、度支、户部三司，有正、副使及判官，至今已历经百年，不曾废事。现在平白无故又创设一司，号称"制置三司条例司"，让六七个年轻人整天在司内计议，派出使者四十多人，分行到各地经营办理。规模宏大，民众实在惊惧疑惑；创法新奇，官吏都惶恐困惑。贤能的人探求他们的意图而得不到，不免忧虑；小人则以他们的意图揣测朝廷，于是加以毁谤。说陛下以万乘之主的身份而讲求利，说执政者作为天子的宰相而治理财政。于是商人不做买卖，物价迅速上升。近从淮甸，远到川蜀，到处传言，众说纷纭。有的说在京师正店要设监官，夔州路山区也要实行酒禁，要没收僧尼寺庙的房屋田产，要减扣兵吏的粮饷，如此等等，不能尽述。而更有甚者，甚至以为要恢复肉刑。这些话一传开，人民疑惧不定。陛下和几位大臣，也听说这些话了，然而没有人考虑它，只说："我没有那样的事，又没有那样的意图，何必忧虑别人的议论呢？"人们的议论虽然不一定都是这样，然而似是而非就可能招来毁谤。人必定贪财，然后别人才怀疑他盗窃。人必定贪色，然后别人才怀疑他奸淫。为什么呢？不设置"制置三司条例司"，就没有这样的毁谤。难道能说去年的人都忠厚，而今年的人都虚浮吗？孔子说："工匠想把事情干好，一定要使工具锋利。"又说："那一定是先正名吧？"现在陛下拿着工具而讳言要做的那件事，有其名而避开不讲其意图，即使派人挨家挨户去自我解说，出千金去收买人，人们也一定不相信，毁谤也就不会终止。

夫制置三司条例司，求利之名也，六七少年与使者四十余辈，求利之器也。驱鹰犬而赴林薮，语人曰："我非猎也。"不如放鹰犬而兽自驯。操网罟而入江湖，语人曰："我非渔也。"不如捐网罟而人自信。○善言事者，每于最难明之处设譬喻以明之，东坡诗文皆以此擅长。**故臣以为消谗慝而召和气，复人心而安国本，则莫若罢制置三司条例司。夫陛下之所以创此司者，不过以兴利除害也。使罢之而利不兴害不除，则勿罢；罢之而天下悦人心安，兴利除害，无所不可，则何苦而不罢？陛下欲去积弊而立法，必使宰相熟议而后行，事若不由中书，则是乱世之法。圣君贤相，夫岂其然！必若立法不免由中书，熟议不免使宰相，〔则〕此司之设，无乃冗长而无名。**○以上言不宜设制置三司条例司之官。

译文

制置三司条例司，是求利的名分，六七个新进的年轻人和派出的使者四十余人，是求利的工具。驱使鹰犬到森林中去，却告诉别人说："我不是打猎。"还不如放掉鹰犬而让野兽自己驯化。拿着渔网进入江湖，告诉别人说："我不是打鱼。"还不如丢弃渔网而使人自然相信。因此臣认为要消除邪恶奸佞而召来和气，要平复人心来安定国家的根本，就不如罢除制置三司条例司。陛下之所以创设此司，不过是想以此来兴利除害。假使罢除了该司而不能兴利，不能除害，那么就不要罢除；假使罢除了该司而天下人大为高兴，人心安定，兴利除害没有什么不可的，那么又何苦不罢除呢？陛下想除去积弊而立新法，一定要使宰相仔细计议然后施行，事情如果不经中书省，那就是乱世之法。圣明的君主、贤能的宰相，怎能是这样！如果立法免不了要经过中书省，仔细计议免不了要经过宰相，那么这个制置三司条例司的设置，难道不是多余且没有名义与正当的理由吗？

智者所图，贵于无迹。汉之文、景[1]，纪无可书之事[2]；唐之房、杜[3]，传无可载之功。而天下之言治者与文、景，言贤者与房、杜，盖事已立而迹不见，功已成而人不知。故曰："善用兵者，无赫赫之功。"[4] 岂惟用兵，事莫不然。今所图者，万分未获其一也，而迹之布于天下，已若泥中之斗兽，亦可谓拙谋矣。陛下诚欲富国，择三司官属与漕运使、副[5]，而陛下与二三大臣，孜孜讲求，磨以岁月，则积弊自去而人不知。但恐立志不坚，中道而废。孟子有言："其进锐者其退速。"[6] 若有始有卒，自可徐徐，十年之后，何事不立？孔子曰："欲速则不达，见小利则大事不成。"[7] 使孔子而非圣人，则此言亦不必用。《书》曰："谋及卿士，至于庶人，翕然大同，乃底元吉。"[8] 若逆多而从少，则静吉而作凶。

今自宰相大臣，既已辞免不为，则外之议论，断亦可知。宰相人臣也，且不欲以此自污，而陛下独安受其名而不辞，非臣愚之所识也。○“宰相人臣也”四句，有倾轧王介甫[9]之意。

注释

1 汉之文、景：即西汉的文帝刘恒、景帝刘启。2 纪无可书之事：意谓汉代文帝、景帝的本纪，只言劝农桑、减租赋、除肉刑之类，而没有当今的立条例司、遣青苗使、敛助役钱、行均输法等新法。3 唐之房、杜：指唐初大臣房玄龄、杜如晦，是为李世民夺取政权、开创贞观之治的主要谋臣。二人在新、旧《唐书》的传中誉为“玄龄善谋，如晦善断”。4 善用兵者，无赫赫之功：语出《孙子·军形篇》：“古之所谓善战者，胜于易胜者也。故善战者之胜也，无智名，无勇功。”5 漕运使、副：指转运使、转运副使、转运判官等漕使。6 其进锐者其退速：语出《孟子·尽心上》，意为前进得太猛的人，后退也会快。7 欲速则不达，见小利则大事不成：语出《论语·子路》。是孔子的学生子夏做了莒父的县长，问政于孔子，孔子教导弟子为政的原则：不要图快，不要贪求小利。8 谋及卿士，至于庶人，翕然大同，乃底元吉：这是苏轼采自《尚书·洪范》之七“稽疑”的话而引申之语。原文曰：“汝则有大疑，谋及乃心，谋及卿士，谋及庶人，谋及卜筮。汝则从，龟从，筮从，卿士从，庶民从，是之谓大同。”元吉，即大吉、洪福。9 王介甫：即王安石，字介甫，号半山，抚州临川（今江西抚州）人。

译文

聪明人所图谋的事，以不张扬不留痕迹为贵。汉朝的文帝、景帝，其本纪中没有可书写的事情；唐代的房玄龄、杜如晦，其列传中没有可记载的功勋。然而天下人谈论到善于治国的君主，就赞扬文帝、景帝，谈论贤能的大臣，就赞扬房玄龄、杜如晦。这大概就是事功已立的，反而不张扬不留痕迹；功勋已成的，反而人们不知道。因此说：“善于用兵的人，没有赫赫的战功。”难道只是讲用兵吗？事情没有不是这样的。现在所图谋的，没有得到万分之一，而其形迹已传布天下，好像泥中打斗的野兽留下的痕迹一样明显，也可以说是笨拙的计谋了。陛下确实想使国家富裕，选择三司官员和漕运使、副使，而陛下与几位大臣，勤勉努力地探求，在时光中磨炼，那么积弊自然能除掉而人们还不一定知道。但只怕立志不坚定，中途而废。孟子说：“前进得太猛的人，后退也会快。”假如有始有终，自然可以循序渐进，十年之后，什么事情办不到呢？孔子说：“急于求成反而达不到目的，重视小利就不能成就大事。”假使孔子不是圣人，那么这句话也不必用。《尚书》说："要和卿士商议，甚至和一般百姓商议，如果大家意见一致，那么行事就会吉利。"如果反对的人多而赞成的人少，那不做那件事反而吉利，做那件事就凶险。如今从宰相到其他大臣，既然已经辞免不做，那么朝廷外的议论也断然可以知道了。宰相是臣下，尚且不想因为这件事来玷污自己的名声，那陛下怎能独自承受这种名声而不推辞呢？这不是像臣这样愚钝的人所能知道的。

君臣宵旰，几一年矣，而富国之效，茫如捕风，徒闻内帑出数百万缗[1]，祠部度五千余人[2]耳。以此为术，其谁不能？○以上言谋事贵于无迹。**且遣使纵横，本非令典。汉武遣绣衣直指[3]，桓帝遣八使[4]，皆以守宰狼藉，盗贼公行，出于无术，行此下策。宋文帝元嘉之政[5]，比于文、景，当时责成郡县，未尝遣使。及至孝武以郡县迟缓，始命台使督之，[6]以至（肃）〔萧〕齐，此弊不革。故竟陵王子良上疏[7]，极言其事，以为此等朝辞禁门，情态既异，暮宿州县，威福便行，驱迫邮传，折辱守宰，公私烦扰，民不聊生。唐开元中，宇文融[8]奏置劝农判官，使裴宽等二十九人并摄御史[9]，分行天下，招携户口，检责漏田。时张说、杨玚、皇甫璟、杨相如[10]皆以为不便，而相继罢黜。虽得户八十余万，皆州县希旨，以主为客，以少为多。及使百官集议都省，而公卿以下，惧融威势，不敢异辞。陛下试取其《传》读之，观其所行，为是为否？**

注释

1 内帑出数百万缗（mín）：这是苏轼针对王安石新法中的市易法而说的。新法理财以解决国用不足，其中有"市易法"，在东京设置市易务，由国库出钱收购滞销货物，市场短缺再卖出以牟利。2 祠部度五千余人：宋代僧尼出家，须缴纳银钱，才能获得度牒，否则即为非法。故宋代遇到灾害、战事等非常情况，经常采用卖度牒的手段获取资金。此事由唐代称作"祠部"的礼部四司之一管理，苏轼借以指称宋代朝廷相关部门，说已发下五千多张度牒以敛财。3 汉武遣绣衣直指：汉武帝天汉年间，民间起事者众，地方官员督捕不力，于是派遣直指使者衣绣衣，持斧仗节，兴兵镇压，刺史郡守以下督捕不力者亦皆伏诛。后因称此等特派官员为"绣衣直指"。绣衣，表示地位尊贵；直指，谓处事无私。后亦称"绣衣使者"。4 桓帝遣八使：据《后汉书》卷六《顺帝纪》，汉安元年（142）八月，"遣侍中杜乔、光禄大夫周举、守光禄大夫郭遵、冯羡、栾巴、张纲、周栩、刘班等八人分行州郡，班宣风化，举实臧否"。5 宋文帝元嘉之政：指南朝宋皇帝刘义隆，公元424—453年在位。在位时，加强集权，整顿吏治，百官皆久于其职，三十年间晏安无事，史称“元嘉之治”。6 及至孝武以郡县迟缓，始命台使督之：孝武，指南朝宋孝武帝刘骏。宋元嘉时，凡事皆责成郡县。到孝武帝时，因为郡县办事迟缓，便开始派遣台使下去督办，从此使者所到之处事务纷杂，形成弊端，直至萧姓齐国时，都难以革除。7 竟陵王子良上疏：竟陵王，为齐武帝次子萧子良，字云英，封竟陵王，官至太傅。此谓他为会稽太守时，曾上表极陈朝廷遣台使下郡县督办之弊，请求一概停派台使。8 宇文融：唐代大臣，京兆万年（今陕西西安）人。开元初，累官至监察御史。开元九年（721），建议清理逃户，置劝农判官分赴各地，清出客户八十余万和大量土地。9 使裴宽等二十九人并摄御史：据《新唐书·宇文融传》：“融乃奏慕容琦、韦洽、裴宽、班景倩、库狄履温、贾晋等二十九人为劝农判官，假御史，分按州县，括正丘亩，招徕户口而分业之。”10 张说、杨玚、皇甫璟、杨相如：据《新唐书·宇文融传》，所举四人均为唐玄宗时反对宇文融派劝农判官下郡县清理户口的官员。其中张说为中书令，“素恶融，融每建白，说辄引大体廷争”；杨玚为户部侍郎，皇甫璟为阳翟尉，杨相如为左拾遗。

译文

君臣废寝忘食，差不多一年了，而富国的效果，茫然如捕风捉影，毫无着落，只听说皇宫国库拿出几百万缗用于市易，祠部发下度牒给五千多人罢了。把这些当作治国之术，那谁不能做呢？

况且到处派遣使者，本来就不是良法美政。汉武帝派遣直指地方的使者穿着绣衣仗节查办，汉桓帝派遣八位使者分行州郡，都是因为地方官贪污腐败，盗贼横行，没办法才实行这种下策。南朝宋文帝元嘉之治，可与汉代文景之治相比，但当时责成郡县办事，并没有派遣使臣。等到孝武帝时，认为郡县办事迟缓，才开始派遣台使下去督办。一直到萧齐政权，都没有革除这一弊病。因此竟陵王萧子良上疏请求停派台使，极陈朝廷遣台使下郡县督办的弊端。认为这种下派官吏，早上离开京师，情态既异常，夜住州县，作威作福，驱使驿馆官吏，折辱太守、县令等地方官，官府和百姓都受到烦扰，人民没办法生活。唐开元中，宇文融奏请设置劝农判官，派裴宽等二十九人任职，并兼御史职责，分赴各州县招徕流亡的户口，检查未入册籍的田地。当时张说、杨玚、皇甫璟、杨相如等都认为不合适，然而他们却被相继罢黜。虽然查得户口八十多万，然而都是州县迎合皇帝旨意，将本地的主户登记为客户，把户口少的登记为户口多的。等到百官在尚书省集合议论时，公卿以下臣属都因惧怕宇文融的威势，不敢提出异议。陛下不妨取来宇文融的《传》读读，看他的作为，是对还是错？

近者均税宽恤，冠盖相望，朝廷亦旋觉其非，而天下至今以为谤。曾未数岁，是非较然。臣恐后之视今[1]，犹今之视昔。且其所遣，尤不适宜。事少而员多，人轻而权重。夫人轻而权重，则人多不服，或致侮慢以兴争。事少而员多，则无以为功，必须生事以塞责。陛下虽严赐约束，不许邀功，然人臣事君之常情，不从其令而从其意。今朝廷之意，好动而恶静，好同而恶异，指（意）〔趣〕所在，谁敢不从？臣恐陛下赤子，自此无宁岁矣。○以上论遣使太多。

注释

1 后之视今：《鸣原堂论文》“之”作“人”，岳麓书社版《曾国藩全集》加注：“‘人’，《宋文鉴》作‘之’。”今按：“后之视今，亦犹今之视昔”，见于王羲之《兰亭序》，“之”不当作“人”，郎本不误。

译文

近来实行均税，宽恤人民，做官的人相继奔波于道路，因此朝廷也很快就察觉到此法不合适，然而天下人至今还以为这是非议。不过几年，是非就明显了。臣担心后代人看现在，如同今天我们看前代一样。况且他们所派的官吏，尤其不合适：事少人多，人轻权重。人轻权重，则人们大多不服从，以致侮慢而引起纠纷；事少人多，则没有什么可以作为功劳，一定会制造事端来抵塞职责。陛下虽严加约束，不许邀功，然而臣下侍奉君主的常情，不是服从法令而是顺从圣意。现在朝廷的意图是喜好动态的革新而反对静态的守旧，喜好意见一致而厌恶意见不同，朝廷的意趣所在，谁敢不服从？臣担忧陛下的子民从此没有安宁的日子了。

至于所行之事，行路皆知其难。何者？汴水浊流，自生民以来不以种稻。秦人之歌曰：“泾水一石，其泥数斗。且溉且粪，长我禾黍。”[1]何尝曰“长我粳稻耶”？今欲陂而清之，万顷之稻，必用千顷之陂，一岁一淤，三岁而满矣。陛下遽信其说[2]，且使相视地形，万一官吏苟且顺从，真谓陛下有意兴作，上糜

峁廪，下夺农时，堤防一开，水失故道，虽食议者之肉，何补于民？天下久平，民物滋息，四方遗利，盖略尽矣。今欲凿空寻访水利[3]，所谓即鹿无虞[4]，岂惟徒劳，必大烦扰。凡所擘画利害，不问何人，小则随事酬劳，大则量才录用。若官私格沮，并行黜降，不以赦原。若（才）〔材〕力不办兴修，便许申奏替换[5]，赏可谓重，罚可谓轻，然并终不言诸色人妄有申陈，或官私误兴功役，当得何罪？如此，则妄庸轻剽、浮浪奸人，自此争言水利矣。成功则有赏，败事则无诛，官司虽知其疏，岂可便行抑退？所在追集老少，相视可否，吏卒所过，鸡犬一空，若非灼然难行，必须且为兴役。何则？格沮之罪重，而误兴之过轻。人多爱身，势必如此。且古陂废堰，多为侧近冒耕，岁月既深，已同永业[6]。苟欲兴复，必尽追收，人心或摇，甚非善政。又有好讼之党，多怨之人，妄言某处可作陂渠，规坏所怨田产。或指人旧业以为官陂，冒佃之讼，必倍今日。臣不知朝廷本无一事，何苦而行此哉？○以上论兴水利。

注释

1“秦人之歌”句：此歌词见于《汉书·沟洫志》：“太始二年，赵中大夫白公复奏穿渠，引泾水，首起谷口，尾入栎阳，注渭中，袤二百里，溉田四千五百余顷，因名曰白渠。民得其饶，歌之曰：‘……泾水一石，其泥数斗。且溉且粪，长我禾黍。衣食京师，亿万之口。’”秦为陕西的代称，此处秦人即陕西人。2陛下遽信其说：据郎本注释，指熙宁二年闰十一月，提举侯叔献所献开渠引水建言，神宗即命侯叔献提举开封府界以开渠灌溉之事。3凿空寻访水利：指熙宁二年，王安石命刘彝等八人分遣诸路，相度农田水利。凿空，犹言凿其孔穴。句意在影射新法，到处凿空兴修水利。4即鹿无虞：语出《周易·屯卦》：“即鹿无虞，惟入于林中。”即鹿，捕捉野鹿。虞，虞人，古时候掌管山林禽兽的官。意谓捕捉野鹿没有虞人帮助，只是白白走进树林，徒劳无功。5便许申奏替换：据王安石新法《农田利害条约》：“言事人并籍定姓名、事件，候施行讫随功利大小酬奖……用工致多县分，若知县材力不办，即许申奏对换，或别举官，或替下官。”6永业：永业田的省称。永久性的私家田产。其制起于北朝。《通典·食货志》：“北齐给授田令……职事及百姓请垦田者，名为永业田。”

译文

至于所实行的事情，大家都知道其做到的难度。为什么呢？汴河水流浑浊，自从有人类以来，都不用它来种水稻。陕西人歌唱道：“泾河水一石，含泥达数斗。灌溉兼施肥，使我长禾黍。”什么时候说过“使我长粳稻”呀？现在想通过筑池塘来澄清汴水，那么万顷的稻田，一定要用千顷的池塘，一年泥土一淤，三年就能淤满。陛下遽然相信这种说法，还派人察看地形，万一官吏苟且顺从，真的认为陛下有意做这件事，那就对上浪费钱财，对下耽误农耕，河堤一开，水流失去旧河道，即使吃了提议者的肉，又怎么能补偿受损失的民众呢？天下太平已久，人口财物增加，四方未尽其用的利益，差不多已经用尽了。现今想凿空寻找水利，就如同所谓进山打鹿，没有熟悉地形的虞官的帮助，那就只是白费心力，还必定会增加许多烦扰。现在凡所筹划兴利除害的事，不问是什么人提出的，小的就随事酬劳，大的就量才录用。如果有官员私下阻止，一律革职或降职，不予赦免原谅。如果不把财力用在兴修水利上，就允许上奏申请另派人替换，这样的奖赏可说是很重，处罚可说是很轻，然而始终不说那些随便上奏陈言，或者谋私误办工程的人，该当何罪？如果这样，那么一些平庸妄为、轻浮躁急和那些到处游荡、不务正业的邪恶之人，从此就都会争着来谈论水利了。成功就能受到奖赏，事败却不会受处罚，即便官府知道这些人的疏陋，又哪里能随便贬退他们呢？征募老少人等，审视兴修水利的可否，官吏所过的地方，鸡犬一空，假如不是明显难办的工程，一定会大力兴办。为什么会这样呢？因为阻拦修水利的罪名很重，而误兴工程的罪过很轻，人们大多爱惜自身利益，势必就会这样做呀！而且已经废弃的塘坝故址，大多被邻近农民擅自耕种，时间已经很久了，已经同他们永久性的私产一样了。假如想兴修恢复古陂废堰，就必须将那些田地全部追收回来，人心或许就会动摇，这不是好的政治措施。又有一帮喜欢争讼和多怨的人，胡说某处可做池塘渠道，以图破坏他们所怨恨的人的田产，或者把别人的旧产指定为公家的池塘，那冒争田产的诉讼，必会是现在的两倍。臣不知道朝廷本来太平无事，何苦要做这些事呢？

自古役人必用乡户，犹食之必用五谷，衣之必用丝麻，济川之必用舟楫，行地之必用牛马，虽其间或有以他物充代，然终非天下所可常行。今者徒闻江浙之间，数郡雇役，〇王荆公新法惟雇役为善政，当日诸君子亦争之不已。厥后司马温公[1]改雇役仍为差役，东坡又力争之。雇役犹今军中雇募民夫，给与饭钱也；差役犹今掳人当夫，不给钱文也。**而欲措之天下，是犹见燕晋之枣栗，岷蜀之蹲鸱**[2]**，而欲以废五谷，岂不难哉？又欲官卖所在坊场，以充衙前雇直，**[3] 〇衙前犹差总之名也。凡县有大役，如运送官物钱粮之类，则责成衙前为夫役之总。故宋时派充衙前者，乡之富民立即贫穷。韩魏公[4]、司马温公皆有疏论之。王荆公以坊场为衙前之雇价，较之前此全不给钱者已稍优矣。**虽有长役，更无酬劳。长役所得既微，自此必渐衰散，则州郡事体，憔悴可知。士大夫捐亲戚、弃坟墓，以从（官）〔宦〕于四方者，宣力之余，亦欲取乐，此人之至情也。若凋弊太甚，厨传萧然[5]，则似危邦之陋风，恐非太平之盛观。陛下诚虑及此，必不肯为。且今法令莫严于御军，军法莫严于逃窜，禁军三犯，厢军五犯，〔犯之〕[6]大率处死。然逃军常半天下。不知雇人为役，与厢军何异？若有逃者，何以罪之？其势必轻于逃军，则其逃必甚于今日，为其官长，不亦难乎？**

注释

1 司马温公：即司马光，字君实，陕州夏县（今属山西）涑水乡人。北宋大臣、史学家，封温国公。2 蹲鸱（chī）：即芋头，因状似蹲伏的鸱鸟得名。《史记·货殖列传》云："吾闻汶山之下，沃野，下有蹲鸱，至死不饥。"又《华阳国志》曰："汶山郡都安县有大芋，如蹲鸱也。"3 官卖所在坊场，以充衙前雇直：衙前是宋代负担最重的差役，负责官物押运供应，负赔偿失误及货物短缺等责任，承役者往往因赔偿过重而遭破产。为减轻亏累，官府特许承担重难差役的衙前承包酒坊，以资弥补。熙宁三年实行免衙法，衙前改为雇役，以坊场酒税等钱募充。句意指新法又想用官府出卖所在地的坊场酒税等钱，来充衙前的雇役。4 韩魏公：即北宋大臣韩琦（1008—1075），字稚圭，相州安阳（今属河南）人。曾任枢密使、宰相，经英宗至神宗，执政三朝。王安石变法，他屡次上疏反对，与司马光、富弼等同为保守派首脑。封魏国公。5 厨传萧然：厨传，古代供应过客食宿、车马的驿站。萧然，萧条索然。6 犯之："犯之"两字原无，岳麓书社版《曾国藩全集》据《宋文鉴》补。郎本不缺。

译文

自古差役都用乡户，就好比吃饭必用五谷，穿衣必用丝麻，渡河必用船只，走陆路必用牛马，虽然其中偶尔有用其他东西充代的，但那终究不是天下所通常实行的。现今只听说江浙一带几处州郡，出钱雇人代役，而想把这种措施推行到天下，就如同看见燕、晋地区的枣栗，岷蜀地区状似蹲鸱的芋头，而想因此废掉五谷一样，难道不是很难办到吗？又想责成坊场官卖，以供雇佣衙役的酬劳。虽然有长年供官府役使的人，但无更多的酬劳。长役所得酬劳既然微薄，从此他们必定会逐渐衰老解散，那么州郡办事时的困苦情况，也就可想而知了。士大夫离开亲人，告别故乡，到别的地方去做官，尽力之余，也想寻开心，这是人之常情。假如州郡过于凋敝，驿站萧条清苦，这就好像衰颓王朝的破落情景，恐怕不是太平盛世的壮观景象。陛下如果真的能考虑到这些，就一定不肯这样做。而且当今的法令，没有比治军法令更严的，军法又没有比惩治逃兵更严的，禁军三次逃跑，地方军五次逃跑，犯者大多被处死。然而逃兵常常很多。不知雇人代服差役，与地方军有什么不同？假如有逃跑的人，用什么治罪呢？看来逃役之罪必定轻于逃兵，那么逃役的人数必定超过现在，做他们的长官不也是很难吗？

近者虽使乡户颇得雇人，然（至于）〔而〕所雇逃亡，乡户犹任其责。今遂欲于两税之外，别立一科，谓之庸钱，以备官雇，则雇人之责，官所自任矣。自唐杨炎[1]废租庸调以为两税，取大历十四年应干赋敛之数，以定两税之额[2]，则是租调与庸，两税既兼之矣。今两税如故，奈何复欲取庸？圣人立法，必虑后世，岂可于两税之外，别立科名？万一不幸，后世有多欲之君，辅之以聚敛之臣，庸钱不除，差役仍旧，使天下怨讟[3]。推所从来，则必有任其咎者矣。又欲使坊郭等第之民，与乡户均役；品官形势之家[4]，与齐民并事。其说曰："《周礼》：田不耕者出屋粟，宅不毛者有里布[5]。而汉世宰相之子，不免戍边。"此其所以借口也。古者官养民，今者民养官。给之以田而不耕，劝之以农而不力，于是乎有里布、屋粟、夫家之征[6]。而民无以为生，去为商贾，事势当尔，何名役之？且一岁之戍不过三日，三日之雇其直三百。今世三大户[7]之役，自公卿以降，无得免者，其费岂特三百而已？大抵事若可行，不必皆有故事。若民所不悦，俗所不安，纵有经典明文，无补于怨。若行此二者，必怨无疑。女户单丁，盖天民之穷者也，古之王者首务恤此，而今陛下首欲役之。此等苟非户将绝而未亡，则是家有丁而尚幼。若假之数岁，则必成丁而就役，老死而没官。富有四海，忍不加恤？○以上论雇役。

注释

1 杨炎：唐大臣。字公南，别号小杨山人，凤翔天兴（今陕西凤翔）人。建中元年（780），他主持改革赋税制度，废除"以丁夫为本"的租庸调制，改行以资产多寡为标准的两税法。2 以定两税之额：据《新唐书·杨炎传》："炎疾其敝，乃请为'两税法'以一其制。凡百役之费，一钱之敛，先度其数而赋于人，量出制入……其田亩之税，率以大历十四年垦田之数为准，而均收之。"3 怨讟：怨恨诽谤。也作"怨黩"。4 品官形势之家：有官品有权势的人家。5 田不耕者出屋粟，宅不毛者有里布：语出《周礼·地官·载师》："凡宅不毛者，有里布；凡田不耕者，出屋粟。"三夫为屋，空田不耕者则罚以三家之税粟。宅不毛，即居民不种植桑麻；里，居；布，钱。里布为住宅占地之税。6 夫家之征：夫税和家税。按《周礼·地官·载师》："凡民无职事者，出夫家之征。"即凡是没有常职又不从事任何工作的闲民，便要罚出夫布以当力征，并罚出闲粟以当地征。这就是夫家之征。7 三大户：后周显德五年（958），令乡村中以百户为一团，每团选三户为耆长，察民家之奸盗，均民田之耗登。后因称耆长为三大户。

译文

近来虽然允许乡户雇人代役，然而所雇佣的人逃跑了，乡户还要承担责任。于是，如今又想在夏秋两税之外，另立一个科目，称之为庸钱，用来作为官府雇佣差役的钱，那么雇人的责任就该由官府自身承担了。自从唐代杨炎废除租庸调制，而用两税法代替，按唐代宗大历十四年数额确定两税数目开征以来，就是租调和庸钱都包含在两税之中了。如今两税和过去一样，为什么又再想收庸钱？圣人设立新法，必须虑及后世，怎能在两税之外，另立科目呢？万一不幸后代中有多欲的君主，又有聚敛钱财的臣子辅佐他，庸钱不被废除，差役仍旧照常，那会招致天下的怨恨诽谤。追溯这种制度的由来，就一定要有承担这一罪过的人。又想让城里各等第的人和乡户同样服役，使有官品有权势的人家和一般百姓同样摊派。他们的说法是："《周礼》上说的，凡是让田地荒芜不耕种的人，罚他缴纳三户应缴纳的粮食，凡是在宅院周围不种桑麻的人，罚他缴纳占地二十五家所应缴纳的布匹之税。而且汉代宰相之子也不免除戍守边疆的差役。"这是他们实行这一摊派措施的借口。古代是官养民，如今是民养官。给他田地他却不耕种，劝他务农他却不尽力，于是才有占地不毛的里布税、空田不耕的屋粟税和无职闲民的夫家之征的惩罚。然而农民无法生活，才出去经商，形势逼迫他这样做，该用什么名目来役使他呢？而且汉代子弟一年戍边时间不超过三天，雇人代役三天交钱三百文。如今选为耆长的三大户的差役，从公卿往下，没有能够免除的，他们雇人代役的费用难道只有三百文吗？一般来说，事情假如可行，不一定都要有过去的事例；假如是人民所不喜欢，世俗所不容许的事情，即使有明典明文规定，（强行做了）也不能补救人们的怨恨。如果实行这两项措施，人们无疑会有怨言。只有妇女的民户和只有一个男丁的民户，大都是天下的贫穷之人，古代的贤君首先是体恤这些人，而如今陛下却首先就想役使他们。这些民户如果不是户口将断绝而尚未死亡，就是家有男丁却还幼小。如若给他们几年时间，那么幼儿就能长成壮丁而服役，直到老死都为官府服役。陛下富有天下，怎忍心不对他们加以体恤呢？

孟子曰：“始作俑者，其无后乎！”[1]《春秋》书作丘甲[2]，用田赋，皆重其始，为民患也。青苗放钱，自昔有禁，今陛下始立成法[3]，每岁常行，虽云不许抑配[4]，而数世之后，暴君污吏，陛下能保之欤？异日天下恨之，国史记之，曰青苗钱自陛下始，岂不惜哉！且东南买绢，本用见钱，陕西粮草，不许折兑，朝廷既有著令，职司又每举行，然而买绢未尝不折盐，粮草未尝不折钞，乃知青苗不许抑配之说，亦是空文。只如治平之初，拣刺义勇，当时诏旨慰谕，明言永不戍边[5]，著在简书，有如盟约。于今几日，论议已摇，或以代还东军，或欲抵换弓手，约束难恃，岂不明哉！○买绢之初本发见钱，后亦失信，拣刺义勇之初本言永不戍边，后亦失信，以喻王介甫放青苗钱之初，本言不许抑配，不久亦必失信也。东坡言事或引古事以譬之，或引近事以譬之，取其易晓。**纵使此令决行，果不抑配，计其间愿请之户，必皆孤贫不济之人。家若自有赢余，何至与官交易。此等鞭挞已急，则继之逃亡，逃亡之余，则均之保邻。势有必至，理有固然。**○今之领常平仓谷者亦皆孤贫不济之人，况宋领青苗钱须还利钱乎！

注释

1 始作俑者，其无后乎：语出《孟子·梁惠王上》：“仲尼曰：‘始作俑者，其无后乎！’为其象人而用之也。”意为最初制作木偶土偶用来殉葬的人，该会断子绝孙吧！因为木偶土偶很像人形，却用来殉葬。仲尼，孔子之字。俑，古代用于殉葬的偶像。2 丘甲：春秋时鲁国的兵赋制度。《春秋·成公元年》：“三月，作丘甲。”指鲁成公时，推行丘甲制，就是要丘担负甸的赋税总量。据《周礼》，九夫为井，四井为邑，四邑为丘，四丘为甸。让一丘之民众承担一甸的兵赋，则加重到了原来的四倍。3 今陛下始立成法：指熙宁二年十一月，神宗诏令置诸路提举常平等官，行青苗法。每年二月、五月青黄不接时，由官府给农民贷款、贷粮，每半年取利息二分或三分，分别随夏秋两税归还。4 抑配：指强行摊派。5 明言永不戍边：指宋英宗治平元年（1064），韩琦建议在陕西各州点刺义勇事。凡主户家三丁选一，六丁选二，九丁选三，总得十五万六千八百七十三人。司马光力争以为不可，韩琦说：“今已降敕榜，与民约，永不充军戍边。”即已抽丁当义勇的人家，今后永不再充军戍边了。

译文

孟子说："最初制作木俑陶俑用来殉葬的人，他将断子绝孙没有后代！"《春秋》上记载为"丘甲"，让一丘之民承担四倍于丘的一甸之赋税，都是重在它一开始就为患百姓。青苗放钱收息，过去就曾禁止过，如今陛下开始立为法律，每年都实行，虽说不许强行摊派，但几代之后，若有暴君和贪官污吏，陛下能保证他们不会强行摊派吗？以后天下人痛恨青苗钱，国史记载它，说青苗钱是从陛下开始实行的，难道您不痛惜吗？而且朝廷在东南一带买绢，本来要付现钱，在陕西征收粮草，不许折兑现金缴纳。这在朝廷既有明文规定，官府职司又常在办理，然而官府买绢没有不折成官盐支付的，征收粮草没有不折兑现金缴纳的，这就知道不许强行摊派青苗钱的说法，也是一纸空文。正如英宗治平初年，下诏挑选义勇，在其手背刺字，当时诏旨用好话抚慰，明明白白地说了，已抽丁当义勇的人家，今后不再充军戍守边疆，写在简书上面如同盟约。到现在没几天，议论此事已有动摇，有的想用义勇军代替禁军，有的想用他们替换弓手，盟约的约束已难凭恃，这难道不是很明显吗？即使这个命令坚决执行，如果不强行摊派，统计其中愿意贷青苗钱的人家，必定都是孤贫不堪的。家里如果自己有财物剩余，何至于要向官府借贷？这种事情催之过急，那随之而来的就是百姓逃亡，逃走的人应贷的钱，就平摊给他的邻里。这样的情势必然会到来，道理本来就是这样。

且夫常平之为法[1]**也，可谓至矣，所守者约而所及者广。借使万家之邑，止有千斛，而谷贵之际，千斛在市，物价自平。一市之价既平，一邦之食自足，无操瓢乞丐之弊，无里正催驱之劳。今若变为青苗**[2]**，家贷一斛，则千户之外，孰救其饥？且常平官钱常患其少，若尽数收籴，则无借贷；若留充借贷，则所籴几何？乃知常平、青苗，其势不能两立。坏彼成此，所丧愈多；亏官（坏）〔害〕民，虽悔何逮？臣窃计陛下欲考其实，则亦必问人，人知陛下方欲力行，必谓此法有利无害。以臣愚见，恐未可凭。何以明之？臣顷在陕西**[3]**，见刺义勇提举诸县，臣尝亲行，愁怨之民哭声振野。当时奉使还者，皆言民尽乐为，希合取容，自古如此。**○又以刺义勇时民怨而帝不闻，喻青苗一事亦民怨而帝不闻。**不然，则山东之盗，二世何缘不觉？**[4]**南诏之败，明皇何缘不知？**[5]**今虽未至于斯，亦望陛下审听而已。**○以上论青苗钱。

注释

1 常平之为法：西汉五凤四年（前 54），汉宣帝从大农中丞耿寿昌建议，在边郡设常平仓，谷贱时收进，贵时卖出。宋初除边郡外，各地设常平仓和惠民仓。2 青苗：指青苗法。《宋史》卷三二七《王安石传》："青苗法者，以常平籴本作青苗钱，散与人户，令出息二分，春散秋敛。"3 顷在陕西：指嘉祐六年（1061），苏轼应仁宗直言极谏策问，入三等，授大理寺评事签书凤翔府节度判官厅公事，故在陕西。4 山东之盗，二世何缘不觉：指秦二世时，陈胜、吴广等反，为"张楚"，山东郡县少年苦秦吏，皆杀其守尉令丞反，以应陈涉，"谒者使东方来，以反者闻二世。二世怒，下吏。后使者至，上问，对曰：'群盗，郡守尉方逐捕，今尽得，不足忧。'上悦"（《史记·秦始皇本纪》）。5 南诏之败，明皇何缘不知：据《新唐书·杨国忠传》："南诏质子阁罗凤亡去，帝欲讨之，国忠荐鲜于仲通为蜀郡长史，率兵六万讨之。战泸川，举军没，独仲通挺身免。时国忠兼兵部侍郎，素德仲通，为匿其败，更叙其功。"即南诏讨伐大败，唐明皇却被杨国忠"匿其败"而全然不知。

译文

而且各地设常平仓、惠民仓作为一种济贫的办法，可说是最好的了。它须遵守的条文简单但所惠及的人却很广。假使万户的城邑，只存有千斛的谷物，然而在谷贵之时，有这千斛的谷物投放到市场，就可以平抑物价了。一个城市的物价既已平稳，一国之食又自足，那就没有拿着瓢乞讨的乞丐的弊端，没有里正催逼赋税的烦劳了。如今若变用青苗法，每家贷一斛，那么千户之外，谁能解救他们的饥饿？而且常平官仓的钱，常常忧虑它太少，若全部用来买进粮食，那就没有了借贷的钱；若留作借贷，那所买的粮食又能有多少？这就知道常平、青苗这两种办法的势不两立。破坏常平法而实行青苗法，丧失更多，既亏公家又损害百姓，到那时即使后悔也来不及了。臣私下考虑，陛下想考察青苗法的实施实情，就必须询问人，人们知道陛下正想努力推行，就必定会说青苗法有利无害。以臣的愚见，这恐怕不能作为凭证。那又用什么来证明呢？臣不久前在陕西，看到凤翔府一带掌管拣刺义勇，臣曾亲自巡视，愁怨的百姓哭声传遍四野。可当时奉使回京的人，都说百姓全都很高兴愿意这样做；迎合上级旨意而取得上级好感，自古以来就是这样。如果不是这样，那么秦末山东郡县的农民起义，秦二世为什么察觉不到？南诏讨伐失败，唐明皇为什么不知道？现今虽然没有到那个地步，但也希望陛下能仔细倾听。

昔汉武之世，财力匮竭，用贾人桑弘羊之说，买贱卖贵，谓之均输。[1]于时商贾不行，盗贼滋炽，几至于乱。孝昭既立，学者争排其说[2]，霍光顺民所欲，从而予之，[3]天下归心，遂以无事。不意今者此论复兴。立法之初，其说尚浅，徒言徙贵就贱，用近易远。然而广置官属，多出缗钱，豪商大贾皆疑而不敢动，以为虽不明言贩卖，然既已许之变易。变易既行，而不与商贾争利者，未之闻也。夫商贾之事，曲折难行，其买也先期而予钱，其卖也后期而取直，多方相济，委曲相通，倍称之息，由此而得。今官买是物，必先设官置吏，簿书廪禄为费已厚，非良不售，非贿不行，是以官买之价比民必贵。及其卖也，弊复如前。商贾之利，何缘而得？朝廷不知虑此，乃捐五百万缗以与之！此钱一出，恐不可复。纵使其间薄有所获，而征商之额，所损必多。○均输犹官运之盐也，商税犹各卡之抽厘也。官运多则厘税少，自然之理。**今有人为其主牧牛羊者，不告其主，以一牛而易五羊，一牛之失则隐而不言，五羊之获则指为劳（积）〔绩〕，陛下以为坏常平而言青苗之功，亏商税而取均输之利，何以异此！**○以上论均输。

注释

1 买贱卖贵，谓之均输：指西汉元封元年（前110）桑弘羊为治粟都尉、领大司农时，请置大农部丞数十人，分部主郡国，往县置均输盐铁官，尽笼天下之货物，贵即卖之，贱则买之，以抑天下物不得腾踊，名曰“平准”。这是打击富商大贾势力，增加政府财政收入的重要措施。2 学者争排其说：指汉昭帝时，举贤良文学之士，问以民所疾苦，都说希望罢置盐铁、酒榷、均输等官，毋与天下争利。即到昭帝时，士子们争着排斥桑弘羊那一套新政策。3 霍光顺民所欲，从而予之：指西汉大臣霍光得到汉昭帝的信任，独揽大权，采取轻徭薄赋，与民休息的措施，有助于生产发展。

译文

过去汉武帝时，财力匮乏，就采用商人桑弘羊的主张，贱买贵卖，称之为均输。当时商人做不了买卖，盗贼滋生炽盛，几乎到了大乱的程度。汉昭帝登位，贤良文士竞相排斥桑弘羊的主张，霍光顺应百姓的要求，听从并赞同学者们的建议，天下诚心归附，于是太平无事。没想到今天这种议论又一次兴起。刚开始设立此法，其说法还比较浅显，只说移贵就贱，用近换远，然而广设官属，多用缗钱，富商大贾都疑惑而不敢行动，认为虽没有明说是贩卖，但已允许均输机构改变做法。变法已经施行，而不与商人争利的事情，从来没听说过。经商的事，复杂难做，买必先给钱，卖以后才能取利，多方面互相协助，各种琐碎曲折的关系联结相通，加倍的利息，就是从这里得来的。如今官家买物品，必先设置官吏经办，文书簿册、官吏俸禄，所费已多，而且不是好的东西不买，不行贿不买，因此官买物品的价格，一定比民买物品的价格贵。等到他卖的时候，其弊病又会跟买的时候一样。商人的盈利，是靠什么得来的？朝廷不知道考虑这些，就拿出五百万缗钱给了均输机构。这笔钱一旦拿出去，恐怕就收不回来了。即使从中稍有收益，而征收商人的税额，所受的损失一定很多。现在有一人为他的主人放牧牛羊，不告诉主人，就用一头牛换了别人五只羊，失去一头牛隐瞒不说，却把得到五只羊说成自己的功绩，陛下认为破坏常平法而说青苗法的功绩，亏损商税而取得均输的利益，与用牛换羊有什么不同吗？

陛下天机洞照，圣略如神。此事至明，岂有不晓？必谓已行之事，不欲中变，恐天下以为执德不一，用人不终，是以迟留岁月，庶几万一。臣窃以为过矣。古之英主，无出汉高。郦生谋（挠）〔桡〕楚权，欲复六国，[1]高祖曰："善，趣刻印。"及闻留侯之言[2]，吐哺而骂曰："趣销印[3]。"夫称善未几，继之以骂；刻印销印，有同儿戏，何尝累高祖之知人，适足以明圣人之无我[4]。陛下以为可而行之，知其不可而罢之，至圣至明，无以加此。议者必谓民可与乐成，难与虑始，[5]故劝陛下坚执不顾，期于必行。此乃战国贪功之人，行险徼幸之说。陛下若信而用之，则是徇高论而逆至情，持空名而邀实祸，未及（落）〔乐〕成而怨已起矣。臣之所愿结人心者，此之谓也。○以上言不宜坚执前说。结人心止此。

注释

1 郦生谋桡楚权，欲复六国：据《汉书·张良传》："汉三年，项羽急围汉王于荥阳，汉王忧恐，与郦食其谋桡楚权。郦生曰：'昔汤伐桀，封其后杞；武王诛纣，封其后宋。今秦无道，伐灭六国，无立锥之地。陛下诚复立六国后，此皆争戴陛下德义，愿为臣妾。德义已行，南面称伯，楚必敛衽而朝。'"恢复六国后人的地位，这是郦食其削弱楚国权势的计谋。"桡"字从木，有屈服使之变弱之意，原误作"挠"。2 留侯之言：指张良向汉高祖陈说切不可采纳郦食其"复六国"以弱楚计谋的八条理由，认为如果采用"复六国"之谋，"陛下事去矣"，即与楚相争天下的大事便完了。3 趣销印：指汉王听了张良的话，"辍食吐哺，骂曰：'竖儒，几败乃公事！'令趣销印"(《汉书·张良传》)。即马上把刻好的印销毁。4 无我：意谓不坚持一己之见，凡事从善而行。《关尹子·三极》曰：“圣人师万物，惟圣人同物，所以无我。”5 民可与乐成，难与虑始：语出《史记·商君列传》：“孝公既用卫鞅，鞅欲变法，恐天下议己。卫鞅曰：‘疑行无名，疑事无功……民不可与虑始而可与乐成。’”

译文

陛下天赋的灵性善于洞察，谋略如神。这些事都很明白，怎能有不知道的呢？必定是说已经实行的事，不想中途改变，担心天下人认为陛下固守仁德前后不一，用人不善终，因此拖延时日，希望万一有好的转机。臣私下认为这错了。古代英明的君主，没有高出汉高祖的。谋士郦食其谋划削弱楚王项羽的权力，想恢复六国后人的地位。高祖说：“好！赶快刻六国国王的印玺！”等到听了留侯张良的话，刘邦吐哺而骂道：“赶快销毁印玺！”刘邦说“好”没多久，接着就骂；刻印销印，如同儿戏，这何曾连累高祖的知人善任？恰好说明圣人不坚持一己之见。陛下认为可以就实行，知道它不可行就停止，最圣明莫过于此。倡议实行此法的人必定说百姓只能享受既成之乐，难与考虑开创之始，因此劝陛下坚持不考虑其他，期望一定实行。这是战国时贪图功利的人冒险碰运气的说法。陛下如果信任并任用他们，那就顺从他们的高论而违背最切实的情况，仅有空名而致招来实际祸患，没有等到事业成功，而怨谤就已兴起了。臣所希望凝聚民心的意见，就是这些。

士之进言者为不少矣，亦尝有以国家之所以存亡，历数之所以长短告陛下者乎？夫国家之所以存亡者，在道德之浅深，而不在乎强与弱；历数之所以长短者，在风俗之厚薄，而不在乎富与贫。道德诚深，风俗诚厚，虽贫且弱，不害于长而存；道德诚浅，风俗诚薄，虽强且富，不救于短而亡。人主知此，则知所轻重矣。是以古之贤君，不以弱而忘道德，不以贫而伤风俗，而智者观人之国，亦必以此察之。齐至强也，周公知其后必有篡弑之臣[1]；卫至弱也，季子知其后亡[2]；吴破楚入郢，而陈大夫逢滑知楚之必复[3]；晋武既平吴，何曾知其将乱[4]；隋文既平陈，房乔知其不久[5]。元帝斩郅支，朝呼韩，[6]功多于武、宣[7]矣，偷安而王氏之衅生[8]。宣宗收燕赵、复河湟[9]，力强于宪、武[10]矣，销兵而庞勋之乱起[11]。臣愿陛下务崇道德而厚风俗，不愿陛下急于有功而贪富强。

注释

1 周公知其后必有篡弑之臣：郎本注曰："太公治齐，举贤而尚功。周公曰：'后世必有篡弑之臣。'见《淮南子》并前汉《地理志》。" 2 季子知其后亡：郎本注曰："《左传·襄公二十九年》：吴季札适卫，曰：'卫多君子，未有患也。'"故曰知其后亡。3 陈大夫逢滑知楚之必复：据《左传·哀公元年》，当吴国攻入楚国的时候，陈国大夫逢滑认为楚国爱护国民，是有福之象，而判断"吴未有福，楚未有祸"，楚国必定会复兴。4 何曾知其将乱：何曾，魏晋时大臣，晋武帝时为丞相。《晋书·何曾传》述其子何遵曰："初，曾侍武帝宴，退而告遵等曰：'国家应天受禅，创业垂统。吾每宴见，未尝闻经国远图，惟说平生常事，非贻厥孙谋之兆也。及身而已，后嗣其殆乎！'"即谓从武帝平吴登基后的宴间谈论中，可知其子孙之忧，必遇乱亡。5 房乔知其不久：房乔，即房玄龄，字乔。《新唐书·房玄龄传》："开皇中，天下混一，皆谓隋祚方永，玄龄密白父曰：'上无功德，徒以周近亲，妄诛杀，攘神器有之，不为子孙立长久计……视今虽平，其亡，跬可须也。'"言房玄龄从隋文帝平陈后主得天下后的言行中，已预见隋朝的福祚不久。6 元帝斩郅支，朝呼韩：指西汉建昭三年（前 36）秋，元帝派甘延寿、陈汤发兵攻郅支单于，冬斩其首，传诣京师。元帝竟宁元年（前 33）春正月，匈奴呼韩邪单于来朝。7 武、宣：指汉武帝刘彻、汉宣帝刘询。8 偷安而王氏之衅生：指汉元帝刘奭，优柔寡断，宦官弘恭、石显专权，又重用外戚史氏、许氏，卒基新莽之祸。9 宣宗收燕赵、复河湟：宣宗，指唐宣宗李忱，宪宗子。燕赵为战国时二国，此泛指其所在地，今河北省北部和山西省西部一带。河湟，黄河与湟水的并称，亦指河、湟两水之间的地区。湟水为黄河上游支流，在青海省东部。据《旧唐书·宣宗纪》：大中三年（849）十二月，"初以河、湟收复，百僚请加徽号，帝曰：'河、湟收复，继成先志，朕欲追尊祖宗，以昭功烈。'"
10 宪、武：指唐宪宗李纯（805—820 年，即元和年间在位）、唐武宗李炎（840—846 年，即会昌年间在位）。11 庞勋之乱起：指唐懿宗咸通九年（868）七月，武宁军节度粮料判官庞勋起兵于桂林，至十二月已先后攻陷桂州、宿州、徐州、濠州、和州、滁州。

译文

士人中进言者是不少了，也曾有把国家之所以存亡、存亡时间之所以有长短，告诉陛下的吗？国家之所以存亡的缘由，在道德的深浅，而不在于强与弱；存亡时间之所以有长有短，在于风俗的厚薄，而不在于富与贫。道德确实深，风俗确实纯厚，即使贫穷且弱小，也不会影响国家的长存；道德确实浅，风俗确实浇薄，即使富强，也拯救不了它的短期而亡。帝王知道这些，就知道其轻重所在了。因此古代贤明的君主，不因为国家弱小而不讲道德，不因为国家贫穷而败坏风俗。聪明的人观察别人的国家，也一定用这种标准来考察它。齐国是最强大的，周公预知它后来必有弑君篡权的大臣；卫国是最弱小的，吴季札预知它灭亡在最后；吴国攻破楚国都城郢，而陈国大夫逢滑预知楚国必定会复兴；晋武帝既已平定了吴国，而何曾预知它即将遭遇乱亡；隋文帝既已灭陈，而房乔预知隋朝的福祚不会长久。汉元帝斩杀郅支，使呼韩邪单于来朝见，功勋多于汉武帝、汉宣帝了，然而由于贪图安逸而让宦官、外戚掌权，而滋生了王莽篡国的祸端；唐宣宗收复燕、赵，收复河、湟，力量比唐宪宗、武宗时强大，但罢兵后就有庞勋起兵于桂林的叛乱。臣希望陛下尊崇道德而使风俗纯厚，不希望陛下急功近利而贪图富强。

使陛下富如隋[1]，强如秦，西取灵武[2]，北取燕蓟[3]，谓之有功可也，而国之长短，则不在此。夫国之长短如人之寿夭，人之寿夭在元气，国之长短在风俗。世有尪羸而寿考[4]，亦有盛壮而暴亡。若元气犹存，则尪羸无害，及其已耗，则盛壮而愈危。是以善养生者，慎起居，节饮食，导引关节，吐故纳新。不得已而用药，则择其品之上性之良，可以久服而无害者，则五脏和平而寿命长。不善养生者，薄节慎之功，迟吐纳之效，厌上药而用下品，伐真气而助强阳，根本已空，僵仆无日。天下之势，与此无殊，故臣愿陛下爱惜风俗，如护元气。○以上言培养国脉不在富强。

注释

1 富如隋：据《隋书·食货志》："隋文帝既平江表，天下大同，躬先俭约，以事府帑。开皇十七年，户口滋盛，中外仓库，无不盈积。所有赉给，不逾经费，京司帑屋既充，积于廊庑之下，高祖遂停此年正赋，以赐黎元。"可知隋朝国家之殷富。2 灵武：今灵武市，在宁夏回族自治区中部、黄河东岸，邻接内蒙古自治区。汉置灵州县，故治在今银川市北。隋置灵武郡，唐为灵州。北宋真宗咸平五年（1002）三月陷于西夏李继迁，改西平府。3 燕蓟（jì）：本为中原河北、北京、天津一带，五代时石敬瑭求援于契丹，即位后为后晋，于天福元年（936）割幽、蓟、瀛、莫、涿、檀、顺、新、妫、儒、武、云、应、寰、朔、蔚十六州以与契丹。地在宋之北，故曰"北取燕蓟"。4 尪（wāng）羸而寿考：谓体弱多病却能长寿。

译文

假使陛下富足如隋朝，强大如秦朝，向西攻取灵武，向北攻取燕、蓟，说这有功是可以的，但国家存在时间的长短就不在这里了。国运的长短，好比人的长命与夭折。人的寿命长短在于元气的多少，国运的长短在于风俗的厚薄。世上有体弱多病却能长寿的，也有强壮盛年而突然死亡的。假如元气还存在，那么体弱多病也无害于长寿，等到人的元气耗尽，那么强壮的人反而更危险。因此善于养生的人，慎重起居，节制饮食，疏导关节，吐故纳新。不得已而要用药，就选择上品、性良，可以久服而无害的药，这就使五脏和畅而寿命延长。不善于养生的人，轻视慎起居、节饮食的功效，轻视吐故纳新的功效，厌弃上品药物而服用下品药物，削弱真气而助长虚火，导致身体的根本已空虚，离僵硬倒下的日子就不远了。天下的情势，与这没有什么区别，所以臣希望陛下爱惜风俗，如同保护自己的元气。

古之圣人，非不知深刻之法可以齐众，勇悍之夫可以集事，忠厚近于迂阔，老成初若迟钝。然终不肯以彼而易此者，知其所得小而所丧大也。曹参[1]，贤相也，曰："慎无扰狱市[2]。"黄霸[3]，循吏也，曰："治道去泰甚[4]。"或讥谢安[5]以清谈废事，安笑曰："秦用法吏，二世而亡。[6]"刘晏[7]为度支，专用果锐少年，务在急速集事，好利之党，相师成风。德宗[8]初继位，擢崔祐甫[9]为相，祐甫以道德宽大，推广上意，故建中之政，其声翕然，天下想望，庶几（正）〔贞〕观。及卢杞[10]为相，讽上以刑名整齐天下，驯致浇薄，以及播迁[11]。

注释

1 曹参：汉初大臣。字敬伯。秦末从刘邦起义，屡立战功。汉朝建立，封平阳侯，任齐相九年，清静无为，与民休息。孝惠帝二年（前193），丞相萧何卒，参继为汉相国，"举事无所变更，一遵萧何约束"，有"萧规曹随"之称。2 慎无扰狱市：据《史记·曹相国世家》，曹参离开齐国去任相国时，嘱其后相曰："以齐狱市为寄，慎勿扰也。"即曹参认为"狱市"是治理齐地最重要的地方，监狱与集市并在，善恶并容，如果扰乱了，奸人无处藏身，必为乱，不如省事一点，无为而治。3 黄霸：西汉大臣。宣帝时，任扬州刺史、颍川太守，为政外宽内明，力劝耕桑，推行教化，治为当时第一。4 治道去泰甚：据《汉书·循吏传·黄霸》："霸力行教化而后诛罚，务在成就全安长吏。"即对地方官的更易要慎重，数易长官不仅加重人民负担，且"所易新吏又未必贤，或不如其故，徒相益为乱。凡治道，去其泰甚者耳"。泰甚，即太甚，过分严厉。5 谢安：东晋阳夏（今河南太康）人，字安石。年四十余始出仕，孝武帝时，位至宰相。6 秦用法吏，二世而亡：语出《晋书·谢安传》："尝与王羲之登冶城，悠然遐想，有高世之志。羲之谓曰：'……今四郊多垒，宜思自效，而虚谈废务，浮文妨要，恐非当今所宜。'安曰：'秦任商鞅，二世而亡，岂清言致患邪？'" 7 刘晏：唐理财家。字士安，曹州南华人（今山东菏泽西北）。肃宗时为户部侍郎，充度支、铸钱、盐铁等使。代宗广德元年（763）任吏部尚书、同平章事。不久罢相，仍领度支、盐铁、转运、租庸使及东都、河南、江淮、山南等道转运租庸盐铁使等职。理财达二十年。《新唐书·刘晏传》："时经费不充，停天下摄官，独租庸得补署，积数百人，皆新进锐敏，尽当时之选，趣督倚办，故能成功。" 8 德宗：即唐德宗李适，代宗子。在位期间用杨炎议，改租庸调为两税法。力图裁抑藩镇割据势力，加强中央集权，但用兵无成效。且因征收间架税、除陌钱以筹措军费，民间骚然。9 崔祐甫：字贻孙，京兆长安（今陕西西安）人。唐德宗时任宰相。他选官任人唯贤，不到一年任命近八百人。苏轼在《省试策问》中评论曰："昔常衮当国，虽尽公守法，而贤愚同滞，天下讥之。及崔贻孙相，不及一年，除吏八百，多其亲旧，号称得人。故建中之政，几同贞观。"《新唐书·崔祐甫传》云："时议者韪其谟谋，谓可复贞观、开元之治。" 10 卢杞：字子良，唐滑州灵昌（今河南滑县西南）人。建中初由御史中丞迁宰相，陷害杨炎、颜真卿，排斥宰相张镒等。藩镇叛乱，他以筹军资为名搜刮财货，长安为之罢市。继又征收间架、除陌等税，民间怨声载道。《新唐书》入奸臣传，云："始，帝（德宗）即位，以崔祐甫为相，专以道德导主意，故建中初纲纪张设，赫然有贞观风。及杞相，乃讽帝以刑名绳天下，乱败踵及。其阴害矫谲，虽国屯主辱，犹謷然肆为之。" 11 播迁：指唐德宗任用卢杞为相后，政局转坏，于建中四年（783）爆发"泾原兵变"，皇帝李适出逃奉天。

译文

古代的圣人不是不知道严刑峻法能使民众齐心一致，勇悍的人能成就事业，忠厚的人近于不切实际，老成的人初看好像迟钝。然而始终不肯用那严刑峻法和勇悍的人来代替这忠厚、老成的人，是因为知道那样会得益小而损失大。曹参是贤明的丞相，他说："一定要谨慎小心，不要扰乱监狱和集市贸易。"黄霸是奉职守法的好官，他说："治理的方法要去除过分严厉。"有人讥讽谢安因清谈废事，谢安笑着说："秦用商鞅，二世而亡。"刘晏为度支官，专门任用果敢有才的年轻人，目的在于迅速办成事情，喜好言利之徒互相效法成为风气。唐德宗刚即位，提拔崔祐甫为宰相，祐甫用道德宽仁来推行皇上的旨意，所以建中年间的政治，一致称颂，是天下人所期望的，几乎接近贞观盛世。等到卢杞做了宰相，劝皇上用申不害的刑名之学治理天下，逐渐使人心浇薄，以致有建中四年的"泾原兵变"，德宗出逃。

我仁祖之御天下也，持法至宽，用人有叙[1]，专务掩覆过失，未尝轻改旧章，然考其成功，则曰未至。以言乎用兵，则十出而九败，以言其府库，则仅足而有余。徒以德泽在人，风俗知义，是以升遐之日，天下如丧考妣。社稷长远，终必赖之，则仁祖可谓知本矣。今议者不察，徒见其末年吏多因循，事不振举，乃欲矫之以苛察，齐之以智能，招来新进勇锐之人，以图一切速成之效。未享其利，浇风已成。且（天）〔大〕时不齐[2]，人谁无过？国君含垢[3]，至察无徒[4]。若陛下多方包容，则人材取次可用。必欲广置耳目，务求瑕疵，则人不自安，各图苟免，恐非朝廷之福，亦岂陛下所愿哉！汉文[5]欲用虎圈啬夫，释之以为利口伤俗[6]。今若以口舌捷给而取士，以应对迟钝而退人，以虚诞无实为能文，以矫激不仕为有德，则先王之泽，遂将散微。○以上言用人宜求老成忠厚，不取新锐刻深。

注释

1 用人有叙：指使用人才讲究次序。苏轼的祖父名苏序，为避家讳，东坡行文改“序”为“叙”。2 大时不齐：谓天时变化不同，不可能齐一而论。语出《礼记·学记》：“君子曰：‘大德不官，大道不器，大信不约，大时不齐。’察于此四者，可以有志于本矣。”原误作“天时不齐”，今据《礼记》改。3 国君含垢：语出《左传·宣公十五年》：“宋人使乐婴齐告急于晋。晋侯欲救之，伯宗曰：‘不可。古人有言曰：虽鞭之长，不及马腹。天方授楚，未可与争。虽晋之强，能违天乎？谚曰：高下在心。川泽纳污，山薮藏疾，瑾瑜匿瑕，国君含垢，天之道也。君其待之。’乃止。”谓国君亦当忍受耻辱，以国家长远利益为重，不可以小不忍而乱大谋。4 至察无徒：语出《大戴礼记·子张问入官》：“故水至清则无鱼，人至察则无徒。”意谓人太精明，过分苛求，就会没有同伴。5 汉文：指汉文帝刘恒，公元前180—前157年在位。6 释之以为利口伤俗：典出《汉书·张释之传》：“从行，上登虎圈，问上林尉禽兽簿，十余问，尉左右视，尽不能对。虎圈啬夫从旁代尉对上所问禽兽簿甚悉……诏释之拜啬夫为上林令。”释之以为不可，遂以绛侯周勃、东阳侯张相如打比方，说“此两人言事曾不能出口，岂效此啬夫喋喋利口捷给哉”，“今陛下以啬夫口辩而超迁之，臣恐天下随风靡，争口辩，亡其实”，于是止而不拜啬夫。

译文

我仁宗皇帝治理天下，执行法令最宽，用人有序，专力谋求掩盖人臣的过失，没有轻易改革旧的典章制度，然而考察他所成就的功绩，可以说未能达到。要说他的用兵打仗，是十次有九次失败；说他那时的府库，是仅仅够用而有点结余。他只是以德泽予人民，风俗知礼义，因此他去世的时候，天下人如同死丧父母一样悲痛。国家长远，终究要依赖他，可以说仁宗是知道根本所在的。如今议论国政的人看不到这些，只看到仁宗末年官吏多半因循守旧，办事不奋起行动，于是想用苛察之法来纠正作风，用智能来齐整人心，招来一些新提拔的勇悍之人，以图达到一切速成的效果。还没有享受到这一做法带来的好处，而浇薄的风气就已形成。况且天时变化不同，不可能齐一而论，作为一个人，谁能没有过错呀？国君也要能忍垢耻，器量宏大，过于苛察严厉就没有了追随者。假若陛下有多方包容之心，那么人才任意使用。一定要多置耳目，吹毛求疵，那就会使人心不安宁，每个人都只想着怎么苟且偷安以免处分。这恐怕不是朝廷之福，又难道是陛下所希望的吗？汉文帝想用虎圈的啬夫为上林尉，张释之认为若因喋喋利口、能说会道就做官，那会有伤风俗。当今如果凭能说会道取士，因为应答迟钝而辞退人，把虚诞没有根据的论说当作有文采，把奇异偏激不去做官当作有德行，那么先王的德泽，便将散失殆尽。

自古用人必须历试，虽有卓异之器，必有已成之功。一则使其更变而知难，事不轻作；一则待其功高而望重，人自无辞。昔先主以黄忠为后将军[1]，而诸葛亮忧其不可，以为忠之名望，素非关、张之伦[2]，若班爵遽同，则必不悦，其后关羽果以为言[3]。以黄忠豪勇之姿，以先主君臣之契，尚复虑此，而况其他。世尝谓汉文不用贾生[4]，以为深恨。臣尝推究其旨，窃谓不然。贾生固天下之奇才，所言亦一时之良策，然请为属国，欲系单于，[5]则是处士之大言，少年之锐气。昔高祖以三十万众困于平城[6]，当时将相群臣，岂无贾生之比？三表五饵，人知其疏，[7]而欲以困中行说[8]，尤不可信。兵，凶器也，而易言之，正如赵括之轻秦[9]，李信之易楚[10]。若文帝亟用其说，则天下殆将不安。使贾生尝历艰难，亦必自悔其说。用之晚岁，其术必精。不幸丧亡，非意所及。不然，文帝岂弃才之主？绛、灌岂蔽贤之士[11]？

注释

1 昔先主以黄忠为后将军：指建安二十四年（219），黄忠于汉中定军山击败夏侯渊，迁征西将军后，刘备为汉中王，“欲用忠为后将军”（《三国志·黄忠传》）。2 素非关、张之伦：据《三国志·黄忠传》：“诸葛亮说先主曰：‘忠之名望，素非关、马之伦也，而今便令同列。马、张在近，亲见其功，尚可喻指，关遥闻之，恐必不悦，得无不可乎！’”则当改为“素非关、马之伦”，关指关羽，马指马超，张指张飞。3 关羽果以为言：据《三国志·费诗传》：“先主为汉中王，遣诗拜关羽为前将军。羽闻黄忠为后将军，羽怒曰：‘大丈夫终不与老兵同列！’不肯受拜。”4 汉文不用贾生：据《汉书·贾谊传》，当指贾谊由博士迁太中大夫后，好议国家大事，为大臣周勃、灌婴等排挤，贬为长沙王太傅，而未能用为公卿。5 请为属国，欲系单于：《汉书·贾谊传》：“是时，匈奴强侵边。天下初定，制度疏阔，诸侯王僭拟，地过古制，淮南、济北王皆为逆，诛。谊数上疏陈政事，多所欲匡建。”疏中有：“臣窃料匈奴之众不过汉一大县，以天下之大困于一县之众，甚为执事者羞之。陛下何不试以臣为属国之官以主匈奴？行臣之计，请必系单于之颈而制其命，伏中行说而笞其背，举匈奴之众唯上之令。”6 高祖以三十万众困于平城：据《汉书·高帝纪》：“七年冬十月，上自将击韩王信……遂至平城，为匈奴所围七日。”又《季布传》季布曰：“樊哙可斩也。夫以高帝兵三十余万，困于平城，哙时亦在其中。今哙奈何以十万众横行匈奴中，面谩！”7 三表五饵，人知其疏：语出《汉书·贾谊传》班固赞曰：“及欲试属国，施五饵三表以系单于，其术固以疏矣。”三表五饵是贾谊陈献的防御匈奴的办法，即以立信义、爱人之状、好人之技为“三表”，以赐之盛服车乘、盛食珍味、音乐妇人、高堂邃宇府库奴婢、亲近安抚为“五饵”。8 中行说：据《汉书·贾谊传》“伏中行说而笞其背”颜师古注：“中行，姓也。说，名也。行音胡刚反。说读曰悦。”中行说是西汉文帝时的宫廷太监，后因汉文帝强迫他陪送公主到匈奴和亲，而对汉王怀恨在心，投靠匈奴，成为匈奴单于的谋主。9 赵括之轻秦：指战国时赵国将领赵括因轻敌而遭秦军大败。事见《史记·廉颇蔺相如列传》：“赵括既代廉颇，悉更约束，易置军吏。秦将白起闻之，纵奇兵，佯败走，而绝其粮道，分断其军为二，士卒离心。四十余日，军饿，赵括出锐卒自搏战，秦军射杀赵括。括军败，数十万之众遂降秦，秦悉坑之。”10 李信之易楚：指秦将李信将进攻荆楚当作轻而易举的事。事见《史记·王翦传》。11 绛、灌岂蔽贤之士：绛，绛侯周勃；灌，颍阴侯灌婴。据《汉书·贾谊传》：“天子议以谊任公卿之位，绛、灌、东阳侯、冯敬之属尽害之，乃毁谊。”

译文

自古用人，都必须经历多种考试，虽有出众的才能本领，也必须有已成就的功劳。一是使他经历变革知道世事艰难，不轻易兴事作为；一是等到他功高望重再提拔，人们自然没有异议。过去先主刘备让黄忠做后将军，诸葛亮担忧这不合适，认为黄忠的名望，一向比不上关羽、张飞之辈，如果官阶突然和关张相同，那么他们必定不高兴，随后关羽果然有“大丈夫终不与老兵同列”之言以示不满。凭黄忠豪勇的英姿，以刘备君臣的默契，尚且考虑这些，何况其他人呢？也有人曾说汉文帝不重用贾谊，是深以为遗憾的事。臣曾探究其意旨，私下认为不是这样。贾谊固然是天下奇才，所论说的也是一时的良策，然而他请求以属国之官主匈奴，想以此制服匈奴的单于，则是未做过官的人的大话，年轻人的锐气。过去汉高祖率三十万军队，还被匈奴围困在平城，当时的将相群臣，难道没有比得上贾生的吗？用立信义、爱人之状和好人之技为“三表”感化匈奴，用盛服车乘、盛食珍味、音乐妇人等五种诱饵来诱惑匈奴，人们都知道贾生之术本来就疏陋，而想用此来降伏汉奸中行说，就更加不可信。用兵，是件凶险的事情，是凶器，贾谊轻率地谈论它，正像赵括轻视秦国，李信认为楚国容易打败一样。假若文帝急迫地采用了贾谊的论说，那么天下恐怕就不安宁了。假使贾谊曾经历艰苦的磨炼，也必定会悔恨自己的那些言论。若等贾谊晚年再委以重任，他的治国之术必定很精。不幸他英年去世，出乎意料之外。若不是这样，汉文帝难道是不用贤才的君主？周勃、灌婴难道是埋没贤才的人？

至于晁错，尤号刻薄[1]**，文帝之世止于太子家令**[2]**，而景帝既立，以为御史大夫**[3]**，申屠〔嘉〕贤相发愤而死**[4]**。更法改令，天下骚然。及至七国发难**[5]**，而错之术亦穷矣。文、景优劣，于此可见。大抵名器爵禄，人所奔趋，必使积劳而后迁，以明持久而难得，则人各安其分，不敢躁求。今若多开骤进之门，使有意外之得**[6]**，公卿侍从，跬步可图，其得者既不〔肯〕**[7]**以徼幸自名，则不得者必皆以沉沦为恨。使天下常调**[8]**，○循资按格者谓之常调官。**举生妄心，耻不若人，何所不至？欲望风俗之厚，岂可得哉！**

注释

1 尤号刻薄：据《汉书·晁错传》，晁错从张恢学申不害、商鞅刑名之学，“为人峭直刻深”。2 太子家令：东宫官属名。《汉书·吴王濞传》：“朝错为太子家令，得幸皇太子，数从容言吴过可削。数上书说之，文帝宽，不忍罚，以此吴王日益横。”3 御史大夫：汉三公之一，掌纠察百僚，谓之风宪之官。《汉书·晁错传》：“迁为御史大夫，请诸侯之罪过，削其支郡。奏上，上令公卿列侯、宗室杂议，莫敢难，独窦婴争之，由此与错有隙。错所更令三十章，诸侯讙哗。”4 申屠嘉贤相发愤而死：《汉书·晁错传》：“景帝即位，以错为内史。错数请间言事，辄听，幸倾九卿，法令多所更定。丞相申屠嘉心弗便，力未有以伤。内史府居太上庙堧中，门东出，不便，错乃穿门南出，凿庙堧垣。丞相大怒，欲因此过为奏，请诛错。”后因皇上不准，丞相遂发病而死。5 七国发难：指景帝三年正月，吴王濞、胶西王昂、楚王戊、赵王遂、济南王辟光、淄川王贤、胶东王雄渠，以晁错削地之故举兵反。6 意外之得：指王安石行新法时，对迎合自己心意的人皆力荐给神宗，骤加迁擢。如李定，因言青苗法“民便之，无不喜者”而立荐于朝，竟当上了太子中允、监察御史里行。7 肯：郎本《苏轼文集》不缺，岳麓书社版《曾国藩全集》据《宋文鉴》补。8 常调：按照常规迁选官吏。

译文

至于说到晁错，为人尤称刻薄。汉文帝在位时，他只做到太子家令，而景帝登位，他才被任命为御史大夫。丞相申屠嘉可说是贤相，因反对晁错所为却无法阻止，竟气愤而死。晁错更改法令，天下骚动。等到造成七个诸侯国举兵作乱，而此时晁错的策略也就穷尽了。文、景二帝的优劣，由此可见。大凡钟鼎等贵重宝器和爵位俸禄，都是人们所追求的，一定要积累功劳后才能升迁，以表明升迁之时间长而难得，那么人们就会各安其职分，不敢急躁求进。当今如果大开迅速晋升之门，使人有意外得到提拔的机会，三公九卿和亲近皇帝的侍从，举足可图，得到提拔的人既不肯以侥幸自称，那么得不到提拔的人也必定会以埋没难升为恨事。使天下按常规迁选的官吏，全都产生越级妄进之心，还以不如别人为耻，什么手段使不出来呢？那样的话，想让风俗纯厚，又哪里能做得到呢？

选人之改京官，常须十年以上。[1] 荐更险阻，计析毫厘，[2] 其间一事聱牙[3]，常致终身沦弃。今乃以一（人）〔言〕之荐举而予之，犹恐未称，章服随至。使积劳久、次而得者，何以厌服哉？夫常调之人，非守则令，员多阙少，久已患之，不可复开多门，以待巧进。若巧者侵夺已甚，则拙者迫怵无聊，利害相形，不得不察。故近来朴拙之人愈少，而巧进之士益多，惟陛下重之惜之，哀之救之。如近日三司献言，使天下郡选一人，催驱三司文字，许之先次指射[4]，以酬其劳，则数年之后，审官吏部，又有三百余人得先占阙，常调待次，不其愈难！此外勾当发运均输[5]，按行农田水利[6]，已（据）〔振〕监司[7]之体，各怀进用之心，转对[8]者望以称旨而骤迁，奏课[9]者求为优等而速化，相胜以力，相高以言，而名实乱矣。惟陛下以简易为法，以清（静）〔净〕为心，使奸无所缘，而民德归厚。臣之所愿厚风俗者，此之谓也。○以上言不宜躐等用人，不贵骤迁速化。厚风俗止此。

注释

1 选人之改京官，常须十年以上：选人，指候补、备选之官员。宋代地方官员三年一任，按七阶选人须三任六考，三任为九年，中间需奏荐及功赏，乃得升改，故苏轼曰“选人之改京官，常须十年以上”。2 荐更险阻，计析毫厘：指每次推荐时的考核都可能受险遇阻，要逐项查检，细致入微。3 聱（áo）牙：指与考核的条文有所违背、抵触。4 指射：宋制，某些在选官员可以自行选定任官地点，称为“指射”。《宋史·选举志五》：“川峡、闽、广，阻远险恶，中州之人，多不愿仕其地……始立八路定差之制，许中州及土著在选者随意就差，名曰‘指射’。”5 均输：宋代熙宁新法之一。《宋史·王安石传》：“均输法者，以发运之职改为均输，假以钱货，凡上供之物，皆得徙贵就贱，用近易远，预知在京仓库所当办者，得以便宜蓄买。”6 农田水利：熙宁新法之一。是一种丈量土地，验地分等以定税额的新法。此法令又规定各地兴修水利工程，用工的材料由当地居民照每户等高下分派。凡民力难以兴修的，其不足部分可向政府贷款，取息一分；若一州一县不能胜任的，可联合若干州县共同负责兴修。7 监司：监察、州县的地方长官简称。宋代转运使和提点刑狱、提举常平等有监察一路官吏之责，故或称监司。8 转对：宋代朝臣每隔数日，轮流上殿指陈时政得失，谓之转对。9 奏课：把对官吏的考绩上报朝廷。

译文

候选、备选的官员改任京官，常需十年以上的时间。每次推荐时的考核都可能受险遇阻，要逐项查检，细致入微，其间有一项与考核的条文相抵触或不合，就常造成终生沉沦无望。如今凭一句话的推荐而授予官职，还担心那人不满意，官服随之送到。这让那些积累功劳很久、按次序等候而得来官职的官员，凭什么心服呢？按常规选迁的人，不是郡守就是县令，官员多而缺位少，以此为患已经很久了，不能再开多种晋职的门径，以让人钻营巧进。假若善于钻营巧进的人多了，那么不善于投机的人进职就更加窘迫恐惧，毫无指望，如此利害相比较，不能不考虑。所以近来质朴率真的人愈来愈少，而钻营巧进之士越来越多，希望陛下重视珍惜那些质朴率真的人，哀怜拯救他们。如近来三司建议，使天下每郡选取一人，强令落实三司文件，允许在选官员自行选定任官地点（阻远险恶的地区），来酬报其辛劳，那么数年之后，吏部审官又多出三百多人。而且他们先占缺位，按常规迁选的官员又只能等待，这事不是更加难办了吗？此外办理发运、均输的官员，巡视实行农田水利法的官员，已发放兼有监察官员的职权，各自都怀有晋升使用的愿望，蒙天子召对上殿指陈时政得失的官员，更希望能符合皇上旨意而得到突然的提拔，被考核上报成绩的人，则希求评为优等而很快改任升迁，大家都在以权力争胜负，以言论争高低，则名与实就混乱了。因此只希望陛下能简易为法，以清净为心，使奸邪无所缘求，而使民众的品德归于纯厚。臣所希望的纯厚风俗，说的就是这些。

古者建国，使内外相制，轻重相权。如周如唐，则外重而内轻；[1]如秦如魏，则外轻而内重。[2]内重之蔽，必有奸臣指鹿之患[3]；外重之蔽，必有大国问鼎之忧[4]。圣人方盛而虑衰，常先立法以救蔽。〔我〕国家租赋（总）〔籍〕于计省，重兵聚于京师，以古揆今，则似内重。恭惟祖宗所以预图而深计，固非小臣所能臆度而周知，然观其委任台谏之一端，则是圣人过防之至计。历观秦汉以及五代，谏争而死，盖数百人；而自建隆[5]以来，未尝罪一言者，纵有薄责，旋即超升，许以风闻[6]，而无官长。○无官长犹云无上司也，今都察院之总宪、副宪，虽称台长，亦非堂官之体。**风采所系，不问尊卑，言及乘舆则天子改容，事关廊庙则宰相待罪。故仁宗之世，议者讥宰相但奉行台谏风旨而已。圣人深意，流俗岂知?（擢用）台谏固未必皆贤，所言亦未必皆是，然须养其锐气〔而〕借之重权者，岂徒然哉！将以折奸臣之萌而救内重之弊也。**

注释

1 如周如唐，则外重而内轻：指晚周诸侯纷争，唐末藩镇割据，外部诸侯势力强于中央。
2 如秦如魏，则外轻而内重：指秦代罢去分封制的诸侯，改行郡县制的郡守；曹魏时对宗室诸侯王进行压制，虚封土地，使邦国之政，权均匹夫，势同凡庶，以加强中央集权，削弱官员权力，故谓之外轻内重。3 奸臣指鹿之患：谓秦二世时，丞相赵高指鹿为马，有意颠倒黑白，以加强自己的权势。4 大国问鼎之忧：指《左传·宣公三年》中发生的“楚子问鼎之大小轻重”的事。禹铸九鼎，三代视之为国宝。楚王问鼎，有取而代周，图谋王位之意。5 建隆：指宋太祖即位，改周显德七年（960）为建隆元年。6 许以风闻：风闻，传闻。此句意谓古代御史等任监察职务的官员可以根据传闻进谏或弹劾官吏。《通典》云：“御史台不受诉讼，有通词状者，立于台门候御史，御史竟往门外收采。如可弹者，略其姓名，皆云‘风闻’‘访知’。”

译文

古代建国，使中央和地方互相制约，权势轻重相对平衡。像周朝、唐朝，就是地方割据权重而中央权轻；像秦朝与曹魏时期，就是地方权轻而中央权重。

中央权重的弊病是必有奸臣指鹿为马的祸患，地方权重的弊病是必有大国问鼎的担忧。圣人在强盛时就考虑到衰败，常常先立法来拯救弊病。我们国家赋税归于三司，精锐部队驻扎在京师，从古看今，就好像是中央权重。只是太祖太宗预图深谋的，固然不是小臣所能主观猜测而完全知道的，然而看他们委任台谏一事，则是圣人防止过错出现的最好策略。纵观秦、汉、五代，为谏议而死的大约有数百人；而从太祖建隆年间以来，却没治罪一个进言的人，即使有轻微的责罚，也很快就予以免除，允许他们根据传闻进谏或弹劾官吏，不必考虑上级官长的权势。广泛搜集传闻相关的，不论尊卑，讲到皇上的事，皇上也会改变容态认真听取；事关朝廷的，则宰相也要等待处分。所以仁宗时代，议论的人讥讽宰相，只是奉行皇帝赋予的台谏之职罢了。圣人的深远意图，哪里是世俗之辈所能知道的？台谏固然未必都是贤人，他们所谏议的也不一定都对，然而必须培养他们的锐气，且给他们重权，哪里是没有用处的呢？将用他们挫折奸臣的萌生并拯救中央权重的弊病。

夫奸臣之始，以台谏折之而有余；及其既成，以干戈取之而不足。今法令严密，朝廷清明，所谓奸臣，万无此理。然养猫以去鼠，不可以无鼠而养不捕之猫！畜狗以防奸，不可以无奸而畜不吠之狗。[1]陛下得不上念祖宗设此官之意，下为子孙立万世之防？朝廷纪纲，孰大于此！臣自幼小所记，及闻长老之谈，皆谓台谏所言，常随天下公议。公议所与，台谏亦与之；公议所击，台谏亦击之。及至英庙之初，始建称亲之议[2]，本非人主大过，亦无典礼明文。徒以众心未安，公议未允，当时台谏以死争之。今者物论沸腾，怨讟交至，公议所在，亦可知矣。而相顾不发，中外失望。夫弹劾积威之后，虽庸人亦可以奋扬；风采消委之余，虽豪杰有不能振起。臣恐自兹以往，习惯成风，尽为执政私人[3]，以致人主孤立，纪纲一废，何事不生？〇以上言介甫之威，足以胁制台谏，使不敢言。“执政私人”等句，亦有倾轧之意。

注释

1 畜狗以防奸，不可以无奸而畜不吠之狗：据《能改斋漫录》卷八，谓东坡比喻，盖取《北齐书·宋游道传》杨遵彦曰：“譬之畜狗，本取其吠，今以数吠杀之，恐将来无复吠狗。” 2 称亲之议：指宋英宗初即位时，为追赠宗室尊属而引起的一场争议，御史吕诲与范纯仁、傅尧俞、吕大防等皆上疏论列执政之非。3 尽为执政私人：谓一时执政者，都是一些与王安石亲近之人。郎注据《温公（司马光）日记》云："谢景温素附介甫，与介甫弟安国为姻家，故介甫用为知杂御史，仍更不置中丞及谏官，恐其异己故也。"

译文

奸臣刚出现，用台谏挫败他绰绰有余；等到他已成气候，则用武力战胜他也不够。如今法令严密，朝廷清明，所说的奸臣当道，绝对没有这个道理！然而养猫用于消灭老鼠，不能因为没有老鼠就养不捕老鼠的猫；养狗用于提防奸盗，不能因为没有奸盗就养不叫的狗。陛下能不上念祖宗设此官的深意，下为子孙立万代的防范吗？有什么比朝廷纪纲更大的事呢！臣自幼所记，以及后来听长者所谈，都说台谏所说的，常跟随天下公议。公议所赞扬的，台谏也赞扬；公议所抨击的，台谏也抨击。等到英宗初年，开始为追赠皇室尊属而引起争议，这本来不是帝王的大过，也没有典礼明文规定不可以，只是因为民心未安，公议不允许，当时的御史台谏冒死上疏反对。如今舆论沸腾，怨恨责骂交相而来，公议所在，也就可知了。而台谏相互观望不去进谏，使天下失望。弹劾形成威势之后，即使平庸的人也能奋起扬威；搜集的传闻消失之余，即使是豪杰也不能奋起。臣担心从此以后，这种习惯成为风气，大家都成了执政者的心腹，以致皇上孤立，纪纲制度废弃，那什么事情不会发生呢？

孔子曰："鄙夫可与事君也欤哉？其未得之也，患得之；既得之，患失之。苟患失之，无所不至矣。"[1] 臣始读此书，疑其大过，以为鄙夫之患失，不过备位而苟容。及观李斯忧蒙恬之夺其权[2]，则立二世以亡秦；卢杞忧怀光之数其恶[3]，则误德宗以再乱。其心本生于患失，而其祸乃至于丧邦。孔子之言，良不为过。是以知为国者，平居必常有忘躯犯颜之士，则临难庶几有徇义守死之臣。(苟)〔若〕平居尚不能一言，则临难何以责其死节？人臣苟皆如此，天下亦曰殆哉。君子和而不同，小人同而不和。[4] 和如和羹，同如济水[5]。故孙宝有言："周公上圣，召公大贤，犹不相悦，著于经典，两不相损。"[6] 晋之王导[7]，可谓元臣，每与客言，举座称善，而王述不悦，以为人非尧舜，安得每事尽善，导亦敛衽谢之[8]。若使言无不同，意无不合，更唱迭和，何者非贤？万一有小人居其间，则人主何缘得以知觉！臣之所谓愿存纪纲者，此之谓也。○以上存纪纲。存纪纲一节事实太少，议论亦浅，与前二条殊不相称，不足平列为三。

注释

1“孔子曰”句：见《论语·阳货》，言凡鄙之人不可与之事君，其患得患失，窃位偷安，无所不为。2李斯忧蒙恬之夺其权：据《史记·李斯列传》，秦始皇东游至沙丘而崩，赵高乃劝说李斯杀始皇长子扶苏而立少子胡亥。李斯曰：“安得亡国之言！此非人臣所当议也！”但赵高却以李斯“此五者皆不及蒙恬”的理由挑拨离间，说扶苏即位，“必用蒙恬为丞相，君侯终不怀通侯之印归于乡里，明矣”，而使李斯忧蒙恬之夺其位，遂听赵高，赐扶苏死，立胡亥为二世皇帝，竟以亡秦。3卢杞忧怀光之数其恶：据《新唐书·叛臣上·李怀光传》：“怀光为人疏而愎，诵言：‘宰相谋议乖刺，度支赋敛重，京兆尹刻薄军食，天下之乱皆由此。吾见上，且请诛之。’”宰相卢杞闻怀之之数其恶，即劝德宗“一举灭贼”。后李怀光阴连朱泚，发兵反唐，德宗自奉天逃至梁州。4君子和而不同，小人同而不和：语见《论语·子路》，何晏《论语集解》曰：“君子心和，然其所见各异，故曰不同。小人所嗜好者同，然各争利，故曰不和。”5和如和羹，同如济水：语出《左传·昭公二十年》，是晏子对齐侯，用一个比方论“和”与“同”之异。“公曰：‘和与同异乎？’对曰：‘异。和如羹焉，水火醯醢盐梅以烹鱼肉，燀之以薪。宰夫和之，齐之以味，济其不及，以泄其过。君臣亦然。’……若以水济水，谁能食之？”孔颖达疏：“齐之者，使酸咸适中。济益其味不足者，泄减其味大过者。”6“周公上圣”五句：语出《汉书·孙宝传》：“平帝立，宝为大司农。会越嶲郡上黄龙游江中，太师孔光、大司徒马宫等咸称莽功德比周公，宜告祠宗庙。宝曰：‘周公上圣，召公大贤。尚犹有不相说，著于经典，两不相损。今风雨未时，百姓不足，每有一事，群臣同声，得无非其美者。’时大臣皆失色。”7王导：东晋大臣。司马睿称帝（元帝）时，他任丞相，其堂兄王敦握重兵，镇长江上游，时称“王与马，共天下”。历仕元、明、成三帝，领导南迁士族，联合江南士族，稳定了东晋初期在南方的统治。8导亦敛衽（rèn）谢之：《晋书·王述传》：“述字怀祖……司徒王导以门地辟为中兵属……尝见导，每发言，一坐莫不赞美，述正色曰：‘人非尧舜，何得每事尽善！’导改容谢之。”

译文

孔子说：“难道能跟鄙夫共同侍奉君主吗？当他没有得到职位的时候，生怕得不到；已经得到了，又怕失去。假如生怕失去，就什么事都做得出来了。”臣最初读这段话，怀疑孔子说得太过分了，认为鄙夫的患得患失，不过充数而求苟且取容于世。等读到李斯因担忧蒙恬夺他的权势，就拥立秦二世而导致秦朝灭亡；卢杞忧虑李怀光在唐德宗面前数说他的罪恶，就劝德宗灭怀光而再次引起战乱。他们的心思本来出自对失去权势的忧虑，而带来的祸害竟至于亡国。看来孔子的话，的确不为过分。从这里我们知道了，治理国家的人中，平时必须常有不顾生命敢于冒犯君主威严的诤谏之士，那么到危难时才有舍生取义坚持到死而不改变的忠臣。假若平常尚且不能允许进一言，那么到危难时用什么来要求他们守节而死呢？人臣假如都这样，天下可说已很危险啦！君子追求和谐，却不肯盲从；小人只会盲从，却不能真正和谐相处。“和”就像用五味调制肉菜羹食，“同”就像在肉菜中直接加水。所以孙宝说：“周公是大圣人，召公是大贤人，还有互不相悦之时，记载于经典中，但对他们两位都没有损害。”东晋的王导，可以说是元老大臣，每次与客人谈话，在座的人都说好，但王述不高兴，他认为人不能都是尧舜，哪里会每件事都好？王导听后，整理衣襟恭敬地向他表示感谢。如果议论没有不同的，意见没有不合的，大家交相唱和称赞、随声附和，那还有什么人不是贤者呢？万一有小人在其中，那么君主靠什么才能知晓、觉察呢？臣所说的希望存纪纲，就是说的这些。

臣非敢历诋新政，苟为异论。如近日裁减皇族恩例[1]，刊定任子条式[2]，修完器械，阅习鼓旗，皆陛下神算之至明，乾刚之必断。物议既允，臣敢有辞？然至于所献三言，则〔非〕[3]臣之私见，中外所病，其谁不知？昔禹戒舜曰：“无若丹朱傲，惟慢游是好。”[4]舜岂有是哉！周公戒成王曰：“无若殷王受之迷乱，酗于酒德哉！”[5]成王岂有是哉？周昌以汉高为桀、纣[6]，刘毅以晋武为桓、灵[7]，当时人君，曾莫之罪，书之史册，以为美谈。使臣所献三言，皆朝廷未尝有此，则天下之幸，臣与有焉。若有万一似之，则陛下安可不察？

注释

1 裁减皇族恩例：指熙宁二年十一月，诏裁宗室授官法，唯宣祖、太祖、太宗之子孙择其后，各封国公，世世不绝，其余元孙之子、将军以下，听出外官，袒免之子，更不赐名授官，许令应举。2 刊定任子条式：指熙宁元年九月，两制详定裁减恩泽。至三年十二月，再裁定后妃、公主及臣僚荫补恩泽。3 非：原缺，郎本不缺，岳麓书社版《曾国藩全集》据《宋文鉴》补。4 无若丹朱傲，惟慢游是好：语出《尚书·益稷》：“无若丹朱傲，惟慢游是好，傲虐是作，罔昼夜頟頟。”这是禹对舜说的话，其中丹朱是尧帝的儿子。说没有像丹朱那样傲慢的，只喜欢懒惰逸乐，只作戏谑，不论白天晚上都不停止。5 无若殷王受之迷乱，酗于酒德哉：语出《尚书·无逸》。这是周公辅政，告诫周成王的话，说不要像商纣王那样迷惑昏乱，把酗酒作为酒德啊！受，纣王名。6 周昌以汉高为桀、纣：典出《汉书·周昌传》：“昌为人强力，敢直言，自萧、曹等皆卑下之。昌尝燕时入奏事，高帝方拥戚姬，昌还走。高帝逐得，骑昌项，上问曰：'我何如主也？'昌仰曰：'陛下即桀、纣之主也。'于是上笑之，然尤惮昌。" 7 刘毅以晋武为桓、灵：典出《晋书·刘毅传》，言晋武帝曾问司隶校尉刘毅曰："卿以朕方汉何帝也？"对曰："可方桓、灵。"帝曰："吾虽德不及古人，犹克己为政，又平吴会，混一天下。方之桓、灵，其已甚乎？"对曰："桓、灵卖官，钱入官库，陛下卖官，钱入私门。以此言之，殆不如也。"帝大笑曰："桓、灵之世，不闻此言。今有直臣，故不同也。"

译文

臣不是敢于诋毁新政，随便发表不同议论。如近来皇上下诏裁减皇族宗室授予官职的旧例，修订皇族子弟因父兄之荫而得官的条文，修整完善武器装备，检阅部队，都是陛下的英明果决之举，朝纲所必须判断的。舆论既已允许，臣岂敢再有话说？然而说到臣上面所献的三点建议，那就不单是臣个人的见解，而是天下人所担心的，有谁不知？从前禹告诫舜说："没有像丹朱那样傲慢的，只喜欢懒散闲游。"舜难道有这种缺点吗？周公告诫成王说："不要像商纣王那样迷惑昏乱，把酗酒当作酒德啊！"成王难道有这样的缺点吗？周昌把汉高祖当成桀、纣一样的君主，刘毅把晋武帝当作桓、灵一样的君主，当时的帝王都没有怪罪他们，记载在史书上，还成为了美谈。假使臣所贡献的三点建议，都是朝廷不曾有的情况，那就是天下的幸运，也有臣的一份。如果有万分之一相似的地方，那么陛下怎么可以不省察？

然而臣之为计，可谓愚矣。以蝼蚁之命，试雷霆之威，积其狂愚，岂可屡赦。大则身首异处，破坏家门；小则削籍投荒，流离道路。虽然，陛下必不为此，何也？臣天赋至愚，笃于自信。向者与议学校、贡举，首违大臣本意，已期窜逐，敢意自全？而陛下独然其言，曲赐召对，从容久之，至谓臣曰："方今政令得失安在？虽朕过失，指陈可也。"臣即对曰："陛下生知之性，天纵文武，不患不明，不患不勤，不患不断，但患求治太速，进人太锐，听言太广。"又备述其所以然之状。陛下颔之曰："卿所献三言，朕当熟思之。"臣之狂愚，非独今日，陛下容之久矣，岂有容之于始，而不赦之于终？恃此而言，所以不惧。臣之所惧者，讥刺既重，怨仇实多，必将诋臣以深文[1]，中臣以危法，使陛下虽欲赦臣而不得，岂不殆哉！死亡不辞，但恐天下以臣为戒，无复言者。是以思之经月，夜以继日，书成复毁，至于再三，感陛下听其一言，怀不能已，卒吐

其说。惟陛下怜其愚〔忠〕[2]而卒赦之，不胜俯伏待罪忧恐之至。

注释

1 深文：谓制定或援用法律条文苛细严峻。《史记·酷吏列传》："(张汤)与赵禹共定诸律令，务在深文，拘守职之吏。" 2 忠：原缺，郎本不缺，岳麓书社版《曾国藩全集》据《宋文鉴》补。

译文

然而臣替陛下考虑，可说是很愚蠢了。用蝼蚁一样的生命，去冒犯雷霆的威严，积累的狂妄愚蠢，怎能一次又一次被赦免？重则被处死，败坏家门；轻则被削职，贬谪流放到荒远之地，流离在道路之中。虽然这样说，但陛下一定不会这样做。为什么呢？臣天赋最愚蠢，坚定地相信，前次参与讨论学校贡举问题，是首次违背大臣的本意，已预料要被放逐，哪敢想能保全自己？而唯独陛下赞同我的言论，承蒙您赐予召对，使我从容地谈了很久，以至于您对臣说："当今政令得失在哪里？虽然是朕的过失，你指明陈述，是可以的。"臣当即回答说："陛下是生而知之的，天赋文武才智，不必担忧不明，不必担忧不勤，不必担忧不决断，而只需忧虑求治心切，提拔人才太急速，接受别人的话太广泛了。"又详细叙述了之所以这样的情况。陛下点头说："卿所献三点建议，朕当仔细思考。"臣的狂愚，并非只有今日是这样，陛下容忍很久了，哪有开始能容忍，而最后又不赦免的呢？依仗着这一点，所以我不畏惧。臣所畏惧的，是臣讥讽既然深重，怨恨臣的人必定很多，他们必定会用苛刻的文字诋毁臣，用严厉的法律来打击臣，使陛下虽想赦免臣而做不到，难道不危险吗？臣不怕死，但怕天下人以臣为戒，没有再敢进言的。所以考虑了个把月，夜以继日，进谏书写了又毁掉，至于多次。感恩陛下听臣一言，怀藏于心久久不能抑止，最终说出了臣的建议。只希望陛下怜悯臣的愚忠而最后赦免臣，臣禁不住伏地待罪，忧虑恐惧到了极点。

曾评

奏疏总以明显为要，时文家有典、显、浅三字诀，奏疏能备此三字，则尽善矣。典字最难，必熟于前史之事迹，并熟于本朝之掌故，乃可言典。至显、浅二字，则多本于天授，虽有博学多闻之士，而下笔不能显豁者多矣。浅字与雅字相背，白香山[1]诗务令老妪皆解，而细求之，皆雅饬而不失之率。吾尝谓奏疏能如白诗之浅，则远近易于传播，而君上亦易感动。此文虽不甚浅，而典显二字，则千古所罕见也。

注释

1 白香山：即唐代诗人白居易，字乐天，晚年号香山居士。其诗语言通俗，相传老妪也能听懂。

朱熹戊申封事

导读

朱熹（1130—1200），南宋著名哲学家、教育家。字元晦，一字仲晦，号晦庵、晦翁，别称紫阳。祖籍徽州婺源（原属安徽，今属江西），生于福建尤溪。十九岁登进士第，二十二岁授泉州同安县主簿。师事李侗，为二程（颢、颐）四传弟子。博极群书，广注典籍，对经学、史学、文学、乐律以至自然科学有不同程度贡献。长期居闽，在建阳考亭讲学，其学说称闽学或考亭学派。曾官侍讲、秘阁修撰等职。著作有《四书章句集注》《周易本义》《诗集传》《楚辞集注》，及后人编纂的《晦庵先生朱文公文集》和《朱子语类》等多种。

《戊申封事》是朱熹于南宋孝宗戊申年，即淳熙十五年（1188）响应朝廷诏求治国政见，上给皇帝的一篇万言奏疏。这篇封事较全面、集中地反映了朱熹的政治观念，针对南宋社会的种种弊端，系统提出了自己的革弊兴利措施与富国强兵、修明军政的政治主张。全篇约分四节：第一节说明自己不上殿入对，而只陈奏封事的原因；第二节陈述天下之大本，即“陛下之心”，重在如何修身齐家，正心去私；第三节言“急务”六事，即辅翼太子、选任大臣、振肃纪纲、变革风俗、修军政、裕民力；第四节为辩驳当时士大夫之“四说”，即因循、奋厉、老佛、管商。这是朱熹洞察社会，针对南宋王朝的顽症痼疾，提出的医治策略与良药。他针砭时弊，一语中的，且说理透彻，见解深刻，虽有直陈孝宗本人过失及其生平宗旨的痛处，但意欲有所作为的孝宗皇帝仍表示赞赏。据《宋史·朱熹传》载：“疏入，夜漏下七刻，上已就寝，亟起秉烛，读之终篇。”

在朱熹上《戊申封事》之前，朝廷曾先后任命他担任兵部郎官、崇政殿说书、秘阁修撰、直宝文阁、江南东路转运使等职事，但他都以各种理由一一辞免。其屡诏不应的原因，从表面看，一是由于他历次进绝和议与抑佞幸之戒不为朝廷所行，怕“触事妄发”而获罪招祸；二是早期因家有年近古稀的老母在堂不忍远离，后期又因自己经常患病，力不从心。而实质上，正如《朱子行状》所说：“先生尝两进绝和议，抑佞幸之戒，言既不行，虽擢用狎至不敢就，出处之义，凛然有不可易者。”朱熹是传统知识分子的典型，他以内圣之学为本，同时有强烈的政治意识，想在政治上有所作为，而不愿随波逐流。但理想与现实却格格不入，于是以讲坛为中心，自觉形成一股在野的舆论力量，与当权的既得利益集团相对立，采取不同流合污的态度。“出”还是“处”，也就形成了一种“凛然有不可易”的态度，故而每次受诏时都固辞。

朱熹虽屡召不起，但并未脱离社会活动。他在自己已近花甲之年，连上《戊申延和奏札》五篇之后几个月，又上此《戊申封事》。这一则因为自己历经坎坷，饱尝艰辛，了解人民疾苦，更清楚统治阶级的腐败，深刻认识到产生各种社会弊端的缘由，已形成了较系统的政治见解；二则因为自孝宗隆兴二年（1164）与金国签订“和议”后，近三十年处于休战状态，民族矛盾相对缓和，阶级矛盾逐渐成为主要矛盾，社会危机日益暴露，朱熹原先的坚决抗金主张也逐渐变为攘外必须修政的主张。在他看来，当今的根本问题是解决宋朝内部的问题，要利用宋金休战的有利时机，集中力量把宋王朝整顿、治理好，从思想、财政和军事上作充分准备，然后完成抗金的未竟事业。因此，他一方面对主和派进行批评，毁秦桧祠，褒扬抗金人物；另一方面，针对南宋社会的腐朽状况，提出了正本求治、富国强兵的“急务”六策，反映了他务实的政治思想和政治主张。

本文载《朱文公文集》卷十一。曾国藩认为是南宋万言书对策中最著名的篇章。王瑞明、张全明著《朱熹集导读》对《戊申封事》一文作了注评。

曾按

戊申为宋孝宗[1]淳熙十五年，朱子于时年五十九岁。前一年丁未，除公为江西提刑[2]，辞，不允；戊申正月又辞，不允。三月启行，在道再辞，趣公入对，六月召对于延和殿。公所面告孝宗者，语多切直，并面陈奏札五件，旋除兵部郎官[3]，以足疾辞。七月，在道再辞江西提刑之任，遂除直宝文阁[4]，管嵩山崇福宫[5]。九月、十月，复召公入对，十一月遂上此封事。

注释

1 宋孝宗：即赵昚，南宋皇帝，太祖七世孙。1162—1189年在位。即位之初，起用张浚，追复岳飞，锐志进取，发动抗金战争。隆兴元年（1163）败于符离，遂与金重订和约。2 提刑：官名。提点刑狱公事之简称。宋初设于各路，主管所属各州的司法、刑狱和监察，兼管农桑。3 郎官：指侍郎、郎中等职。唐代六部的郎官，郎中之外，再设员外郎。南宋有用以表示品级、俸禄的朝奉郎，为寄禄官名。朱熹约于淳熙九年（1182）被任命为朝奉郎。4 直宝文阁：是南宋一种贴职的官职，为直龙图阁、直天章阁、直华文阁等十二阁之一。贴职即兼职，宋以他官兼领诸阁学士等职名为贴职。5 嵩山崇福宫：寺院名，故址在今河南登封市北部的嵩山。朱熹主管此官的拜表行香、纠举违失等事，实为只领俸禄的闲差。

十一月一日，朝奉郎、直宝文阁、主管西京嵩山崇福宫臣朱熹谨斋沐具疏[1]，昧死再拜，献于皇帝陛下：臣猥以庸陋，蒙被圣知，有年于此矣。而两岁以来，受恩稠叠，有加于前，顾视辈流，无与为比，其为感激之深，固有言所不能谕者。然窃惟念狂妄之言，抵触忌讳，虽蒙听纳，不以为罪，而伏俟数月，未见其有略施行者。臣诚不自知，求所以堪陛下非常之恩者，而未知其出也。是以惭惧，久不自安，不意陛下又欲召而见之。臣愚于此，仰窥圣意，尤不识其果何谓也。以为欲听其计策，则言已陈而不可用；以为欲加之恩意，则宠既厚而无以加。二者之间，未有所当。此臣之所以徘徊前却，恳扣辞避[2]而不能已也。然而陛下犹未之许，则臣又重思之。前日进对之时，口陈之说，迫于疾作而犹有未尽言者。盖尝请以封事上闻，而久未敢进，岂非陛下偶垂记忆，而欲卒闻

之乎？抑其别有以乎？臣不得而知也。

注释

1 谨斋沐具疏：恭敬地斋戒、沐浴之后具呈奏疏，表示虔诚而郑重其事。2 恳扣辞避：诚恳地请求辞退、避让。

译文

十一月一日，担任朝奉郎、直宝文阁、主管西京嵩山崇福宫的臣子朱熹，恭敬地斋戒、沐浴之后具呈奏疏，冒着死罪再拜请献于皇帝陛下。臣卑下鄙俗，承蒙被圣上知遇，至今已有多年了。而这两年来，一次又一次地受到皇上的恩典，比以前更有所增加，环顾同辈的人，没有谁能同我相比，这使我感激之深，是用语言所不能表达的。但我私下里只想着我那些狂妄的言论，是与圣意相矛盾，犯忌讳的，虽然承蒙皇上垂听接纳，不以此加罪于我，但我暗自等待了几个月，却没看见其中有略加施行的。臣确实不明白，探求陛下之所以给予这么不同一般的恩德，真不知道是出于什么原因。因此非常惭愧和恐惧，久久感到不安，没想到陛下又想召见我。臣愚蠢至此，仰望着窥测圣上的心意，尤其不能认识到其结果是什么。如果是想听计策，但奏言已陈上却不能用；如果是想给予恩意，但恩宠已经很厚而不能再加。二者之间，没有适当的。这就是臣之所以徘徊不前，诚恳地请求辞退、避让而不停止的原因。然而陛下还是没有允许我辞退，于是臣又重新思考这个问题。前些日子进对的时候，随口陈述的言论，迫于疾病发作而没把意思全说出来。于是曾请求以封事的形式报告圣上，却好久都没敢进呈，是不是陛下偶然记起（我上书之事），而突然想听听呢？或是另有别的原因呢？臣不能知晓。

然君父之命，至于再下，而为臣子者坚卧于家[1]**，则臣于此实有所未安者。其所深虑，独恐进见之后，所言终不可用，而又徒窃误宠**[2]**如前之为，则臣之辞受将有所甚难处而终得罪者，是以辄因前请，而悉其所言以献。**〇九月十月两次召公入对，公再辞，不欲进见，故此三行云云。**以为虽使得至陛下之前，所言不过如此。伏惟圣慈幸赐观省，若以其言为是而次第行之，则臣之志愿千万满足，退伏岩穴**[3]**，死无所憾。万一圣意必欲其来，则臣亦不过求一望见清光，而后恳请以归而已。若见其言果无可取，则是臣所学之陋，他无所有，致使冒进陛下，亦将**

何所用之，不若因其恳请而许其归休，犹足以两有所全也。又况陛下之庭，侍从之列，方有造为飞语[4]，以中害善良，唱为横议[5]，以胁持上下；其巧谋阴计，又有甚于前日之不思而妄发者。陛下无为使臣轻犯其锋，而复蹈已覆之辙也。○以上自明其不入殿奏对，而但陈封事之故。

注释

1 坚卧于家：喻指力辞不受朝廷任命或君王诏进策之令。2 徒窃误宠：指白白地耗费自己已窃取的却又不应得到的恩宠。3 退伏岩穴：喻指隐退伏居在深山旷野岩洞之中，不问政事。4 飞语：流言蜚语，没有根据的话。5 唱为横议：公开发表大胆而无顾忌的议论，制造谣言。唱，公开扬言。

译文

但皇上的命书再三下达，而作为臣子的我坚卧在家，（力辞不受任命，）臣对此实在有所不安。我所深为忧虑的，唯独担心进见之后，所上奏的意见最终不能被采用，而又白白地耗费自己已窃取的却又不应得到的恩宠，像以前所做的那样，那么臣的多次辞受官职便有感到很为难之处而最终得罪皇上，因此这次就借前次的“请以封事上闻”，而全部说出我想说的来呈献给您。臣以为即使到了陛下跟前，所说的也不过如此。恭请圣上慈悯，能够赏赐予以阅读，若认为其中的话是对的而一件一件地推行，那么臣的志愿就非常满足了，隐退于深山旷野岩洞之中，至死也没有什么遗憾了。万一圣上的心意是必须要我来，那臣也不过是求得一见皇帝的尊容，然后再恳请归隐罢了。如果看了那些言论确实没有什么可取的，那就是臣所学浅陋，别无所有，才致使冒昧地进奉给陛下，也将是没有什么地方用得着的，还不如顺着我的恳请而允许我回归故里休养，那还足以让我们双方都满意。又何况陛下的宫廷上，文武臣僚侍从，正有人捏造流言蜚语，用以诬害善良贤吏，公开地胡乱议论，制造谣言，用以挟持上下臣僚；他们的阴谋诡计，又有比前些日子那些不动脑筋而乱发议论的人更厉害的地方。陛下该不会让臣不慎重地冒犯朝廷的严禁，而再次走（因上书而被人借机弹劾的）翻过车的老路吧。

盖臣窃观今日天下之势，如人之有重病，内自心腹，外达四肢，盖无一毛一发不受病者。虽于起居饮食，未至有妨，然其危迫之症，深于医者，固已望

之而走矣。是必得如卢扁、华佗[1]之辈，授以神丹妙剂，为之湔肠涤胃，以去病根，然后可以幸于安全。如其不然，则病日益深，而病者不觉，其可寒心，殆非俗医常药之所能及也。故臣前日之奏，辄引“药不瞑眩，厥疾不瘳”[2]之语，意盖谓此，而其言有未尽也。然天下之事，所当言者不胜其众，顾其序有未及者。臣不暇言，且独以天下之大本，与今日之急务，深为陛下言之。

盖天下之大本者，陛下之心也。今日之急务，则辅翼太子、选任大臣、振举纲维、变化风俗、爱养民力、修明军政六者是也。臣请昧死而悉陈之，惟陛下之留听焉。○以上具列所陈之大要。

注释

1 卢扁、华佗：卢扁，战国时名医。俗名扁鹊，家于卢国，又名卢医。他创造切脉医术，精通内、妇、五官与小儿诸科。《史记》有传。华佗，东汉名医。又名旉，字元化，沛国谯（今安徽亳州）人。精通内、妇、儿、针灸诸科，尤擅长外科。《后汉书》有传。2 药不瞑眩，厥疾不瘳（chōu）：语出《尚书·说命上》。瞑眩，使头昏目眩。服了药物，使头昏目眩，形容药物猛烈。句意为，如药物不猛烈，疾病就不会好。瘳，病愈。

译文

臣私下里观察今日天下的情势，好比人有了重病，内自心腹内脏，外达四肢，大概没有一毛一发不得病的。虽然现在对于起居饮食，没有多大妨碍，但其中很危急的病症，却让懂医道的人，本已看到却又走了（病重难治）。这就必须有卢扁、华佗之类的名医，授给神丹妙药，为他洗涤肠胃，用以除去病根，然后才能逢凶化吉得以安全。如果不是这样，那病情就会日益加深，而犯病的人还不察觉，那就让人寒心了，恐怕不是一般俗医常药所能医治的了。所以臣前些天的奏本中，就引用了《尚书》的话，说药物不猛烈，疾病就不会好，意思就是说这个，但话语还有没说完的。然而，天下的事所应当谈论的很多，考虑到它们的先后顺序，还有一些没提上议事日程的。臣没有工夫多说，姑且以天下最根本的与今日最紧急的事务，深入地为陛下说一说。

天下最大最根本的，是陛下的心。今日最紧急的事务，是帮助、辅佐太子，选拔、任免大臣，整肃、振兴纲纪，改变士风民俗，爱惜培养民力，使社会军国政治清明等六件事。臣恳请冒死而全部陈说出来，只希望陛下留意听听。

臣之辄以陛下之心为天下之大本者，何也？天下之事，千变万化，其端无穷，而无一不本于人主之心者，此自然之理也。故人主之心正，则天下之事无一不出于正；人主之心不正，则天下之事无一得由于正。盖不惟赏之所劝，刑之所威，各随所向，势有不能已者，而其观感之间，风动神速，又有甚焉。是以人主以眇然之身[1]，居深宫之中，其心之邪正，若不得而窥者，而其符验之著于外者，常若十目所视，十手所指，而不可掩。此大舜所以有“惟精惟一”[2]之戒，孔子所以有“克己复礼”[3]之云，皆所以正吾此心，而为天下万事之本也。此心既正，则视明听聪，周旋中礼，而身无不正。是以所行无过不及，而能执其中，虽以天下之大，而无一人不归吾之仁者。然邪正之验著于外者，莫先于家人，而次及于左右，然后有以达于朝廷而及于天下焉。

注释

1 眇然之身：一作眇身。帝王谓自身渺小，孤家寡人。犹言微末之身。《后汉书·章帝纪》：“朕以眇身，托于王侯之上。”2 惟精惟一：语出《尚书·大禹谟》：“人心惟危，道心惟微，惟精惟一，允执厥中。”意为人心险恶，道心精微，要精研要专一，又要诚恳秉执中正之道。3 克己复礼：语出《左传·昭公十二年》：仲尼曰：“古也有志：‘克己复礼，仁也。’”据此可知孔子刚二十三岁时，古志已有“克己复礼，仁也”之说。“克己复礼”，意谓约束自己，使言行符合于礼。

译文

臣之所以独以陛下之心为天下最根本的事，是什么原因呢？天下之事，千变万化，涉及方方面面，而没有一件事不是本源于皇上之心的，这是客观事物的常理。所以只要皇上的心正，那么天下的各种事情就没有一件不出于正义；皇上的心不正，那么天下的事情就没有一件能出自正义。恐怕不仅仅是奖赏所劝勉鼓励的，刑法所威慑处罚的，都随皇上的指向，其趋势是不能停止的。而在这方面观察和感觉之中的，像风那样行动迅速，又有更厉害的。（上行下效，影响深远。）因此，皇上以帝王之身，居住在深宫之中，他的心是邪还是正，好像是不能暗中察看的，但他暴露于外而可以检验的言行，却常常像十只眼睛所监视的，十只手所指向的，不可能被遮掩。这就是舜帝之所以有“惟精惟一”的告诫，孔子之所以有“克己复礼”的说法。这些都是要正皇上之心而为天下万事之根本的原因。这颗心正了，那就视觉清楚，听觉敏锐，在合乎礼的言行规范内应付自如，而自身没有不正确的。因此，所做的一切都会符合“正”的规范，既无过，又无不及，而能够持守中庸之道，即使天下之大，也无一人不归于吾皇的仁心。然而检验言行的邪正，暴露在外的，没有谁会先于皇家的人，第二则是君王的近臣，然后才能够传达到朝廷而波及天下。

若宫闱之内，端庄齐肃，后妃有《关雎》之德[1]，后宫无盛色之讥，贯鱼顺序，而无一人敢恃恩私以乱典常，纳贿赂而行请谒，此则家之正也。退朝之后，从容燕息[2]，贵戚近臣，携仆奄尹[3]，陪侍左右，各恭其职，而上惮不恶之严[4]，下谨戴盆之戒[5]，无一人敢通内外、窃威福，招权市宠，以紊朝政。此则左右之正也。内自禁省[6]，外彻朝廷，二者之间，洞然无有毫发私邪之间，然后发号施令，群听不疑，进贤退奸，众志咸服。纪纲得以振，而无侵挠之患；政事得以修，而无阿私之失。此所谓朝廷百官、六军[7]万民，无敢不出于正而治道毕也。心一不正，则是数者，固无从而得其正，是数者一有不正，而曰心正，则亦安有是理哉？是以古先圣王，兢兢业业，持守此心，虽在纷华波动之中，幽独得肆之地，而所以精之一之，克之复之，如对神明，如临渊谷，未尝敢有须臾之怠。然犹恐其隐微之间，或有差失而不自知也。

注释

1 后妃有《关雎》之德：语出《诗经》首篇《关雎》之《毛诗序》：“《关雎》，后妃之德也。风之始也，所以风天下而正夫妇也。”2 燕息：退朝而处，闲居安息。3 奄尹：官名。一作阉尹。主管宫廷事务的宦官头目。4 不恶之严：语出《周易·遁》：“君子以远小人，不恶而严。”不恶之严，指不为恶声厉色，但很威严。5 戴盆之戒：语出司马迁《报任安书》：“仆以为戴盆何以望天。”李善《文选注》：“言人戴盆则不得望天，望天则不得戴盆，事不可兼施。”因以“戴盆望天”喻事难两全，亦喻方法错误而无法达到目的。6 禁省：指宫廷禁地。7 六军：泛指军队。宋代的军队有禁军、厢军、乡兵、蕃兵、土兵、弓手等六类。

译文

如果宫廷之内，能够做到端正庄重、整齐严肃，后妃有《关雎》“乐而不淫，哀而不伤”的美德，后宫没有因多美色而受讥讽，大家都按排列的顺序规规矩矩，没有一个人敢依仗皇上的恩宠而破坏常规法典，行贿赂而私下告求，那皇家就风清气正了。皇上退朝之后，悠闲地休息，皇亲国戚和亲近的宠臣，在帝王左右携持器物的臣仆和主持宫廷事务的宦官头目，大家都陪伴服侍在皇上左右，各自恭敬地尽职尽责，皇上不作恶声厉色的威严，下属们也都警戒自己不作戴盆望天的幻想，无一人敢勾通皇后六宫和朝廷卿大夫以窃取威福，把持权势，行贿取宠，使朝政紊乱。这就是皇上左右近臣的风清气正。内自宫廷禁地，外达朝廷，二者之间透彻明白，没有一丝一毫的私心邪念，然后皇上发号施令，大家都听从而不疑惑，贤臣得以提拔任用，奸臣被罢免退职，大家内心都很信服。纪纲法制得到整顿，而没有冒犯扰乱的忧患；各项政事得到修整治理，而没有因徇私造成失误。这就是所说的朝廷百官、全军万民，无人敢不出于风清气正，而治国之道得以完备了。心只要有一时一处不正，那上面说的几个方面就无法得其“正”，上述几个方面只要有一个不正，而说心正了，又哪有这样的道理呢？因此，古代的圣人帝王，小心谨慎、认真负责，持守着纯正的心，即使是在纷繁起伏、变化莫测的波动之中，或独处可以放肆之地，他们还是那么精诚专一，克己复礼，如同面对神明，身临深渊峡谷，不曾敢有片刻的怠慢。即使这样，还担心其隐约细微之间，或许还有差错失误而自己不知道的。

是以建师保之官[1]**，以自开明；列谏争之职**[2]**，以自规正。而凡其饮食、酒浆、衣服、次舍、器用、财贿，与夫宦官、宫妾之政，无一不领于冢宰**[3]**之官，使其左右前后，一动一静，无不制以有司之法，而无纤芥之隙、瞬息之顷，得以隐其毫发之私。盖虽〔以〕**[4]**一人之尊，深居九重之邃**[5]**，而凛然常若立乎宗庙之中，朝廷之上。此先王之治所以由内及外，自微至著，精粹纯白，无少瑕翳，而其遗风余烈**[6]**，犹可以为后世法程也。**○以上言古圣王正心之法。**陛下试以是而思之，吾之所以精一克复，而持守其心者，果尝有如此之功乎？所以修身齐家而正其左右者，果尝有如此之效乎？宫省事禁**[7]**，臣固有不得而知者，然不见其形而视其影，不睹其内而占其外，则爵赏之滥，货赂之流，闾巷窃言，久已不胜其籍籍矣。臣窃以是窥之，则陛下之所以修之家者，恐其未有以及古之圣王也。**○以上言修身齐家，未能出于一正。

注释

1 师保之官：古代担任辅弼帝王和教导贵族子弟的官，有师有保，统称“师保”。2 谏争之职：指专掌纠劾朝政得失、监察臣僚的官职。3 冢宰：周代官名，又称太宰，为百官之首。《尚书·周官》：“冢宰掌邦治，统百官，均四海。”后世因以冢宰为宰相之称。4 以：《朱文公文集》不缺，岳麓书社版《曾国藩全集》据《四部丛刊》本补。5 九重之邃：极言宫禁之深远。《楚辞·九辩》：“岂不郁陶而思君兮，君之门以九重。”五臣注云：“虽思见君，而君门深邃，不可至也。”6 余烈：指遗留的功业。7 官省事禁：指朝廷内部事多机密。官省，指设于宫中的官署，如门下省、中书省等。

译文

因此设置辅弼和教导王室子弟的太师、太傅、太保之类的官，建言上策，以使帝王开通明理；设置专掌纠劾得失、监察臣僚的官，用以劝告正过。而凡属帝王的饮食、酒浆、衣服、宫室、器皿用具、财物，以及有关宦官、宫妾的政务，无一不统领于宰相的官职内，以使帝王左右前后，一动一静，没有不受制于有关官府、官吏的法规的，而没有细微的间隙、一眨眼一呼吸的片刻，能够隐藏其细如毛发的私情。因此，即使以皇上一人之尊，深居九重宫禁之中，也严肃凛然得常常像屹立在宗庙之中，朝廷之上。这就是祖先帝王的统治，之所以由内宫到外廷，由小处到大处，都精粹纯白，没有一点儿瑕疵污点，而他们遗留下来的风气和功业，还可以作为后代效法的法则的原因。陛下请尝试着从这儿去思考，我所说的以“惟精惟一”“克己复礼”来持守那颗纯正的心，果真会有如此功效吗？所以修养身心整治内宫而肃正左右侍者、近臣的风气，果真会有这样好的功效吗？朝廷内部事多机密，臣本来就有不能知晓的，但看不到那些事的具体形状而考察其影子，看不到它们的内情而观测其外在表现，那其中官爵赏赐之过度，钱财贿赂之流行，民间里巷的暗中传言议论，久已纷纷扰扰传得不可开交了。臣私下里由此观察，可见陛下的修身齐家，恐怕还没有赶得上古代圣王。

至于左右便嬖[1]之私，恩遇过当，往者渊、觌、说、抃之徒[2]，○龙大渊、曾觌、张说、王抃皆以近习而至卿相。**势焰熏灼[3]，倾动一时，今已无可言矣。独有前日臣所面奏者[4]，**○所面奏者即内侍甘昪[5]也。**虽蒙圣慈委曲开譬，然臣之愚，终窃以为此辈但当使之守门传命，供扫除之役，不当假借崇长[6]，使得逞邪媚、作淫**

巧于内，以荡上心；立门庭、招权势于外，以累圣政。而其有才无才，有罪无罪，自不当论。况其有才适所以为奸，有罪而不可复用乎？且如向来主管丧事，钦奉几筵[7]之命，远近传闻，无不窃笑。臣不知国史书之，野史记之，播于外国，传于后世，且以陛下为何如主也？纵有曲折如前日所以论谕臣者，陛下亦安能家置一喙[8]而人晓之耶？刑余小丑，不比人类，顾乃荧惑圣心，亏损圣德，以至此极，而公卿大臣，拱手熟视，无一言以救其失。臣之痛心，始者惟在于此。比至都城，则又知此曹之用事者，非独此人，而侍从之臣，盖已有出其门者。至其纳财之途，则又不于士大夫[9]，而专于将帅[10]。臣于前日尝辄以面奏，而陛下谕臣以为诚当深察而痛惩之矣。退而始闻陛下比于环列之尹[11]，已尝有所易置，乃知陛下固已深察其弊，而无所待于人言。然犹未能明正其罪，而反宠以崇资巨镇，使即便安。此曹无知，何所忌惮？况中外将帅，其不为此者无几，陛下亦未能推其类而悉去之也。

注释

1 便嬖（bì）：指善于阿谀逢迎以得到君主宠信的近臣。2 渊、觌（dí）、说、抃（biàn）之徒：指南宋龙大渊、曾觌、张说、王抃那些招权纳贿、罪恶多端的佞臣。详见《宋史》卷四七〇《佞幸传》。3 势焰熏灼：气势逼人，气焰嚣张。4 前日臣所面奏者：指朱熹在上此封事之前，曾上《戊申延和奏札》五篇。5 甘昪：南宋朝中内侍省押班甘泽之子。甘泽死，甘昪累迁至押班，孝宗乾道中颇受宠信，招权市贿，用事达二十年，后被查处死。6 崇长：宠幸。7 几筵：犹几席，是祭祀的席位。《周礼·春官》有“司几筵：掌五几、五席之名物，辨其用与其位”。8 家置一喙（huì）：意为让每家每户都安上一张嘴。喙，本指鸟兽的嘴，亦借指人的嘴。9 士大夫：泛指文臣。10 将帅：泛指武官。11 环列之尹：皇宫禁卫官。

译文

至于皇上对身边那些宠信近臣的私情，恩宠知遇的不恰当，过往的如龙大渊、曾觌、张说、王抃那帮人，权势与气焰嚣张，炙手可热，轰动一时，今天已没有什么可说的了。唯独有此前臣所当面上奏的《戊申延和奏札》五篇事，虽蒙圣上慈悯，把事情的经过详细开导劝说，但因为臣愚昧，私下里始终认为这帮人只应当让他们做守门、传送命书以及扫除尘秽之类的事，而不应当让他们假借陛下的宠幸，使他们得以在内廷作恶多端，玩弄淫巧的阴谋诡计，以动摇皇上心志；在朝廷外立派别，招揽权势，以连累、破坏皇上贤明的政治。至于他们是有才还是无才，有罪还是无罪，自然不必讨论。何况他们有才恰好可以用来做坏事，有罪的就不可以再任用了吗？且如一向主管丧事的，还恭敬地奉皇上之令掌管祭祀席位，远近听说了，没有不私下里耻笑的。臣不知这种事写于国史，记于野史，传播到外国与后世，人们将认为陛下是怎样的君主呀？即使（传闻、记载）有复杂的地方，犹如前些日子皇上在诏令中告谕我的，但陛下也不能在每家每户安一张嘴让人们知晓呀！受过宫刑的宦官小人，不能和一般人相比，反而迷惑皇上的心志，使皇上的德行受到损害，以致达到这一极点，而公卿大臣袖手旁观、熟视无睹，没有说一句话来拯救皇上的过失。臣的痛苦之处，开始时只在于此。等臣到了京都城内，又知道这帮宦官近臣掌权管事的，并非只有（甘昪）这一个人，侍从的近臣大概已有一些是出自于他的门下。至于他们聚敛钱财的途径，则又不是从文臣下手，而是专取于武官将帅。臣于前些日子曾就此问题面奏，而陛下告诉臣，认为确实应当深入调查并严厉惩罚他们。退朝后才听说陛下对于这帮皇宫禁卫官，已曾有所变动更换，才知道陛下本已深入地觉察其弊病，而无须等待别人来说了。然而还没有公开处罚他们的罪行，而反使他们因受宠而成为积聚资财的重镇，使他们处于便利、安稳的状态。这帮人无知，还有什么是他们畏惧的？况且朝中与在外的将帅，其中不做行贿受贿这件事的没有几个，陛下也不能根据上述类似的错误而全部罢免他们。

陛下竭生灵之膏血[1]，以奉军旅之费，本非得已；而为军士者，顾乃未尝得一温饱；甚者采薪织屦，掇拾粪壤，以度朝夕；其又甚者，至使妻女盛涂泽，倚市门以求食也。怨詈谤讟[2]，悖逆绝理，正有不可闻者。一有缓急[3]，不知陛下何所倚仗？是皆为将帅者，巧为名色，头会箕敛[4]，阴夺取其粮赐，以自封殖，而行货赂于近习[5]，以图进用。彼此既厌足矣，然后时以薄少，号为羡余[6]，阴奉燕私之费，以嫁士卒怨怒之毒于陛下，且幸陛下一受其献，则后日虽知其罪，而不得复有所问也。出入禁闼腹心之臣，外交将帅，共为欺蔽，以至于此，岂有一毫爱戴陛下之心哉！○方望溪[7]谓朱子封事，虽明季杨、左[8]之忠直敢言，无以过之，当即谓此等处耳。**而陛下不悟，反宠昵之，以是为我之私人，至使宰相不得议其制置之得失，给谏不得论其除授之是非。以此而观，则陛下所以正其左右，未能及古之圣王又明矣。**○以上言将帅贿赂近习，未能正其左右。

注释

1 生灵之膏血：喻指百姓用辛勤劳动换来的成果。生灵，黎民百姓。2 怨詈谤讟：责怪、咒骂、诽谤、怨言。3 缓急：偏义复词，缓字无实义，意谓危急之事，此处指有战事发生。4 头会箕敛：按人头数苛敛民财。《史记·张耳陈余传》：“外内骚动，百姓罢敝，头会箕敛，以供军费。”5 近习：犹近臣，帝王的亲信。6 羡余：官员向皇室进献赋税的盈余，是唐代以来正赋之外的无名税收。7 方望溪：即方苞（1668—1749），字灵皋，号望溪，安徽桐城人。清代散文家，桐城派创始人。8 杨、左：指明末谏官杨涟、御史左光斗，二人为万历中同榜进士。天启四年（1624）杨涟上疏弹劾魏忠贤二十四大罪，左光斗参与其事，又亲劾魏忠贤三十二斩罪。次年，二人同被诬陷，惨死狱中。

译文

陛下耗尽百姓用血汗换来的劳动成果，以供养军队的费用，本来就是不得已的事；而作为军队士兵，反而没有得到一点温饱；严重的还靠自己采木柴、织草鞋，拾取粪肥，自己耕种以度时日；他们中还有更严重的，致使妻子女儿盛妆浓抹，以卖笑为生。结果弄得责怪、咒骂、诽谤、怨恨之声满天下，违反正道，灭绝常理，真正不忍心听进去。一旦有战事发生，不知道陛下依靠谁？这些都是作为将帅的，以各种名义巧取豪夺，按人头数苛敛民财，靠暗中掠夺士兵粮食和赏赐，用以聚敛财货，而以财货贿赂皇上的亲信和近臣，用以图谋提拔任用。他们彼此既已满足了，然后还时常以自己的财产不够，借名征收正赋外的无名杂税，暗地里进献宴请亲朋的费用，将士兵们的怨恨愤怒转嫁到陛下身上，且希望陛下能接受他们的这一奉献，那之后即使皇上知道了他们的罪责，也不会再去过问了。出入宫廷的心腹、亲近之臣，对外交结将帅，共同欺骗蒙蔽陛下，以至于这种程度，难道还有一点儿爱戴皇上的心吗？然而陛下仍不省悟，反而宠信亲近他们，以为这是我皇帝的私交家人，致使宰相不能议论这些人委派置换的得与失，给事中、谏议大夫不能议论这些人的任命是对还是不对。由此看来，陛下对左右朝臣的规劝正过，比不上古代的圣王又很明显了。

且私之得名，何为也哉？据己分之所独有，而不得以通乎其外之称也。故自匹夫而言，则以一家为私，而不得以通乎其乡；自乡人而言，则以一乡为私，而不得以通乎其国；自诸侯而言，则以一国为私，而不得以通乎天下。至于天子，则际天之所覆，极地之所载，莫非己分之所有，而无外之不通矣，又何以

私为哉？今以不能胜其一念之邪，而至于有私心；以不能正其家人近习之故，而至于有私人。以私心用私人，则不能无私费。于是内损经费之入，外纳羡余之献，而至于有私财。陛下上为皇天之所子，全付所覆，使其无有私而不公之处，其所以与我者，亦不细矣。乃不能充其大，而自为割裂以狭小之。使天下万事之弊，莫不由此而出，是岂可不惜也哉！○以上言不应有私财、私人。

译文

而且得到偏私的名声，又为什么会这样呢？这就是占据自己本分所独有的，而不能勾通于其本分之外的说法。所以对于一般人来说，则以自己本分所一家为私，而不能通于他所在的乡；对于乡大夫来说，则以一乡为私，而不能通于他所在的邦国；对于诸侯来说，则以一国为私，而不能通于整个天下。至于天子，则遍天所覆盖的，整个大地所承载的，没有哪一样不是天子本分之所有，就没有什么不通的分外了，又以什么为私有呢？如今因为不能战胜那一个念头的邪恶，以至于有了私心；因为不能管理好皇室成员和自己亲近的人，以至于有了皇帝的“家人”与“近习”。以“私心”来任命和使用“私人”，皇上就不能没有私自的经费。于是皇家内库就减损一些经费的收入，对外就接纳一些杂税的奉献，以至于有了皇家的私财。陛下在上尊为天子，将自身全部托付给了皇天之下所覆盖的一切，假使没有私心与不公正之处，则上天给予我皇的也不少了。而今却不能满足天子之大，反而自行割裂使之狭小。假使天下所有事情的弊端，没有哪一样不是由此私心而产生，这样的话，难道不觉得惋惜吗？

若以时势之利害言之，则天下之势，合则强，分则弱，故诸葛亮之告其君曰：“宫中府中，俱为一体，陟罚臧否，不宜异同。若有作奸犯科及为忠善者，宜付有司，论其刑赏，以昭陛下平明之理，不宜偏私，使内外异法也。”[1]当是之时，昭烈父子[2]以区区之蜀，抗衡天下十分之九，规取中原，以兴汉室。以亮忠智为之深谋，而其策不过如此，可谓深知时务之要，而暗合乎先王之法矣。夫以蜀之小，而于其中又以公私自分，彼此如两国然，则是将以梁、益[3]之半，图吴、魏[4]之全。又且内小人而外君子，废法令而保奸回[5]，使内之所出者，日有以贼乎外；公之所立者，常不足以胜乎私。则是此两国[6]者，又自相攻，而其内之私者常胜，外之公者常负也。外有邻敌之虞，内有阴邪之寇，日夜夹攻而

不置，为国家者亦已危矣。夫以义理言之既如彼，以利害言之又如此，则今日之事，如不蚤正，臣恐陛下之心，虽劳于求贤，而一有所妨乎此，则贤人必不得用，而所用者皆庸谬憸巧[7]之人；虽勤于立政，而一有所碍乎此，则善政必不得立，而所行者皆阿私苟且之政。日往月来，养成祸本，而贻燕之谋[8]未远，辅相之职不修，纪纲坏于上，风俗坏于下，民愁兵怨，国势日卑，一旦猝有不虞，臣窃寒心，不知陛下何以善其后也。然则臣之所谓天下大本，惟在陛下之一心者，可不汲汲皇皇[9]，而求有以正之哉。○以上三段皆言天下之大本，首在正心而去私。

注释

1 宫中府中……使内外异法也：语见《三国志·蜀书·诸葛亮传》，是建兴五年（227）诸葛亮率军北上伐魏，出发前给后主刘禅上疏中的一段话。2 昭烈父子：即刘备、刘禅父子。刘备（161—223），字玄德，涿郡涿县（今河北涿州）人，蜀汉昭烈帝。其子刘禅（207—271），字公嗣，小名阿斗。蜀汉后主。3 梁、益：州名。“梁”为古代九州之一，后改名益州。此为蜀汉的代称，因当时蜀汉所辖地区绝大部分为古梁州，即三国益州之地。4 吴、魏：即三国时期孙权在建业称帝的吴和曹丕代汉称帝的魏。历史上因帝王姓氏而称“孙吴”“曹魏”。5 奸回：犹邪恶。6 此两国：指上文“以蜀之小，而于其中又以公私自分，彼此如两国然”。7 庸谬憸巧：才识低下，行事荒谬，邪佞巧伪。8 贻燕之谋：谓能使社会、子孙安吉的谋略。“贻燕”语出《诗·大雅·文王有声》：“诒厥孙谋，以燕翼子。”毛传：“燕，安。翼，敬也。”后以“贻燕”谓使子孙安逸。9 汲汲皇皇：形容急切而恐惧不安的样子。汲汲，急切貌；皇皇，即惶惶，恐惧不安。

译文

如果从社会客观形势的利害来论说，则天下的情势，是国家统一就强大，分裂就弱小，所以诸葛亮曾忠告其后主刘禅说：“皇宫中朝廷中（的官员），都是一个整体，奖惩功过，扬善除恶，不应该因在宫中或在府中而不同。如果有为非作歹、触犯法令或者尽忠心做善事的人，都应该交给有关主管部门来论定他们是受刑罚还是受奖赏，以显示陛下公平严明的治理之道，而不应该偏重私情，致使宫廷内外的法制不同。”在那个时候，刘备父子以弱小的蜀国，与天下占十分之九的大国相对抗，还规划谋取中原大地，来复兴汉王朝。以诸葛亮的忠心与智慧替他们深谋远虑，而其策略也不过是这样，可说是深知当时客观形势的关键，而暗中合乎先王的法度。以蜀国这么小的地盘，而在其中又因公与私自然分开，彼此如同两个国家一样，那就将是以古代梁州、益州这蜀国的一半之地，去图谋吴国魏国的整个天下。而且又将卑鄙小人当作自己人来亲近，而将有节操的君子排斥在外，废止法令而保邪恶，致使宫廷内派出去的人，天天在外面作恶；国家所树立的典型，常不足以战胜私家掠夺。那这以公私分明的两国又自相攻击，而内廷那些一心为私的人常占上风，而朝廷及社会上那些一心为公的人却常被打败。境外有曹魏、孙吴等邻国侵扰的忧虑，国内有阴险邪恶的奸臣匪盗，日夜夹攻而不停止，作为国家的统治者也就已经很危险了。以符合正义的行为准则和道理来说，既然已是那种情形，从利与害而说又是这种情形，那么当今国家的政事，如果不早点矫正，臣担心陛下的心思，即使在为求贤而劳累，而一旦有这些妨碍，那贤人就必定得不到任用，而所任用的都是一些才识低下、行事荒谬的邪佞之人；即使在为建立善政而勤勉，而一旦有了这些妨碍，那善政就必定不能建立，而所推行的都是些徇私、只顾眼前得过且过的政令。岁月流逝，日子长了，逐渐养成祸害国家的根源，而导致使社会、子孙安吉的谋略考虑得不长远，宰相的职责不加强，纪纲法制从上层变坏，风尚礼俗从下层变坏，民众愁苦，士兵埋怨，国力日益低下，一旦突然发生意料不到的事，臣私下里痛心，不知道陛下将用什么办法来妥善处理事变发生后的遗留问题。既然这样，那么臣所说的天下大本，只在陛下一个人的心意上，难道不令人急切且恐惧不安，而寻求办法使它修正吗?

至于辅翼太子之说，则臣前日所谓数世之仁者，盖以微发其端，而未敢索言之也。夫太子，天下之本，其辅翼之不可不谨，见于《保傅传》[1]者详矣。○《保傅传》见《大戴礼》，贾生《政事疏》[2]所引最多。**陛下圣学高明，洞贯今古，宜不待臣言而喻。然臣窃尝怪陛下所以调护东宫者，何其疏略之甚也。由前所论而观之，岂非所以自治者，犹未免于疏略，因是亦以是为当然而不之虑耶！夫自王十朋、陈良翰[3]之后，宫僚之选，号为得人而能称其职者，盖已鲜矣。而又时使邪佞、儇薄、阘冗[4]、庸妄之辈，或得参错于其间，所谓讲读，闻亦姑以应文备数，而未闻其有箴规之效。至于从容朝夕，陪侍游燕者，又不过使臣、宦者数辈而已。皇太子睿性夙成，阅理久熟，虽若无待于辅导，然人心难保，气习易污。习于正则正，习于邪则邪，此古之圣王教世子[5]者，所以必选端方正直、道术博闻之士与之居处，而又使之逐去邪人，不使见恶行。盖尝谨之于微，不待其有过而后规也。今三代[6]之制虽不可考，且以唐之《六典》[7]论之。东宫之官，师傅宾**

客[8]既职辅导，而詹事府、两春坊[9]实拟天子之三省[10]，故以詹事庶子[11]领之，其选甚重。今则师傅宾客既不复置，而詹事庶子有名无实，其左右春坊，遂直以使臣掌之，何其轻且亵之甚耶！

注释

1《保傅传》：《大戴礼》一书中的《保傅》篇。保傅为辅导太子及诸侯子弟的官员太保、太傅。《大戴礼·保傅》云："保，保其身体；傅，傅其德义。" 2《政事疏》：即贾谊所著政论《陈政事疏》，又名《治安策》，论及汉文帝时潜在的或明显的多种社会危机，并有针对性地一一指明相应对策和补救措施。由班固"取其要切者"集缀收入《汉书·贾谊传》。3 王十朋、陈良翰：王十朋，字龟龄，号梅溪，南宋温州乐清（今属浙江）人。绍兴二十七年（1157）进士第一。孝宗时，历官国史院编修、侍御史等，后出知饶、湖等州，救灾除弊，有治绩。陈良翰，字邦彦，临海（今属浙江）人。绍兴进士，孝宗初，累迁左司谏，多次上疏论汤思退奸邪、张浚精忠；敢于直谏，屡议整顿朝政，提出革弊八策。晚年为太子詹事。4 儇（xuān）薄、阘（tà）冗：儇，轻薄、巧佞。阘，楼上小户，引申为卑下。阘冗为地位卑微或庸碌低劣。5 世子：帝王和诸侯正妻所生的长子。6 三代：指夏、商、周三代。7《六典》：指《新唐书·艺文志》职官类所载《六典》三十卷。8 师傅宾客：均为古代官名。负责辅佐帝王和教导贵族子弟的有师傅、师保、保傅等。唐始置太子宾客，为太子官属中的最高长官，正三品。9 詹事府、两春坊：均为官署名。秦始置詹事，职掌皇后、太子家事。东汉废，魏晋复置 。唐建詹事府，设太子詹事一人，少詹事一人，总东宫内外庶务。历朝因之。魏晋以来，太子宫称春坊，隋置门下、典书二坊，唐改为左右春坊，均为太子官属，故称两春坊。10 三省：官署合称。指中书省、门下省、尚书省。《新唐书·百官志一》："唐因隋制，以三省之长，中书令、侍中（门下）、尚书令，共议国政，此宰相职也。" 11 詹事庶子：詹事府的太子属官。唐以后设左右春坊，以左右庶子分隶之，以比侍中、中书令，故有"詹事府、两春坊，实拟天子之三省"之说。后历代相沿。

译文

至于辅助太子的陈说，臣前些日子所说的"数世之仁"者，大概是稍微开了个头，还不敢深入地论述它。太子是天下的根本，辅助太子不可以不慎重，这在《大戴礼·保傅》篇中说得很详细。陛下圣帝贤君的学说高超明达，融会贯通今古，应该不需要臣论说就已经知晓。但臣私下里曾对陛下调养保护东宫太子的措施感到奇怪，怎么粗疏简略得那么厉害呢？由前头所论说的来看，难道不是用以自身修养的，尚且不免于粗疏简略，因为是这样，所以把这当成理所当然而不忧虑了？自从王十朋、陈良翰之后，皇宫官吏的任选，称得上选对了人而能称职的，大概已经很少了。且又时常让那些邪恶奸佞、机巧轻佻、庸碌低劣、平庸狂妄的一帮人，参差交错在皇宫官吏之间，所谓侍讲侍读，听说也暂且是为应付某些文章充数，而没听说他们能起告诫规劝的作用。至于早晚悠闲地陪伴伺候太子吃喝玩乐的人，又不过是几个派遣的臣子、宦官而已。皇太子圣明的天性早已养成，亲身经历久已成熟，虽然好像是不必等待辅导，但人心难以保证，气质习惯容易受污染。常常接触正派的事物，他的习性就会正；常常接触邪恶的东西，其习性就会变邪恶。这是古代圣明帝王教育太子之所以必须选择端方正直、道德学术见闻广博的人与太子相处，且又让他赶走邪恶的人，不让他看到邪恶行为的原因。恐怕就是对细小的事也谨慎处理，不等他有了过错后再规劝。今天对于夏、商、周三代的制度尽管已不能够考察，暂且用唐代的《六典》来讨论这个问题。东宫府的属官，师傅、师保与太子宾客等长官既已担任辅导太子的职责，而詹事府、两春坊实际上类似皇上的中书省、门下省和尚书省三个官署，因此以詹事府的太子属官庶子统领，这个人选非常重要。如今师傅、宾客已不再设置，而詹事庶子是有其名无实职，那左右两春坊更是直接用派去的臣子掌管，多么轻慢且亵渎呀！

夫立太子而不置师傅宾客，则无以发其隆师亲友、尊德乐义之心；独使春坊使臣得侍左右，则无以防其戏慢媟狎[1]、奇邪杂进之害。此已非细事矣。至于皇孙，德性未定，闻见未广，又非皇太子之比，则其保养之具，尤不可以不严。而今日之官属尤不备，责任尤不专，岂任事者亦有所未之思耶！谓宜深诏大臣，讨论前代典故，东宫除今已置官外，别置师傅宾客之官，使与朝夕游处，罢去春坊使臣，而使詹事庶子各复其职。宫中之事，一言之入，一令之出，必由于此而后通焉。又置赞善大夫[2]，拟谏官以箴阙失。王府则宜稍放《六典》亲王之制，置宾友咨议，以司训导；置长史、司马[3]，以总众职。妙选耆德[4]，不杂他材；皆置正员，不为兼职，明其职掌，以责功效，则其官属已略备矣。陛下又当以时召之，使侍燕游，从容启迪。凡古先圣王正心、修身，平治天下之要，陛下之所服行而已有效，与其勉慕而未能及，愧悔而未能免者，倾倒罗列，悉以告之，则圣子神孙，皆将有以得乎陛下心传之妙；而宗社之安，统业之固，可以垂于永久而无穷矣。此今日急务之一也。○以上辅翼太子，急务之一。

注释

1 媟狎（xiè xiá）：狎昵，不庄重。2 赞善大夫：官名。唐置赞善大夫，为太子僚属，掌侍从翊赞，比谏议大夫。3 长史、司马：均为官名。秦李斯曾任长史。西汉时丞相、太尉、御史大夫，东汉太尉、司徒、司空各有长史。历代王府亦沿设长史，总管府内事务。传商代已置司马，掌管军政和军赋等，职权大小不定。以后历代沿置，但官职日低。
4 耆德：年高而德重的人。

译文

立了太子却不配置师傅、宾客，那就无从启发太子尊崇师傅、亲近友朋、敬重道德、乐于道义的心；单独让春坊官署派去的人陪侍太子，那就无法防止侍臣轻慢不庄重的胡闹、邪伪不正混杂进用的祸害。这就已经不是小事情了。至于皇上的孙子辈，道德品性还没有稳定，见闻还不广博，又不是能与皇太子相比的，那么对于培养他们的措施，尤其不可以不严格。而现在的官员配备尤其不完备，负责培养皇孙的官员尤其没有专门配备，这难道是主事的人也没有想到吗？我认为应当严肃认真地指示大臣们，研讨辩论历代（辅翼太子）的典型事例，东宫除了今天已经配置的官员之外，另配师傅、宾客等官员，让他们与太子早晚在一起交游相处，免去春坊官署派来的臣子，而使詹事府的庶子各复其职。皇宫内的事情，一句话的传入，一个命令的传出，必须由詹事庶子传达之后才通晓。还要配置赞善大夫，类似谏官，用以劝诫太子的过失。诸侯王的府第则宜逐渐仿照《六典》上对于亲王的体制，选配宾客朋友等供顾问咨议的幕僚，用以主管教导工作；配置长史、司马之类的官，用以统领众职。要精选年高有德望的人，不混杂其他人；都配置正职官员，不设兼职，明确其职责主管，用以责罚功效，那么这一类官员僚属就已差不多配齐了。陛下还当按时召问他们，要求那些陪侍太子的官员，能从容辅导启发太子。凡古代的先圣帝王，正心、修身和安定治理国家的关键要点，陛下所施行且已行之有效的，以及那些自己勉励、仰慕而没能做到的，愧疚悔恨而不能避免失误的，倾吐罗列，全都告知，那么圣上的子孙，都将会获得陛下心传的精妙；而宗庙社稷的安稳，统一天下大业的牢固，便可以流传于永久而无穷尽了。这就是当今的急切事务之一。

至于选用大臣之说，则臣前所谓劳于求贤，而贤人不得用者，盖已发其端矣。夫以陛下之聪明，岂不知天下之事，必得刚明公正之人，而后可任也哉？其所以常不得如此之人，而反容鄙夫之窃位者，非有他也，直以一念之间，未撤其私邪之蔽，而燕私[1]之好，便嬖之流，不能尽由于法度。若用刚明公正之人以为辅相[2]，则恐其有以妨吾之事，害吾之人，而不得肆。是以选抡之际，常先排摈此等，置之度外，而后取凡疲懦软熟[3]、平日不敢直言正色之人而揣摩之。又于其中得以至庸极陋，决可保其不至于有所防者，然后举而加之于位。是以除书[4]未出，而其物色先定；姓名未显，而中外已逆知其决非天下之第一流矣。○此等语实甚戆直，孝宗以其为贤者而优容之耳。**故以陛下之英明刚断，略不世出，而所取以自辅者，未尝有如汲黯、魏徵[5]之比，顾常反得如秦桧[6]晚年之执政台谏[7]者而用之；彼以人臣窃国柄，而畏忠言之悟主以发其奸也，故专取此流以塞贤路、蔽主心，乃其势之不得已者。陛下尊居宸极[8]，威福自己，亦何赖于此辈而乃与之共天下之政，以自蔽其聪明，自坏其纲纪，而使天下受其弊哉？**

注释

1 燕私：本指祭祀后的亲属私宴，此指因私谊而亲近、友好。2 辅相：谓宰相。3 疲懦软熟：指软弱无能。4 除书：任命书。5 汲黯、魏徵：汲黯，西汉濮阳（今河南濮阳西南）人，字长孺。武帝时，任东海太守，继为主爵都尉。好黄老之术，常直言切谏，曾指责武帝“内多欲而外施仁义”。因建议与匈奴和亲，为武帝疏远。魏徵，字玄成，魏郡内黄（今河南内黄西北）人。唐太宗时擢为谏议大夫，以直言敢谏著称。6 秦桧：字会之，南宋初江宁（今江苏南京）人。北宋末历任左司谏、御史中丞。靖康二年（1127）被俘到北方，成为金太宗族弟完颜昌的亲信。后被完颜昌遣归。绍兴年间两任宰相，前后执政十九年，主张投降，为高宗所宠信。杀害岳飞，主持和议，向金称臣纳币，为人所切齿。7 台谏：官名。唐、宋以掌纠弹之御史为台官，以掌建言之给事中、谏议大夫等为谏官。8 宸极：本为北极星，古代以北极星为众星所拱，最尊贵，因以借指君位。

译文

至于选用大臣方面的陈说，臣前面所说的为寻求贤才而操劳，而贤人却不能得到任用的情况，大概已经开了个头。以陛下的聪明，难道不知道天下的事，必须得到刚强、严明又公正的人之后，才可以任用吗？之所以常常得不到这样的人，反而容忍鄙陋浅薄的人窃取高位，不是因为别的什么，只是因为一念之间，没有除去私心邪念的蒙蔽，而因私谊关系的亲近友好，使那些阿谀逢迎而得宠信的近臣，不能都符合法度。如果任命刚强、严明、公正的人为宰相，又担心他会妨碍我的事，妨害我的人，而使我不能任意放纵。因此在挑选大臣的时候，常常会先排除摒弃这种刚明公正的人，把他们放在考虑的人选之外，而后选取那些软弱无能，平时又不敢坦率直言、神色严厉的人加以揣摩。又在其中找最平庸、极鄙陋的人，必定可以保证他不至于对自己有所妨碍，然后推举他们做官。因此任命书还没出来，而他要寻找的人已先定好；官员的姓名还没显露，而朝廷内外已预知那些官员绝不是天下第一流的人才。所以，即使以陛下的英明、刚强、果断，才略不是每一代都出现的，而所选取用以辅助自己的人，也不曾有像汲黯、魏徵之类的，反而常常得到如秦桧晚年执掌宰相谏官这样的人来任用；他们以人主之臣窃取国家大权，害怕忠言会使君主觉醒而揭发他们的奸诈行为，所以专门选取此类人来堵塞贤人仕进的道路，蒙蔽君主想选任贤才的本心，这是情势所趋无可奈何的事。陛下尊居君位，权威来自自己，又怎么会依赖这帮人而与他们共掌国家的朝政，以自己遮盖自己的聪明，自己破坏自己治国安邦的法纪，而使国家受他们的弊害呢？

夫其所以取之者如此，故其选之不得而精；选之不精，故任之不得而重；任之不重，则彼之所以自任者亦轻。夫以至庸之材，当至轻之任，则虽名为大臣，而其实不过供给唯诺，奉行文书，以求不失其窠坐资级，如吏卒之为而已。求其有以辅圣德、修朝政而振纪纲，不待智者而知其必不能也。下此一等，则惟有作奸欺，植党与，纳货贿，以浊乱陛下之朝廷耳。其尤甚者，乃至十有余年而后败露以去，然其列布于后，以希次补者[1]**，又已不过此等人矣。盖自其台谏为侍从**[2]**，而其选已如此，其后又择其尤碌碌者而登用之，则亦无怪乎陛下常不得天下之贤才而属任之也。然方用之之初，亦曰姑欲其无所害于吾之私而已，夫岂知其所以害夫天下之公者，乃至于此哉！陛下诚反是心以求之，则庶几乎得之矣，盖不求其可喜而求其可畏，不求其能适吾意而求其能辅吾德，不忧其自任之不重，而常恐吾所以任之者之未重，不为燕私近习一时之计，而为宗社生灵万世无穷之计。陛下诚以此取之，以此任之，而犹曰不得其人，则臣不信也。此今日急务之二也。**〇以上选任大臣，急务之二。

注释

1 希次补者：指希望按次序、资历升官晋级的人。2 侍从：宋代称大学士至待制为侍从官，因常在君主左右备顾问，故名。其后又称在京职事官自六部尚书、侍郎及学士、两制等通为侍从。

译文

正因他们所选取的人像“秦桧晚年之执政台谏者”那样，所以他们选的人中得不到精良的；选的人不是精良的，所以授任其职也不能重；担任的职务不重，那他们因此担任的职责也就会轻。以最平庸的人才，担任最轻的职务，那就虽然名义上是大臣，而其实不过是给皇上提供卑恭顺从的应答，照例发送文书，以求得不失去其为官的资历级别，如同胥吏衙役所做的事而已。要求他们有辅助圣帝贤君修德、整治朝廷政治、振肃纪纲的本事，不必是聪明人也知道他们必不能做到。往下降一等级，那就只有虚伪欺诈，培植同党，接受财物行贿的人，从而使陛下的朝廷混浊、败坏。他们中尤为厉害的，甚至有十多年后才败露离开的，那些排列在后面，希望按次序、资历升官晋级的，又已不过是这类人。大概从台谏由侍从官充任开始，选拔制度就已是这样，之后又选择其中尤为平庸无能的人而推举任用，那就也不要对陛下常常得不到天下贤才予以任用感到奇怪了。然而，刚任用这些人的时候，也说暂且想要他们不会妨害我的私心而已，哪里知道他们损害天下之公，会达到这种程度呢！陛下若真能从这种心思的反面去寻求，那么或许就成功了，不追求事情让人欢喜而求对它有所畏惧，不追求它能符合自己的心意，而求它能辅助提升我的道德修养，不担心他们本身担负的责任不重，而常担心我所授予他们的责任不重，不为皇家私谊亲信近臣的一时之计，而为宗庙社稷和黎民百姓的万世无穷之计。陛下真正能以这种心思来选取大臣，以这种标准来任命大臣，若还说得不到贤人，那臣就不相信了。这就是当今的急切事务之二。

至于振肃纪纲、变化风俗之说，则臣前所谓勤于立政，而善政卒不得立者，亦已发其端矣。夫以陛下之心，忧勤愿治，不为不至，岂不欲夫纲维之振、风俗之美哉？但以一念之间未能去其私邪之蔽，是以朝廷之上，忠邪杂进，刑赏不分；士夫之间，志趣卑污，廉耻废坏，顾犹以为事理之当然，而不思有以振厉矫革[1]之也。盖明于内然后有以齐乎外，无诸己而后可以非诸人。今宫省[2]之

间，禁密之地，而天下不公之道，不正之人，顾乃得以窟穴盘据于其间，而陛下目见耳闻，无非不公不正之事，则其所以熏蒸销铄[3]，使陛下好善之心不著，疾恶之意不深，其害已有不可胜言者矣。及其作奸犯法，则陛下又未能深割私爱，而付诸外廷之议，论以有司之法，是以纪纲不能无所挠败[4]；而所以施诸外者，亦因是而不欲深究切之。

注释

1 振厉矫革：振厉犹奋勉、振作，矫革为矫正、改变。2 宫省：设于皇宫内的官署，如门下省、中书省等。3 熏蒸销铄：喻指通过熏陶、习染而发生了变化。4 挠败：扰乱败坏。

译文

至于整顿严肃纲纪法制、变革风尚礼节等方面的陈说，臣在前面所说的陛下虽在创立新政上勤勉，但好的政治局面最终还不能建立的问题，也已经开了头。从陛下的心愿看，忧愁劳苦，希望治理好朝政，但不去做不能成功，难道是不想整顿纲纪、美化风俗吗？只是因为一个念头之间没能剔除那私心邪念的蒙蔽，因此使朝廷之上，忠诚的人与邪恶的人混杂一起进用，处罚与奖赏不分明；各种官吏之间，志向意趣卑劣污浊，廉洁的操守被败坏而不知羞耻，反而还认为这是事物发展的必然，而不考虑能整顿变革矫正这种情形的办法。内部标准明确了，然后才有办法使外面保持一致，自己没有问题，然后才可以谴责有问题的人。如今在皇宫官署之间，宫廷秘密的地方，那些天下不公正的门径、不正直的人，反而能够藏身据守其间，陛下眼睛看到的，耳朵听到的，不外乎是那些不公平不公正的事，那就是因为通过熏陶、习染而发生了变化，使陛下喜好善良美好的心不明显，痛恨罪恶的思想不深厚，它祸害皇上已到了不能用言语表达的程度了。等到那些人做坏事触犯刑法，陛下又不能深深地割舍私人感情，而将他们交付外廷审议，按有关法律论处，因此纲纪法度不能不有所扰乱破坏，而由此造成对外界的坏影响，也因此不想深入追究。

且如顷年方伯连帅[1]，○自“且如顷年”以下二十二行，皆当时政事之大紊纲纪者，但未明指其姓名，今亦不能一一指出矣。**尝以有脏污不法闻者矣，鞫治未竟而已有与郡之命，及台臣[2]有言，则遂与之祠禄[3]，而理为自陈，至于其所藏匿作过之人，则又不复逮捕付狱。名为降官，而实以解散其事。此虽宰相曲庇乡党，以欺陛下，**

然臣窃意陛下非全然不悟其欺者，意必以为人情各有所私，我既欲遂我之私，则彼亦欲遂彼之私，君臣之间，颜情稔熟，则其势不得不少容之。且以为虽或如此，亦未至甚害于事，而不知其败坏纲纪，使中外闻之腹非巷议[4]，皆有轻侮朝廷之心。奸赃之吏[5]，则皆鼓舞相贺，不复畏陛下之法令，则亦非细故也。

注释

1 方伯连帅：古代一方诸侯之长为方伯，后指地方长官。连帅则指地方高级长官，宋代多指转运使、都指挥使等各路主要长官。2 台臣：即台官，指御史台。3 祠禄：官名。宋制，大臣罢职，令管理道教宫观，以示优礼，无职事，仅借名食俸，谓之祠禄。4 腹非巷议：腹非即腹诽，谓口虽不言，而心怀异议。专制时代有所谓“腹诽之法”。巷议，指大街小巷里人们的议论。5 奸赃之吏：指作奸犯法的贪官污吏。“赃”，原误作“脏”。

译文

且如近年地方官与各路主要长官，曾经听说有因贪赃受贿违法的官员，审问定罪还没完就已经有了授予他郡守的任命，等到御史台有了谏诤言论，竟给他祠官所享受的俸禄，而治理罪责改为自己陈说，以至于他所藏匿的犯罪之人，也不再逮捕入狱。名义上是降了官职，而实际上是解决这件事。这件事虽是宰相（王淮）曲意包庇同乡（唐仲友），用以欺蒙陛下，但臣私下认为陛下不是完全不知道其中的欺骗，认为必定是因为人情上各有各的私心，我既想顺我的私心，他也想顺他的私心，君臣之间情面太熟，那么情势上就不得不稍许宽容。而且认为虽然情况或许是这样，也不至于对事情很有害，却不知道它败坏纲纪，使朝廷内外听说后，口虽不说，而心怀异议，大街小巷议论纷纷，都有了轻蔑侮辱朝廷的心。作奸犯法的贪官污吏，都击鼓跳舞互相庆贺，不再畏惧皇上的法令，那就也不是小事了。

又如廷臣争议配享[1]，其间邪正曲直，固有所在，则两无所问而并去之；监司挟私以诬郡守，则不问其曲直而两皆罢免；监司使酒以凌郡守，亦不问其曲直而两皆与祠[2]；宰相植党营私，孤负任使[3]，则曲加保全，而使之去，台谏怀其私恩，阴拱[4]不言，而陛下亦不之问也。其有初自小官，擢为台谏三四年间，趋和承意，不能建明一事，则年除岁迁，至极其选。一日论及一二武臣罪恶，则便斥为郡守，而不与职名，从臣近典东畿，远帅西蜀，一遭飞语，则体究具

析，○体究具析，皆宋时公牍字样，犹今曰惩究、曰查办也。**无所不至。及究析来上，而所闻不实，则言之者晏然，亦无所诃。山陵诸使，鬻卖辟阙**[5]**，烦扰吏民，御史有言，亦无行遣，而或反得超迁。御史言及畿漕，则名补卿列，而实夺之权。其所言者，则虽量加绌削**[6]**，而继以进用。从班之中，贤否犹杂，至有终岁缄默，不闻一言以裨圣德者，顾亦随群逐队，排连攒补。其桀黠**[7]**者乃敢造飞语、立横议，如臣前所陈者，而宰相畏其凶焰，反挠公议而从之，台谏亦不敢闻于陛下而请其罪。陛下视此纲纪为何如？可不反求诸身，而亟有以振肃之耶！**○以上振肃纪纲，急务之三。

注释

1 配享：以功臣附祭于祖庙。2 与祠：给予祠禄。3 孤负任使：即辜负任使，指对不起皇上的信任和使用。4 阴拱：暗自敛手，暗中坐视。喻袖手旁观。5 辟阙：本指帝王宫殿的附属建筑，又喻指官爵。因帝宫旁多为中央官署，官署不可能被鬻卖，只有官爵才可以卖。6 绌削：废退削职。绌，通“黜”，罢免或贬退官职。7 桀黠：凶暴狡猾。

译文

又比如朝廷上臣子们争议以功臣附祭于祖庙的事，那中间的不正当与正当、无理与有理，本来就是存在的，现在却双方都不过问而一并去除；监察部门挟私诬陷郡守，却不问是非善恶而双方都罢免；监察官借酒使性欺凌郡守，也不问其中有理无理而双方都给予祠禄；宰相培植党羽，谋求私利，辜负了皇上对他的信任和使用，皇上却婉转地加以保护使不受损失，而只是让他从岗位上离开；台谏御史怀着宰相的私恩，袖手旁观不作声，而陛下也不过问此事。他们中有从小官开始，被提拔为台谏御史的，三四年中，随声附和，迎合人意，不能建议陈述清楚一件事，却年年授职升官，以至提拔到极点。某日朝廷议论到一两个武臣的罪恶，就斥责降为郡守，而不给职衔，侍从臣子或就近主管京城东郊，或戍远统帅四川一带，一旦遭到流言蜚语，就惩究查办，没有什么事做不出来。等到惩究的公文上呈，而所听到的（蜚语）不实，那说他坏话的人安定自若，也不会受到呵斥。那些掌皇帝丧葬的大臣们，卖官鬻爵，烦扰当地的官吏和民众，御史有指斥的话，这些人也不会被处置发落，或许反而得到破格升迁。御史奏言说到京城附近漕运的事，却让被奏者补名到九卿之列，实际上是强取之权。御史所说的，虽是量刑予以削职废退，但接下来却是提拔任用。

朝臣班列之中，贤与不贤尤为混杂，以至有终年闭口不说话，没听到他有一句话能裨益圣上品德的，反而也追随着官群的队伍，排列连接着积聚补上去。其中凶暴狡猾的人竟敢捏造无根据的话，发表放纵恣肆的议论，如臣前不久所陈奏的，宰相畏惧他的凶恶气焰，反而阻止公正的议论而顺从他，台谏御史也不敢向陛下报告而请求惩处他的罪过。陛下看这样的纲纪法度怎么样？可以不反过来从自身出发去寻求原因，而赶快有所整顿吗？

纲纪不振于上，是以风俗颓弊于下，盖其为患之日久矣，而浙中为尤甚。大率习为软美之态，依阿之言，而以不分是非、不辨曲直为得计。下之事上，固不敢少忤其意；上之御下，亦不敢稍咈[1]其情。惟其私意之所在，则千途万辙，经营计较，必得而后已。甚者以金珠为脯醢[2]，以契券为诗文，宰相可啖则啖宰相，近习可通则通近习。惟得之求，无复廉耻。父诏其子，兄勉其弟，一用其术，而不复知有忠义名节之可贵。其俗已成之后，则虽贤人君子，亦不免习于其说。一有刚毅正直、守道循理之士出乎其间，则群议众排，指为道学之人，而加以矫激之罪。上惑圣聪，下鼓流俗。盖自朝廷之上，以及闾里之间，十数年来以此二字[3]禁锢天下之贤人君子，复如崇、宣[4]之间所谓元祐[5]学术者，○崇宣，谓北宋崇宁、宣和之际也，时以司马光、苏轼等为元祐学术，立党人碑以禁锢之，南宋亦禁道学。**排摈诋辱，必使无所容措其身而后已。呜呼，此岂治世之事，而尚复忍言之哉！**

注释

1 咈：违背，抵触。2 脯醢：佐酒的菜肴。脯为肉干，原误作“醋”。醢为肉、鱼等制成的酱。3 二字：指上文“道学之人”的“道学”二字。4 崇、宣：指宋徽宗时的崇宁（1102—1106）和宣和（1119—1125）两个年号，以代指徽宗时蔡京等当权之事。5 元祐：宋哲宗年号（1086—1094）。

译文

纲纪不从上面进行整治，因而风气习惯等就在下层败坏，其为患的时间太久了，而浙江中部尤为严重。大都习惯以柔和温顺的姿态，曲意逢迎的言语，而以不分对错、不辨别无理有理为计谋以实现个人想法。下级侍奉上级，本不敢有少许不顺从的心意；上级管理支配下级，也不敢稍稍违背他们的感情。只要有他们之间的私人情谊所在的地方，那就千方百计以各种途径去经营打算，必须有所得才停止。严重的以黄金珠宝为佐酒的诱饵，以契据债券作为求见的诗文，宰相可以利诱到就利诱宰相，皇上的近臣可以买通就私通近臣。只追求有收获，不再考虑廉耻。父亲告诉他的儿子，兄长勉励他的弟弟，一概使用这种方法，而不再知晓有忠义名节的可贵。那种风气习俗已经形成之后，那就即使是贤人君子，也免不了会习惯于这种说法。一旦有刚毅正直、守道循理的人出现在他们之间，那大家就成群非议，一起排挤他，指斥他为“道学”之人，而加以奇异偏激、违逆常情之类的罪名。对上迷惑圣上的聪慧，对下蛊惑群众。从朝廷之上，以至于乡里民众之间，十几年来以此“道学”二字禁锢束缚天下的贤人君子，又像宋徽宗崇宁、宣和年间（蔡京当权）所说的元祐学术，大家排挤、摈弃、诋毁、侮辱（元祐党人），一定要使他们没有地方安身才罢休。呜呼，这难道是和平昌盛之世的事，而还能再去忍心谈论的吗？

又其甚者，乃敢诵言于众，以为陛下尝谓今日天下幸无变故，虽有仗节死义之士，亦何所用。此言一播，大为识者之忧，而臣知其有以必非陛下之言也。夫仗节死义之士，当平居无事之时，诚若无所用者；然古之人君所以必汲汲以求之者，盖以如此之人，临患难而能外死生[1]，则其在平世必能轻爵禄；临患难而能尽忠节，则其在平时必能不诡随。平日无事之时得而用之，则君心正于上，风俗美于下，足以逆折奸萌[2]，潜消祸本[3]，自然不至真有仗节死义之事，非谓必知后日当有变故而预蓄此人以拟之也。惟其平日自恃安宁，便谓此等人材必无所用，而专取一种无道理、无学识、重爵禄、轻名义之人，以为不务矫激而尊宠之，是以纲纪日坏，风俗日偷[4]，非常之祸伏于冥冥之中；而一旦发于意虑之所不及，平日所用之人，交臂降叛，而无一人可同患难，然后前日摈弃流落之人，始复不幸而著其忠义之节。

注释

1 外死生：将死生置之度外。2 逆折奸萌：犹言预先制止奸邪的萌生。逆，预先；折，摧折。3 潜消祸本：犹言在祸乱未发生的时候就消除其根源。4 偷：淡薄，不庄重。

译文

又有更厉害的，乃至敢于当众陈说，认为陛下曾经说过，今日天下侥幸没有意外事故，即使有坚守节操为正义而死的人，也没什么地方用得上。这种言论一宣扬，有识之士大为忧虑，而臣知道其中有些必定不是陛下的话。坚守节操为正义而死的人，在闲居无事的时候，确实像没什么地方用得上；但古时候的帝王之所以急切地寻找这种人，大概是认为这样的人，面对患难能够把死生置之度外，那么他在平常治世时期必定能把爵位俸禄看得很轻；面对患难而能竭尽忠心与节操，那他在平时必定能不欺诈或妄随他人。平日无事的时候得到这样的人而任用，则皇上之心正于上，风气礼俗美于下，足以预先制止奸邪的萌生，在祸乱未发生之时就悄悄地消除了祸根，自然不至于会真有仗节死义的事，不是说必定知道以后有意外事故发生而预先储备这种人来做打算。只有那种平日自己仗着国家安宁，就说这类人才必定没什么地方用得上，而专门选取一种没有道德理义、没有学识、看重爵禄、轻视名节与正义的人，认为他们不偏激不违逆常情而尊重宠爱他们，因此纲纪法度一天天变坏，风气礼俗一天天变得淡薄不庄重，不同寻常的灾祸隐藏在晦暗之中；而一旦发生意料之外的事，平日所用的那帮人，会一个接一个地降乱叛国，而没有一人可以同患难，然后前些日子那些被摈弃流落的人，才又不幸地彰显出他们忠诚正义的气节。

以天宝之乱[1]观之，其将相、贵戚、近幸之臣，皆已顿颡贼庭[2]；而起兵讨贼，卒至于杀身湛族[3]而不悔，如巡、远、杲卿[4]之流，则远方下邑，人主不识其面目之人也。使明皇[5]早得巡等而用之，岂不能销患于未萌？巡等早见用于明皇，又何至真为仗节死义之举哉！商鉴[6]不远，在夏后[7]之世，此识者所以深忧于或者之言也。虽以臣知陛下圣学高明，识虑深远，决然不至有此议论，然每念小人敢托圣训以盖其奸，而其为害至于足以深沮天下忠臣义士之气，则亦未尝不痛心疾首，而不敢以识者之虑为过计之忧也。陛下视此风俗为何如？可不反求诸身而亟有以变革之耶？此今日急务之四也。○以上变革风俗，急务之四。

注释

1 天宝之乱：即“安史之乱”，指唐玄宗天宝十四年（755）节度使安禄山以诛杨国忠为名起兵叛乱，和乾元二年（759）史思明杀安禄山子庆绪而回范阳自称燕帝并攻下洛阳的战乱。至代宗广德元年（763）叛乱平定。历时七年多，严重破坏生产。唐朝统治从此由盛而衰。2 顿颡（sǎng）贼庭：指投降安史叛乱集团。顿颡，犹稽颡，屈膝下跪，以额触地。颡，额，脑门子。3 湛族：灭族。湛，通“沉”，沉没，使沉没。4 巡、远、杲（gǎo）卿：指安史之乱中奋力抵抗叛军而被害的张巡、许远、颜杲卿三名太守。5 明皇：即唐玄宗李隆基，公元712—756年在位。因谥号至道大圣大明孝皇帝，而称唐明皇。6 商鉴：犹殷鉴。指殷人灭夏，殷人的子孙应该以夏的灭亡作为鉴戒。后泛指可以作为后人鉴戒的往事。7 夏后：即夏后氏。中国历史上第一个朝代。相传为夏后氏部落领袖禹子启所建立的世袭国家，传至桀，为商汤所灭。

译文

从天宝年间的安史之乱来看，那时候的将帅宰相、皇室贵戚、亲近宠幸的臣子，都已屈膝投降到叛贼安禄山、史思明的门庭；而起兵讨伐叛贼，最后至于被杀身灭族而不后悔的，如张巡、许远、颜杲卿那些人，却是远方下层郡城，皇上都不认识他们面貌的人。假使唐明皇李隆基早一点得到张巡等人而任用，难道不能消除隐患于未萌发之时？张巡等人能早些被唐明皇任用，又怎么至于真的做出坚守节操为正义而死的举措呢？殷商人灭亡夏朝的鉴戒不远，在夏后氏的时代，这是有识之士之所以深忧于某些人的话。虽然臣知道陛下有圣帝贤君所具备的高明学问，智慧谋略既深且长远，决然不至于有这样的议论，但每一想到小人竟敢托皇上的训诫来掩盖他们的奸邪，使他们的为害到了足以深入败坏天下忠臣义士正气的地步，则又未尝不令人痛恨到极点，而不敢认为有识之士的忧虑是过多的。陛下认为这样的风气习俗怎么样？能不反过来从自身找原因而急迫地进行变革吗？这就是当今的急切事务之四。

至于爱养民力、修明军政之说，则民力之未裕，生于私心之未克，而宰相台谏失职也。军政之未修，生于私心之未克，而近习得以谋帅也。是数说者，臣皆以极陈于前矣，今请即民力之未裕而推言之。臣闻虞允文[1]之为相也，盖取版曹[2]岁入窠名之必可指拟者，号为岁终羡余之数，而输之内帑[3]。顾以其有名无实，积累挂欠[4]，空载簿籍，不可催理者，拨还版曹。○窠名犹今日款目。版曹，今之户部也。必可指拟者，犹今日有着之款。不可催理者，犹今日无着之款。**其为说曰，内帑之积，将以备他日用兵进取不时之需，而版曹目今经费，已自不失岁入之数。听其言诚甘且美矣，然自是以来二十余年，内帑岁入不知几何，而认为私贮，**

典以私人。宰相不得以式贡均节其出入，版曹不得以簿书勾考其在亡，其日销月耗，以奉燕私之费者，盖不知其几何矣。而曷尝闻其能用此钱以易敌人之首，如太祖皇帝之言[5]哉？徒使版曹经费阙乏日甚，督趣日峻，以至废去祖宗以来破分良法，○旧法，州县催理官物已及九分以上，谓之破分，诸司即行住催，版曹亦置不问，贫民些少拖欠亦得迁延以待蠲免。自曾怀[6]用事，始除此法，旧欠悉行拘催。**而必以十分登足为限；以为未足，则又造为比较监司郡守殿最[7]之法以诱胁之，不复问其政教设施之得失，而一以其能剥民奉上者为贤。于是中外承风，竟为苛急，监司明谕州郡，郡守明谕属邑，不必留心民事，惟务催督财赋。此民力之所以重困之本。而税外无名之赋，如和买折帛、科罚月桩之属，[8]尚未论也。**

注释

1 虞允文：字彬甫，宋隆州仁寿（今属四川）人。绍兴进士。绍兴三十年（1160）奉命赴金，次年勇破金军。孝宗乾道元年（1165）任参知政事兼知枢密院事。五年为右相，迁左相，任用胡铨、王十朋等，后均为宋代名臣。2 版曹：宋代户部左曹的别称。3 内帑：国库，亦称内库。4 挂欠：赊账。5 太祖皇帝之言：指宋太祖曾计划将每年节余存入封桩库，向契丹赎回燕云十六州，或以之奖励收复失地、战败契丹的有功之臣。6 曾怀（1100—1172）：字钦道，祖籍晋江，由京师迁居常熟。南宋隆兴中任浙西提举，后又任度支员外郎。因主持拘催钱物所，治理有方，财政丰裕，晋户部尚书，累迁至右丞相兼枢密使，封鲁国公。宋孝宗将曾怀比作萧何、刘晏。曾怀在任户部尚书时，曾废除原催理赋税官物达九分以上为“破分”不再催的旧法，规定需及十分才能“住催”。住，疑为“往”之误。7 殿最：古代考核政绩或军功，下等称为“殿”，上等称为“最”。也泛指等级的高低上下。8 和买折帛：和买指预买绸绢，是宋代政府于春季贷款给农民，至夏秋时令农民以绢偿还的一种敛财法。至南宋初已成为重赋，因官府按比例或全部折纳现钱，折价屡增。所谓“折帛”，即南宋杂税折帛钱，分夏税折帛与和买折帛。月桩：即南宋杂税“月桩钱”，从绍兴二年（1132）始置，令江东漕司每月拨饷十万缗以供军需。

译文

至于爱惜培养民力、整饬严明军政方面的陈说，那是因为百姓的人力财力不充足，产生于私心没有被克制之时，是宰相与台谏官失职。军事、政治没有整治，产生于私心没有被克制之时，而使君主亲近的人能够谋取将帅之位。这几个方面的论说，臣都在前面重点陈述了，现在请就民力的不充裕来推断论说。臣听说虞允文当宰相，大概是把户部每年收入款项中必定可以指望的项目，称为年终各项杂税的盈余数，按数输送到皇宫内库。反过来将那些有名无实的、积累的赊账数目，空载在簿册的，不可催促办理的项目，拨还给户部。他们的说法是，国库里积累的钱财，将用于以后用兵打仗等难以预料的临时急需上，而户部目前的经费，已自然不少于每年的收入数。听他们说的话，真是甘甜又漂亮呀，但从那时以来二十多年的时间，国库每年收入不知道有多少，被认作是皇家私贮，由私人掌管。宰相不能够用计入赋税来均衡节制款项的收支，户部不能用账簿来勾定稽查这些款项是在还是不在，每天每月消耗，用以奉送私谊宴饮的费用，不知有多少啊！而何时曾听说过他们能用这笔钱来换取敌人的脑袋，如太祖皇帝曾说过的（以国库存款赎回失地与奖励功臣）那样？仅仅使户部的经费一天天亏损得严重，朝廷的督查催促一天比一天紧急，以至于废除掉祖宗传下的“破分”良法，而必须按全部交齐为限；若是没交足，就又设置让各种监司、郡守互相比较高下的下等为殿、上等为最的办法进行利诱威胁，不再过问他们在政治教化上安排的得与失，而一律以他们能掠夺民财供奉给上级为贤能。于是朝廷内外都秉承这种风气，全都在苛刻急催，监察官明确告诉各州郡，郡守明确告知所属县邑，不必留心民事，只要专力从事催促财税交纳。这就是民力之所以严重困敝的根源。而正税之外的无名杂税，如预买绸绢的折帛钱、临时摊派杂税和所谓供军需的月桩钱之类，还没有论及。

其次则陛下所用之宰相，不能择中外大吏，而惟徇私情之厚薄；所用之台谏，不能公行纠劾，而惟快一己之爱憎。是以监司郡守，多不得人，而其贤者，或以举职业忤台谏而遭斥逐也。至于监司太多，而事权不归于一；铨法[1]**虽密，而县令未尝择人，则又其法之有未善者。然其本正则此等不难区处，其本未正则虽或举此，臣恐未见其益而反有其害也。**○以上，民力未裕。**又尝即夫军政之不修而推之，则臣闻日者诸将之求进也，必先掊克**[2]**士卒以殖私财，然后以此自结于陛下之私人，而祈以姓名达于陛下之贵将。贵将得其姓名，即以付之军中，使自什伍以上，节次保明，称其材武堪任将帅，然后具为奏牍，而言之陛下之前。陛下但见其等级推先，案牍具备，则诚以为公荐而可以得人矣。**○今军中士卒禀保而后具奏，当时盖有此例。咸丰十年，王有龄[3]令军中将士具呈公保何桂清[4]，请免治罪，或亦仿其例与？**而岂知其谐价输钱**[5]**，已若晚唐之债帅**[6]**哉？只此一事，有耳者无不闻，有口者无不道，然以其门户幽深，踪迹诡秘，故无路得以窥其交通之实状，**

是以虽或言之，而陛下终不信也。夫将者三军之司命，而其选置之方，乖剌[7]**如此，则彼智勇材略之人，其孰肯抑心下首于宦官、宫妾之门？而陛下之所得以为将帅者，皆庸夫走卒，固不知兵谋师律之为何事，而惟克剥之是先，交结之是图矣。**○理直而气刚。**陛下不知其然，而犹望其修明军政，激劝士卒，以强国势，岂不误哉！**○以上军政不修。

注释

1 铨法：选授官职的法律制度。2 掊（póu）克：指以苛捐杂税搜刮民财。掊，搜刮，聚敛。3 王有龄：字英九，福建侯官（今福州）人。幼随父居昆明，与何桂清同学，因受何桂清倚重，咸丰十年（1860）任浙江巡抚。4 何桂清：字丛山，号根云，清末云南昆明人。道光进士。历任兵部、户部、吏部侍郎等职。1854 年任浙江巡抚，调兵对抗太平军。1857 年升两江总督，搜刮苏、浙钱粮供给江南大营。1860 年江南大营溃没，留守常州的何桂清竟临阵逃至上海，被革职逮捕进京时，王有龄多次上疏，替何开脱乞恩。何终被处死。5 谐价输钱：按议定价格给钱。谐价，议定价格。6 债帅：唐大历以后，政治腐败，凡命一帅，必广输重赂。禁军将校欲为帅者，若家财不足，则向富户借贷；升官之后，再大肆搜刮民财偿还。因有债帅之称。后遂用以借称行贿而取将帅的高位者。7 乖剌：指性情、言语、行为违逆，不合情理。

译文

其次是陛下所任用的宰相，不能选择朝廷内外的大臣，而只徇私情的厚薄；所任命的台谏官，不能公开进行检举揭发和弹劾，而只按自己的爱憎来选择称意的。因此监司、郡守多数用人不当，而那些贤能的人，或许因从事的工作违背了台谏官的心意而遭排斥罢免。至于监察部门太多，而职责不能统归一致；选授官职的法律制度虽然周密，但县令却没选对人，则又是法制上有不完善的地方。然而他们的根子正了，这类问题就不难区别处理；其根子不正，那就即使这么做了，臣担心没见到它的好处而反有它的害处。臣又曾就军事、政治不修明而推论，听说往日诸将追求晋爵升官，必定先以苛税搜刮士兵的钱财来增加自己的财产，然后用这些财物去结交陛下的近臣，而祈求他们将自己的姓名送给陛下的显贵将帅。显贵将帅得到那些姓名，就交给军队，使那些人从军队的基层，往上逐一保举，向上申明，称赞他们的才干武艺能胜任将帅，然后拟写成奏疏，而上报到皇上跟前。陛下只看到他们被逐级推举尊崇，官府文书齐备，就真以为是大家一致荐举而选对人才了。而哪里知道这些人是按议价给钱，已如同晚唐借贷升官的“债帅”了呢？仅这一件事，有耳朵的人没有不听说的，有嘴巴的人没有不说道的，但因为皇宫门户幽深，做那种事又踪迹狡诈隐秘，所以没办法去窥测他们暗中勾结的实况，因此虽然或许有人说了，而陛下最终还是不相信。将帅是掌握三军命令的人，而其选举配置的方式违背常情到如此地步，那么那些智勇双全、有才干有谋略的人，谁肯抑制自己的心志去低头请求于太监、宫女的门下？而陛下所选的认为是将帅的人，都是平庸之人和仅供奔走的差役，本来就不知道用兵谋略和统帅军队的法令纪律是怎么一回事，而只是把剥削钱财这件事放在首位，一味图谋往来勾结。陛下不知道其中的缘由，却还指望他们整饬严明军事、政治，激励劝勉士兵，以增强国家的权势，难道不是错误的吗？

然将帅之不得人，非独兵卒之受其弊也，推其为害之极，则又有以及乎民者。盖将帅得人，则尺籍[1]严而蓄储羡，屯田立而漕运省。今为将帅者如此，则固无望其肯核军实而丰储蓄矣。至于屯田，则彼自营者尤所不愿，故朝廷不免为之别置使者以典治之，而屯兵之众，资其拨遣，则又不免使参其务。然闻其占护军人，不肯募其愿耕者以行，而强其不能者以往，至屯则偃蹇不耕，而反为民田之害。使者文吏，其力盖有所不能制者。○屯田之众，须由军中拨交，屯田使者不得不令诸将参与其事。占护，犹今言霸占、袒护也。**是以陛下欲为之切而久不得成也。屯田不立，漕运烦费，**○水路输送曰漕，陆路输送曰运、曰转，凡物皆然，不独米粮也。**诸州苗米[2]，至或尽数起发，而无以供州兵之食，则加耗斛面[3]之弊纷纷而起，而民益困矣。又凡和买折帛、科罚月桩之类，往往亦为供军之故而不可除。若屯田立而所资于诸路者减，则此属庶乎其皆可禁矣。今乃不然，则是置将之不善，而害足以及民也。**○以上置将不善而害民，因军政不修而民力愈困，急务之五、六。

注释

1 尺籍：汉制，将杀敌功绩书写在一尺长的竹板上，称为尺籍。后也泛称军籍为尺籍。

2 苗米：漕运上缴的官粮。3 加耗斛（hú）面：加耗，古代在租税正额以外加收的损耗费。宋代加税名目尤多，有仓耗、省耗、官耗、秤耗、正耗、脚耗、明耗、暗耗等。斛面则是用斗、斛量租粮、税粮时，将斗、斛内的粮食堆高，借以多取租、税粮。

译文

然而将帅用人不当，不只是兵士受他们的害，推举他们为害最重的，则又是涉及民众的。将帅选对了人，那么记载军功的尺籍严谨而军队的储蓄也充足，筹集军饷的屯田制建立起来而国家用于漕运的费用也可以节省。如今作为将帅的人都是这样，本就不指望他们肯核查实际的军需物资而使储蓄充足。至于屯田种地，则他们自己经营的地方尚且不愿意，所以朝廷免不了为他们另配置官员掌管治理屯田，而屯兵众多，资助他们拨款派人，就又免不了要使他们参与这些事务。但听说他们袒护军人，不肯招募愿意耕种的人去垦田，而强迫那些不能耕种的人去做，以至于屯田困顿不耕，而反成了民田之害。派遣的使臣是文官，其能力有限，大概是有一些不能制伏的地方。因此陛下迫切地想做好这件事，却久不能成功。屯田制不建立，漕运又耗费钱，各州漕运供应京师的米粮，即使按数全都起运发往，仍无法供足州兵的粮食，于是加耗、加斛面等借口补损耗的弊端纷纷产生，而民众就更加贫困了。又凡是和买折帛钱与临时科罚杂税、月桩钱之类，往往也是因借口供应军需而不可免除。如果屯田制建立了，而靠各地供应的钱粮减少，则这类情况或许都可以禁止发生。如今却不是这样，那是配置的将帅不好，而祸害足以殃及民众。

凡此数者，根株深固，枝叶广阔，若不可以朝变而夕除者。然究其本，则亦在夫陛下之反诸身耳。圣心诚无不正，则必能出私帑以归版曹矣。版曹不至甚阙，必能复破分之法，除殿最之科，以宽州县矣。圣心诚无不正，则必能择宰相以选牧守矣，择台谏以供刺举矣。圣心诚无不正，则必能严宦官、兵将交通之禁，而以选将属宰相矣。宰相诚得其人，则必能为陛下择将帅以作士气，计军实、广屯田以省漕运矣。上自朝廷，下达州县，治民典军之官既皆得人，然后明诏宰相，议省监司之员而精其选、重其责。又诏铨曹[1]，使以县之剧易[2]分为等差，而常切询访。天下之官吏能为县者，不拘荐举之有无，不限资格之高下，而籍其姓名，使以次补最剧之县。果有治绩，则优而进之；不胜其任，则绌而退之。凡州县之间，无名非理之供，横敛巧取之政，其泰甚而可去者可以渐去，而民力庶乎其可宽矣。○以上因言民力而推本于正心，则百弊皆除，贯串乎大本之一，急务之四。

注释

1 铨曹：宋吏部及其所属各司的别称。2 县之剧易：指难以治理和容易治理的县。

译文

凡上述这几种情况，像大树的根基深厚且牢固，枝叶广阔，好像是不可以一朝一夕就改变根除的。然而追究其根源，那也在于陛下的反躬自省。圣上的心真的没有不正，就必定能拿出皇宫内国库里的钱财归还给户部。户部不至于如此缺钱，必能恢复“破分”法，废除为收税而分等级殿、最的考核，用以宽待州县。圣心确实没有不正，就必定能选好宰相，从而选任好州郡的长官，选择好的台谏官用以检举揭发。圣心确实没有不正，就必定能严禁宦官与士兵、将帅的交往勾结，以使选将帅之事归属于宰相。宰相确能用人得当，就必定能为陛下选择好将帅以振作士气，计划好军队的器械、粮饷等物资，扩大屯田垦荒以节省漕运的费用。上自朝廷，下至州县，治理民众、掌管军队的官员都用人得当，然后明确诏告宰相，议省监察官员精选人才、重视职责。又诏告吏部及其所属各司，让他们按县治理的难易程度分出等级差别，时常切近征询访问。天下能够治理县邑的官吏，不拘泥于有没有人举荐，不限资格的高下，只登记他们的姓名，让他们按次序去填补最难治县之缺。果真有治绩的，就择优提拔任用；不能胜任的，就罢免退职。凡州县之间，无名分不合理的供奉，横征暴敛、巧取豪夺的政令，太过分而可去除的可以逐渐去除，则民力或许可以宽裕一点。

至于屯田之利，则以臣愚见，当使大将募军士，使者招游民，各自为屯，不相牵制。其给授、课督、赏罚、政令，各从本司自为区处。军中自有将校可使，不须别置官吏。使者则听其辟置官属三五人，指使一二十人，以备使令。又择从官通知兵农之务，兼得军民之情者一员为屯田使，总治两司[1]之政，而通其奏请，趣其应副。又以岁时按行察其勤惰之实，以行诛赏。如此，则两屯心竞，各务其功，田事可成，漕运可省，而诸路无名非理之供、横敛巧取之政，前日有所不获已而未可尽去者，今亦可以悉禁，民力庶乎其益裕矣。此今日急务之五六也。○以上因民力而议改屯田之政。

凡此六事，皆不可缓，而其本则在于陛下之一心。一心正，则六事无不正；一有人心私欲以介乎其间，则虽欲惫精劳力，以求正夫六事者，亦将徒为文具，而天下之事愈至于不可为矣。故所谓天下之大本者，又急务之最急而尤不可以少[2]缓者，惟陛下深留圣意而亟图之。使大本诚正，急务诚修，而治效不进，国

势不强，中原不复，仇敌不灭，则臣请伏铁钺之诛以谢陛下。陛下虽欲赦之，臣亦不敢承也。〇以上归于大本之正，总结上文。

注释

1 两司：此指管理军队事务的军都指挥使和屯田事务的屯田使。2 少：稍，略微。

译文

至于屯田种植所获的利益，则以臣愚见，应当让大将募集军队士兵，让派去的官员征招游民，各自为军屯、民屯，不相牵制。他们交付的粮食、考核督察、赏罚、政令，各自由本部门筹划安排。军中自有将领、校官可以派用，不须另置官吏。就让派去的官员自行聘用属官三五人、供差遣的低级军官一二十人，以备使唤。又从部门僚属中选择一名通晓兵农事务，兼得军民之情的官员，委任为屯田使，总管军屯、民屯两司的政事，让他通达上奏请示，催促处置。又按年度巡视考察军民勤惰的实情，以进行责罚奖赏。这样一来，两屯就暗自争胜，各自尽力做事，屯田耕种的事可以成功，漕运的费用可以节省，而各地无名不合理的供奉、横敛巧取的政令，以前有些没停止而没有全去掉的政策，如今也可全部禁止，民力或许更宽裕了。这就是当今的五六个急务。

凡此六件事，都是不能延缓处理的，而其根本就在于陛下的那一颗心。那颗心正了，就六件事没有不正的；陛下心中一有私欲介入其间，就即使想费精力劳累努力，来端正这六件事，也将只是空具条文，而天下的事更至于不可收拾的地步了。所以说它是天下最根本的大事，是急务中最急迫而尤不可稍有迟缓的，只希望陛下深切留意而赶快图谋之。假使根本确实端正了，急务真的整治了，而治理的效果不进步，国家的势力不强大，中原大地不能收复，仇敌之国不灭亡，那臣就请求用铡刀和大斧处死臣以向陛下谢罪。陛下即使想宽赦，臣也不敢接受。

然又窃闻之今日士夫之论，其与臣不同者非一。及究其实，则皆所谓似是而非者也。盖其乐因循之无事者，则曰陛下之年浸高，而天下亦幸无事。年浸高而血气不能不衰，天下无事则不宜更为庸人所扰。其欲奋厉而有为者，则又曰祖宗之积愤不可以不摅，中原之故疆不可以不复，以此为务，则圣心不待劝勉而自强；舍此不图，则虽〔欲〕[1]策厉以有为，而无所向望以为标准，亦卒归于委靡而已。凡此二说，亦皆有理，而臣辄皆以为非者。盖乐因循者，知圣

人之血气有时而衰，而不知圣人之志气无时而衰也。知天下之有事之不可以苟安，而不知天下无事之尤不可以少怠也。况今日之天下，又未得为无事乎？且以卫武公[2]言之，其年九十有五矣，犹箴儆于国，以求规谏，而作抑戒之诗以自警，使人朝夕诵之，不离于其侧。此其年岂不甚高，而其戒谨恐惧之心，岂以是而少衰乎？况陛下视武公之年，三分未及其二，而责任之重，地位之高，又有十百千万于武公者。臣虽不肖，又安敢先处陛下于武公之下，而直谓其不能乎？且天下之事，非艰难多事之可忧，而宴安鸩毒[3]之可畏；政使功成治定，无一事之可为，尚当朝兢夕惕，居安虑危，而不可以少怠。况今天下虽若未有目前之急，然民贫财匮，兵惰将骄，外有强暴之寇仇，内有愁怨之军民，其他难言之患，隐于耳目之所不加，思虑之所不接者，近在堂奥之间，而远在数千里之外，何可胜数！追计其前，既未有可见之效；却顾于后，又未有可守之规，亦安得遽谓无事而遂以逸豫处之乎？○以上驳因循无事之说者。

注释

1 欲：《朱文公文集》不缺，岳麓书社版《曾国藩全集》据《四部丛刊》本补。2 卫武公：名和，春秋卫康叔八世孙。即位后，修康叔之政，百姓和集。犬戎杀周幽王，公将兵佐周平戎，甚有功。周平王命为公，武公作抑诗以自儆。在位五十五年卒，谥武，故名卫武公。3 宴安鸩（zhèn）毒：贪图逸乐，就像服毒自杀一样致命。鸩，毒酒。

译文

然而又私下听到现在士大夫的议论，其中跟臣的看法不同的不止一种。等到探究实情，却全是所谓好像对而实际上并不对的情况。他们中乐于因循守旧的无事之人，就说陛下年岁渐高，天下也幸好无事发生。年岁渐高而血气不能不衰，天下无事就不宜再被庸人所扰。那些想振奋有为的，就又说祖宗郁积的愤恨不可以不抒发，中原的故土不可以不收复，以此为谋求的大事，则圣心不待劝勉而能自强；舍弃这些大事不去图谋，则即使想督促勉励而有所作为，但没有可以向望的目标，也终归于意志消沉罢了。这两种说法也都有理，但臣认为都不对。大概乐于因循守旧的人，知道圣人的血气有衰退的时候，而不知圣人的志气是不会衰退的。知天下有事不可以苟且偷安，而不知天下无事尤其不可以有少许懈怠。何况如今的天下，又不能说是无事吧？且以春秋时的卫武公为例来说，他九十五岁了，还为国家告诫警醒自己，以求忠言劝诫，作抑戒诗以自警，让人们天天诵读，不离开他的身旁。这人难道年龄还不够大，而他的戒谨恐惧之心，难道因此而有少许衰退吗？何况陛下的年龄比起武公的年龄，不到他的三分之二，而责任之重，地位之高，又是武公的成千上万倍。臣虽不才，又怎能先将陛下排在武公之下，而直说陛下不能做到呢？且天下的事，并不是艰难多事可忧虑，而贪图安逸像服毒自杀一样可怕；政治即使成功治理好了，没有一件事可做了，还应当终日勤奋谨慎，居安思危，而不可有少许懈怠。况且如今天下虽然像没有眼前的急事，但民众贫穷、财政匮乏，士兵懒惰、将帅骄横，外有强暴的仇敌，内有愁怨的军民，其他难以言说的忧患，隐藏在耳目觉察不到、思索考虑不及的地方，近的在房屋深处，远的在数千里之外，哪里可以数得完！追溯考察那从前之事，既没有可以看得到的效果；转过头看后面，又没有可遵守的规章，又怎能急着说天下无事而以安逸处之呢？

其思奋厉者，又徒知恢复之不可忘，颓惰之不可久，然不知不世之大功易立，而至微之本心难保；中原之戎寇易逐，而一己之私意难除也。诚能先其所难，则其易者将不言而自办；不先其难而徒侥幸于其易，则虽朝夕谈之，不绝于口，是以徒为虚言以快（天下）〔一时〕[1]之意而已。又况此事之失，已在隆兴[2]之初，不合遽然罢兵讲和，遂使晏安鸩毒之害日滋日长，而坐薪尝胆之志，日远日忘。是以数年以来，纲维解弛，衅孽萌生，区区东南，事犹有不胜虑者，何恢复之可图乎？故臣不敢随例迎合，苟为大言以欺陛下；而所望者，则惟欲陛下先以东南之未治为忧，而正心克己，以正朝廷、修政事，庶几真实功效可以驯致，而不至于别生患害，以妨远图。盖所谓善《易》者不言《易》，而真志于恢复者，果不在于抚剑抵掌之间也。○以上驳奋厉有为之说者。

注释

1 一时：原误作“天下”，据《朱文公文集》改。2 隆兴：宋孝宗年号（1163—1164）。隆兴二年有宋金和议之事，前“此事之失”即指此。

译文

那些想振作的人，又只知恢复失地不能忘，意志消沉不可持久，但不知世间非凡的大功容易建立，而极其微小的天性难以保持；中原的敌寇容易驱逐，而一己的私念难以去除。真能先解决难事，则易事将会不必言说而自然就办好了；不先解决难事而只侥幸于易事，那就即使天天在谈论它，口里说个不停，那也只是说空话以图一时之快意罢了。况且这件事的失误，已发生在隆兴初年，不应该突然停战讲和，竟使贪图安逸如服毒之害一样一天天滋长，而卧薪尝胆的报仇之志就一天天疏远忘却。因此几年以来，纲纪松弛，祸害发生，小小东南地区，事情还有忧虑不完的，哪里还能图谋恢复失地呢？所以臣不敢随同一般人迎合陛下，随便说大话欺蒙陛下；而所希望的，只是想陛下先以东南地区没治理好为忧，从而正心克己，端正朝廷，整治政事，或许真实的功效可以逐渐达到，而不至于另生祸害，以妨碍远大的图谋。这就是所谓擅长《易经》的人不谈论《易经》，而真正有志于恢复大业的人，实不在于用手按剑击掌那么容易。

论者又或以为陛下深于老、佛之学[1]，而得其识心见性之妙，于古先圣王之道，盖有不约而自合者，是以不悦于世儒之常谈死法，而于当世之务，则宁以管、商[2]一切功利之说为可取。今乃以其所厌饫鄙薄者陈于其前，亦见其言愈多而愈不合也。臣以为此亦似是而非之论，非所以进盛德于日新也。彼老子、浮屠之说，固有疑于圣贤者矣，然其实不同者则此以性命为真实，而彼以性命为空虚也。此以为实，故所谓寂然不动者，万理粲然于其中，而民彝物则[3]，无一之不具，所谓感而遂通天下之故，则必顺其事，必循其法，而无一事之或差。彼以为空，则徒知寂灭[4]为乐，而不知其为实理之原；徒知应物见形，而不知其有真妄之别也。是以自吾之说而修之，则体用一原，显微无间，而治心、修身、齐家、治国，无一事之非理。由彼之说，则其本末横分，中外断绝，虽有所谓“朗澈灵通、虚静明妙”[5]者，而无所救于灭理乱伦之罪，颠倒运用之失也。故自古为其学者，其初无不似有可喜，考其终则诐淫邪遁[6]之见，鲜有不作而害于政事者。

注释

1 老、佛之学：指老子、庄子的道家学说和佛教的学说。2 管、商：指春秋初期政治家管仲和战国时政治家商鞅。管仲在齐国的改革，特别注重发展社会经济，富国强兵利农；商鞅在秦国的变法，也是着重调整经济政策，奠定了秦国富强的物质基础，故历代对二人有重功利之说。3 民彝物则：民彝，犹人伦，指人与人之间相处的伦理道德准则。物则，指事物的法则。4 寂灭：佛教语。涅槃。意谓超脱生死的境界。5 朗澈灵通、虚静明妙：指大觉大悟，聪明智慧。6 诐（bì）淫邪遁：诐淫，谓偏颇不正、淫乱邪说；邪遁，言辞不合正道而隐伏诡谲。

译文

议论的人又或许认为陛下对老庄和佛学深入了解，而得到佛教识其本心、见其本性的精妙，跟古先圣王的道学，大概有不谋而合的地方，因此不喜欢俗儒的平常言论和一成不变的方法，而对于当前的事，就宁愿以管仲、商鞅一切以功利为重的学说为可取之法。如今就让那些饮食饱足、鄙陋浅薄的人在皇上跟前陈说，也可见那些言论愈多就愈不相吻合了。臣认为这也是些似是而非的言论，不是用来增进大德以日日更新的。那老子道家和佛教的学说，本来就有对儒家圣贤怀疑的地方，但他们实质的不同是儒家以性命为真实，而佛道以性命为空虚。儒家认为是实，所以所谓寂然不动的事物，万事万物的道理、规律都在其中很明白，而人与人之间的伦理道德准则与事物的法则，没有一处不具备，所谓感受到了就通天下的本源，就必须顺其事、遵循法则，而或许没一件事会有偏差。佛、道认为是空，就只知道以超脱生死为乐，而不知道性命是实理的根源；只知顺应事物见其原形，而不知其中有真实、虚假的差别。因此用我的学说去修正，事物的本体（理）和现象（象）二者统一，显著的象和隐微的理没有间隙，而正心、修身、齐家、治国，无一事不合乎情理。凭借那种学说，则事物的根源与结局横加区分，内心与外在截断，虽有所谓“朗澈灵通、虚静明妙”的说法，也无法补救灭天理、违反伦理道德的罪过，本末倒置运用的过失。所以自古以来做那种学问的人，他起初像是有令人惊喜的地方，考察到最后却是一些佞辞淫说、不合正道而离奇的见解，少有不写作出来而对政事有害的。

是以程颢[1]常辟之曰：“自谓穷神知化，而不足以开物成务；言为无不周遍，而实外于伦理；穷深极微，而不可以入尧舜之道。天下之学，自非浅陋固滞，则必入于此。是谓正路之榛芜，圣门之蔽塞，辟之而后可与入道。”[2]呜呼！此真可谓理到之言，惜乎其未有以闻于陛下者。使陛下过听髡徒诳妄之说，而以为真有合于圣人之道，至分治心、治身、治人以为三术，而以儒者之学为最下，则臣窃为陛下忧此心之害于政事，而惜此说之布于来今也。如或未以臣言为然，则圣质不为不高，学之不为不久，而所以正心、修身以及天下者，其效果安在

也？是岂可不思其所以然者而亟反之哉！

注释

1 程颢（hào）：字伯淳，学者称明道先生，北宋哲学家、教育家。曾和弟程颐学于周敦颐，同为北宋理学的奠基者，世称“二程”。其学说后为朱熹所继承、发展，世称程朱学派。2“自谓穷神知化……辟之而后可与入道”一段：出自《二程集·定性书》，是程颢批驳佛学的一段言论。

译文

因此程颢曾批驳佛教的言论说：“自己说穷究事物的神妙，了解事物的变化，而不足以通晓万物之理并按道理行事而成功；言语行为无处不遍及，而实际上在伦理之外；穷究极微妙之神，而不可以进入尧舜之道。天下的学术，自己并不浅陋固执不通，却必定陷于这佛门。这就是正路杂草丛生，圣门堵塞，要排除它之后才可以进入正道。”呜呼！这真可说是说理周到的话，可惜陛下还没有听到过。假使陛下过于听信僧徒的欺骗、荒诞学说，而认为真与圣贤之道相吻合，以至于把治心、治身、治人分为三种学术，而以儒家之学为最下等，那臣就私下替陛下担忧这种心思会对政事有害，惋惜这种学说会传布到当今和将来。如果不认为臣说的是对的，那么圣上的品德不算是不高，学习不算是不久，但所用于正心、修身以达于天下的，其效果在哪里呢？这难道可以不思考其之所以会这样的根源而赶快反思吗？

若夫管、商功利之说，则又陋矣。陛下所以取之者，则以既斥儒者之道为常谈死法，而天下之务日至于前，彼浮屠之学又不足以应之，是以有味乎彼之言，而冀其富国强兵或有近效耳。然自行其说至今几年，而国日益贫，兵日益弱，所谓近效者亦未之见，而圣贤所传生财之道、理财之义、文武之怒、道德之威，则固所以为富强之大而反未有讲之者也，岂不误哉！今议者徒见老佛之高、管商之便，而圣贤所传明善、诚身、齐家、治国、平天下者，初无新奇可喜之说，遂以为常谈死法而不足学。夫岂知其常谈之中，自有妙理；死法之中，自有活法，固非老佛管商之陋所能仿佛其万分也哉。伏惟陛下察臣之言，以究四说之同异而明辨之，○因循、奋厉、老庄、管商即上文所驳之四说也。**则知臣之所言，非臣所为之说，乃古先圣贤之说；非圣贤所为之说，乃天经地义自然之理。虽**

以尧舜禹汤文武周孔之圣，颜曾伋轲[1]之贤，而有所不能违也。则于臣之言，与夫论者之说，其为取舍从违，不终日而决矣。○以上驳老佛管商，盖孝宗生平宗旨如此。

注释

1 颜曾伋（jí）轲：指颜渊、曾子、孔伋、孟轲四位春秋战国时继承孔子学说的思想家。

译文

至于那管仲、商鞅的功利学，就又浅陋了。陛下之所以取用它，那是因为既已斥责儒家的道学为一般的言论和一成不变的方法，而天下的紧急事天天摆在跟前，那佛学又不足以应对，因此就有意于管、商的言论，希望它对富国强兵或许有近时的效果。然而自推行那种学说至今几年了，国家一天比一天贫困，兵力一天比一天衰弱，所谓近时的功效也没见到，而圣贤所传下来的生财之道、理财之义、文武之怒、道德之威，这些本是用来图谋富民强国的却反而没有得到讲求，难道不是错误的吗！如今议论国政的人，只看到了老、佛的高玄，管、商的便利，而圣贤所传明善、诚身、齐家、治国、平天下的道理，初看并没有新奇可喜的说法，于是认为是平常的言论、一成不变的方法不值得学。哪里知道那常谈之中，自然有精妙的真理；一成不变的方法之中，自然有灵活的道法，本来就不是老、佛、管、商的浅陋所能效法它万分之一的。只希望陛下考察臣的话，探究以上四说的同异而明辨之，那就知道臣所说的，并不是臣所创作的学说，乃是古先圣贤的学说；不是圣贤所创作的学说，是天经地义自然形成的真理。即使是尧、舜、禹、汤、文王、武王、周公、孔子之类的圣人，颜渊、曾子、孔伋、孟轲之类的贤人，也有他们所不能违背的。那么对于臣的话，与那些议论者的说法，其中的听取、舍弃、依从、违背，不要一天就可以决定了。

抑臣于此又窃有感而自悲焉。盖臣之得事陛下，于今二十有七年[1]矣，而于其间得见陛下，数不过三。自其始见于隆兴之初，固尝辄以近习为言矣；辛丑再见[2]，又尝论之；今岁三见[3]，而其所言又不过此。臣遐方下士，田野之人，岂有积怨深怒于此曹，而固欲攻之以快己私也哉！其所以至于屡进不合而不敢悔者，区区之意，独为国家之计，而不敢自为身谋，其愚亦可见矣。然自顷以来，岁月逾迈，如川之流，一往而不复反，不惟臣之苍颜白发，已迫迟暮，而窃仰天颜，亦觉非昔时矣。臣之鄙滞，固不能别有忠言奇谋以裨圣听，而陛下

日新之盛德，亦未能有以使臣释然而忘其夙昔之忧也，则臣于此安得不深有感而重自悲乎！身伏衡茅[4]，心驰魏阙[5]，窃不胜其爱君忧国之诚，敢冒万死，刳沥肺肝[6]，以效野人食芹炙背之献[7]，且以自乞其不肖之身焉。○以上自伤其老，感君以诚。**伏惟陛下哀怜，财赦而择其中[8]，则非独愚臣之幸，实宗社生灵之幸。臣熹诚惶诚恐，昧死再拜谨言。**

注释

1 于今二十有七年：指宋孝宗于绍兴三十二年（1162）六月即位至淳熙十五年（1188）一月，已二十七年之久。2 辛丑再见：指朱熹于淳熙八年（1181）十一月上任提举两浙东路常平茶盐公事之前，奏事延和殿，第二次拜见孝宗，条陈赴浙东所行荒政救灾之策。3 今岁三见：指朱熹于淳熙十五年六月受命上朝奏事于延和殿，第三次拜见孝宗。4 衡茅：横门茅屋，喻指简陋的房屋。5 魏阙：古代宫门两边巍然高出的台观，是悬布法令的地方。因以为朝廷的代称。6 刳沥肺肝：形容呕心沥血，费尽心思。刳，剖开。7 食芹炙背之献：指自己的上书建议，言不足取。语出《文选》嵇康《与山巨源绝交书》："野人有快炙背而美芹子者，欲献之至尊，虽有区区之意，亦已疏矣。"即自谦之语"芹献"。8 财赦而择其中：指对待我的这个封事，裁决赦免其罪，而择取其言。财，通"裁"。

译文

不过臣从这儿又私下有所感而觉得悲凉。臣事奉陛下，到今天二十七年了，而在这期间能面见陛下的次数不超过三次。从隆兴初年初次面见开始，本曾就以皇上的亲信近臣作为话题，辛丑年的第二次拜见，又曾论说这个问题；今年第三次面见，所谈的又不过是这些。臣是来自远方的低下之士，是从农村出来的人，难道对于这帮近习有积怨深怒，而本来就想攻击他们以使自己痛快吗？之所以一次次上奏不合皇上心意却不敢悔改，是因小小心意，只为国家考虑，而不敢为自身谋划，其愚蠢也可见了。然而自最近以来，我感到岁月的流逝就像河流一样，一去不复返，不只是臣的苍颜白发显示臣已迫近暮年，私下仰视皇上的颜貌，也觉得已不是过去的状态了。臣浅陋呆滞，本不能另有忠言奇谋用以裨益圣上听闻，而陛下每天都在变化的大德，也不能使臣释然，而忘记过去的忧虑，那么臣对此怎能不深有感触而重复自悲呢？臣身居陋室，心向朝廷，私下承受不了那爱戴皇上忧虑国家的诚心，而敢不顾万死，呕心沥血，以仿效山野之人的芹献之举上书，且以此请求退职。希望陛下可怜我，裁决赦免我上疏的罪，而择取疏中的话，那就不只是愚臣的幸运，实在是宗庙国家黎民的幸运。臣朱熹诚惶诚恐，不顾死罪再拜谨言。

曾评

此篇正文一万一百一十字，公之自注夹行书写者又二千九百一十四字。北宋之万言书，以苏东坡、王介甫两篇为最著，南宋之万言书，以公此篇及文信国[1]对策为最著。文章则苏、王较健，义理则公较精。篇中约分四节，第一节言所以不上殿入对，而仅陈奏封事之故；第二节陈大本一端；第三节言急务六事；第四节辨驳当时士大夫四说。第三节所指各务，皆切中时政之得失，其戆直殆过于汲黯、魏徵，其气节之激昂，则方望溪氏[2]以拟明季杨、左[3]者，庶几近之。他人谏其事，公则格其心；他人攻君之失，公则并纠大臣、近臣之过。第二节、第四节所论，皆本其平日读书学道，深造有得之言，实有诸己而后以献诸君，初无一语取办于临时者，此非文士所可袭取也。惟过于冗长，似一笔书成，无修饰润色之功，故乏劲健之气、铿锵之节。其逐段夹行分注，以达未尽之意，似不可以为训。兹故置之不录。第四节辨驳四说，似不宜羼入此篇之内。学古者不可不知。

注释

1 文信国：即文天祥（1236—1283），字宋瑞，一字履善，号文山，吉州庐陵（今江西吉安）人。宋理宗宝祐四年（1256）进士第一。官至江西安抚使。端宗即位，拜为右丞相，封信国公。2 方望溪氏：即方苞。3 杨、左：指明末谏官杨涟、御史左光斗。

王守仁申明赏罚以厉人心疏

导读

王守仁（1472—1529），字伯安，浙江余姚人。曾筑室故乡阳明洞中，自号阳明子，世称阳明先生。明孝宗弘治十二年（1499），赐二甲进士，观政工部。武宗正德元年（1506），宦官刘瑾弄权，逮捕南京给事中御史戴铣等二十余人。时任兵部主事的王守仁上疏论救，触怒刘瑾，被施廷杖四十，谪贬为贵州龙场驿丞。后以镇压农民起义和平定南昌宁王的“宸濠之乱”，封新建伯，官至南京兵部尚书。卒谥文成。

王守仁是明代著名的哲学家、教育家。初习程朱理学与佛学，后转陆九渊心学，发展为“陆王心学”，以对抗程朱学派。著作由门人辑成《王文成公全书》三十八卷，其中在哲学上最重要的是《传习录》和《大学问》。他不但精通儒、释、道，还能统军征战，是中国历史上罕见的全能大儒。

正德十一年（1516），王守仁被举荐为左佥都御史，巡抚南赣八州一府。时值江西南部以及江西、福建、广东交界的山区爆发民变。他于次年正月初三日赴任，十六日就任巡抚，不过十天即率兵出征，仅数月就将漳南数十年的匪患平定。然后班师回府，深入南赣体察民情军务，据江西按察司分巡岭北道副使杨璋所呈《大明律》所载罚典赏格及自己掌握的情况，于十二年（1517）五月初八日写下了《申明赏罚以厉人心疏》一文，论述面对纷繁复杂的民变，朝廷招抚太滥、赏罚不行而兵力不足，应当申明军法条例，赏罚分明，以获讨伐之效，并自请颁发令旗令牌带兵征讨。正德十三年（1518）正月，王守仁平定民变首领池大鬓部以及江西南部信丰县一带。七月，王守仁考虑到战争破坏巨大，上奏朝廷请求允准招安，然后一面率兵攻破实力最强的江西崇义县民变军寨，一面自行前往劝降。十一月，王守仁遣使招安，并攻破崇义县左溪蓝天凤部，实现了自己军事报国的夙愿。

王守仁在这篇疏文中明确阐述自己的观点“盗贼之日滋，由于招抚之太滥”，反对随意的招抚之策。他认为，今日匪乱，官府招抚给赏，不过一段时间，吃用不够了，匪贼再度造反，官府征剿不了，又行招抚之术，如此反复，恶性循环，其结果是匪贼越剿越多，因为老百姓感觉到了为匪的好处，纷纷从匪去了。为此，他后来在南赣推行严厉的十家牌法，“一家通匪，十家连坐”，以让老百姓害怕，不敢再去从匪。并在给弟子的信中，说出了“破山中贼易，破心中贼难”的心学名言。

曾国藩很赞赏王守仁的这篇文章，认为有光明俊伟之象，得于天授，并借以鼓励九弟曾国荃要更加努力，以达到古人优秀文章的境界。

据江西按察司整饬兵备带管分巡岭北道[1]副使杨璋呈：“伏睹《大明律》内，该载失误军事条：领兵官已承调遣，不依期进兵策应，若承差告报军期而违限，因而失误军机者，并斩。从军违期条：若军临敌境，托故违期三日不至者，斩。主将不固守条：官军临阵先退，及围困敌城而逃者，斩。此皆罚典也。及查得

原拟直隶、山东、江西等处征剿流贼[2]升赏事例：一人并二人为首，就阵擒斩以次剧贼一名者，五两；二名者，十两；三名者，（升）〔赏〕[3]实授一级，不愿者赏十两。阵亡者升一级，俱世袭，不愿者赏十两。擒斩从贼六名以上至九名者止，升实授二级，余功加赏。不及六名，除升一级之外，扣算赏银。三人、四人、五人以上共擒斩以次剧贼一名者，赏银十两均分；从贼一名者，赏五两均分。领军、把总等官，自斩贼级不准升赏。部下获功七十名以上者，升署一级；五百名者，升授一级；不及数者量赏。一人捕获从贼一名者，赏银四两，二名者赏八两，三名者升一级。以次剧贼一名者，升署一级，俱不准世袭，不愿者赏五两。此皆赏格也。○以上备述例载罚典赏格，皆杨璋所引。

注释

1 分巡岭北道：道为明清时在省、府之间设置的监察区，有分巡、分守等道的区别。分巡岭北道，即是分巡五岭以北的道员。2 贼：指作乱叛国为害人民的人。3 赏：据民国二十三年（1934）商务印书馆版《王文成公全书》改。下同。

译文

据江西按察司整饬兵备带管分巡岭北道副使杨璋呈文说："敬畏地查看了《大明律》内具载的军事失误条：领兵官员已接命令调动，不按期限进兵与友军配合呼应，如果承差报告军期而违误限期，因而贻误军机的，一并杀头。从军违期条：如果大军已开到敌境，借故拖延三日不到的，杀头。主将不固守条：官军临阵先退以及所守城池被围困而弃城逃跑的，杀头。这都是处罚原则。查得原拟直隶、山东、江西等地方剿匪时因功升官行赏的条例：一人或两人带头在阵前斩杀势力壮大的贼匪一名的，赏银五两；两名的，十两；三名的，奖赏升一级，不愿升级的赏银十两。阵亡者追升一级，子孙世代沿袭此待遇；不愿追升的赏银十两。擒杀从贼六名以上到九名止，实升两级，其余功劳另加赏。杀从贼不足六名的，除升一级之外，另折算赏银。三人、四人、五人以上一起斩杀大贼匪一名的，赏银十两平分；杀从贼一名的，赏银五两平分。领军、把总等官亲自斩杀贼人不加升赏，其部下有七十人以上立功的署升一级，有五百人立功的实升一级，立功人员不足此数的量功给赏。一人捕获从贼一名者赏银四两，二名者赏八两，三名者升一级。捉大贼匪一名者署升一级，都不准世袭，不愿升级的赏银五两。这都是奖赏标准。

赏罚如此，宜乎人心激劝，功无不立。然而有未能者，盖以赏罚之典虽备，然罚典止行于参题之后，而不行于临阵对敌之时；赏格止行于大军征剿之日，而不行于寻常用兵之际故也。且以岭北一道言之。四省连络，盗贼渊薮，近年以来，如贼首谢志珊、高快马、黄秀魁、池大鬓之属，不时攻城掠乡，动辄数千余徒。每每督兵追剿，不过遥为声势，俟其解围退散，卒不能取决一战者，以无赏罚为之激劝耳。合无申明赏罚之典，今后但遇前项贼情，领兵官不拘军卫有司，所领兵众有退缩不用命者，许领兵官军前以军法从事。领兵官不用命者，许总统兵官军前以军法从事。所统兵众有能对敌擒斩功次或赴敌阵亡，从实开报，复勘是实，转达奏闻，一体升赏。至若生擒贼徒，鞫问[1]明白，即时押赴市曹，斩首示众。庶使人知警畏，亦与见行事例，决不待时，无相悖戾。如此，则赏罚既明，人心激励，盗贼生发得以即时扑灭，粮饷可省，事功可见矣。”○以上录杨璋原呈。

注释

1 鞫（jū）问：审问。

译文

这样进行赏罚，所以才能激励人，没有不成功的。然而也有出兵无功的，那是因为虽有赏罚标准，但处罚规定只在被参劾之后执行，而不在临阵对敌时当场执行；奖赏规则仅在大军有征战剿杀时执行，而平时的军事活动却不执行。现在以岭北一道为例来说明。这个地方四省交界，盗贼聚集，近年以来，像匪首谢志珊、高快马、黄秀魁、池大鬓等人，经常劫掠城乡，动不动就有几千人。朝廷每次发兵追剿，不过远远地造个声势，等到那些匪徒解除围攻退散而去，始终没能认真对决作战，就是因为没有赏罚的激励吧。为什么不当众宣布赏罚规定呢？今后只要遇上以前那样的贼情，不论哪一级军官所带领的兵众，有退缩不服从军令的，应准许领兵官临阵以军法处治。领兵官如有不服从军令的，准许统领的军官临阵按军法处治。所统领的兵众有能阵前擒贼杀敌立功或阵亡的，按实际情况及时上报，经复查核实，呈报上级，一律升赏。至于被活捉的贼匪，一经审问明白，当即押赴刑场，杀头示众。这样或能使人知道警惕畏惧，也与施行的先例一样，决不误时，不会互相违逆。这样就赏罚分明，人心激励，一有强盗事件发生就能及时扑灭，粮饷可以节省，战事的功绩可以看到了。”

具呈到臣，卷查三省盗贼，二三年前总计不过三千有余，今据各府州县兵备、守备等官所报，已将数万，盖已不啻十倍于前。臣尝深求其故，询诸官僚，访诸父老，采诸道路，验诸田野，皆以为盗贼之日滋，由于招抚之太滥；招抚之太滥，由于兵力之不足；兵力之不足，由于赏罚之不行。诚有如副使杨璋所议者，臣请因是为陛下略言其故。

盗贼之性，虽皆凶顽，固亦未尝不畏诛讨。夫唯为之，而诛讨不及，又从而招抚之，然后肆无所忌。盖招抚之议，但可偶行于无辜胁从之民，而不可常行于长恶怙终之寇；可一施于回心向化之徒，而不可屡施于随招随叛之党。南赣[1]之盗，其始也，被害之民恃官府之威令，犹可聚众而与之角。鸣之于官，而有司者以为既招抚之，则皆置之不问。盗贼习知官府之不彼与也，○与，敌也。《左传·襄公二十五年》：“一与一”，谓一人敌一人也，吾乡谚语曰“个打个”。《史记》龙且曰：“吾平生知韩信为人易与耳。”[2] 谓易敌也。此与字之古义也。阳明云不彼与，犹俗云官府不敢惹他也。**益从而仇胁之，民不任其苦，知官府之不足恃，亦遂靡然而从贼，由是盗贼益无所畏，而出劫日频，知官府之必将己招也。百姓益无所恃，而从贼日众，知官府之必不能为己地也。夫平良有冤苦无伸，而盗贼乃无求不遂，为民者困征输之剧，而为盗者获犒赏之勤，则亦何苦而不彼从乎？是故近贼者为之战守，远贼者为之向导，处城郭者为之交援，在官府者为之间谍。其始出于避祸，其卒也从而利之，故曰盗贼之日滋，由于招抚之太滥者，此也。**○以上叙招抚太滥。

注释

1 南赣：巡抚名。全衔为“巡抚南赣汀韶等处地方提督军务”。明弘治八年（1495）始置，驻赣州。2 吾平生知韩信为人易与耳：语出《史记·淮阴侯列传》，意为我平生知道韩信为人容易对付。

译文

此呈文送到臣处后，臣曾翻卷查阅，三省贼匪两三年前总共不过三千多人，今据各府州县兵备、守备等官员所报总数，已将近数万人，大概已不止以前的十倍。臣曾深入推求其原因，询问官员，访问长辈，沿途采访，实地检验，都认为盗贼日益增多，主要由于招降抚慰太滥；招降抚慰太滥是由于兵力不足，兵力不足是因为赏罚没有实行。确实有像副使杨璋所说的，臣请就此事为陛下简略说明其缘故。

强盗的习性，虽然多半都凶暴愚顽，但本也不是不怕讨伐的。只是国家对他们的做法，讨伐不了时，又采用招降抚慰的办法，然后他们就肆意妄为，毫无顾忌。大概招抚的办法，只可以偶尔用于被胁迫从贼的无辜平民，而不可常用于长期作恶而终不悔改的大盗；可一用于能改恶从善的从犯，而不能累次用于随降随叛的同党。南赣的盗匪开始的时候，被害的老百姓还能仗着官府的威令聚众与盗匪角斗。向官府报告了匪情，而官府却认为已经招安了，就都置之不问。盗匪熟知官府不会同他们为敌了，就更加仇视胁迫官府，民众受不了他们的残害之苦，知道官府不能依靠，也就一边倒地归顺盗匪；于是盗匪就更加无所畏惧，四出劫掠，日益频繁，知道官府迟早必来招抚自己。百姓日益失去依靠，而顺从贼匪的日益增多，知道官府必不能成为自己的安身之地。平民有冤无处伸，而盗匪对官府的要求，官府没有不顺遂的；民众因纳粮征税的加剧而日益贫困，而当贼匪的却不断得到犒劳奖赏，那百姓又何苦不去从贼为匪呢？因此靠近贼巢的居民替贼出战、守卫，远的给贼匪当向导，在城郊的支援贼匪，在官府的给贼匪做内应。开始是由于要避免灾祸，最终也从中获利。所以说，贼匪越来越多，原因在招抚太滥，就是这个道理。

夫盗贼之害，神怒人怨，孰不痛心？而独有司者必欲招抚之，亦岂得已哉。诚使强兵悍卒足以歼渠魁而荡巢穴，则百姓之愤雪，地方之患除，功成名立，岂非其所欲哉！然而南赣之兵素不练养，类皆脆弱骄惰，每遇征发，追呼拘摄[1]，旬日而始集。约束赍遣，又旬日而始至，则贼已稇载[2]归巢矣。或犹遇其未退，望贼尘而先奔，不及交锋而已败。以是御寇，犹驱群羊而攻猛虎也，安得不以招抚为事乎？故凡南赣之用兵，不过文移调遣，以苟免坐视之罚；应名剿捕，聊为招抚之媒。求之实用，断有不敢。何则？兵力不足，则剿捕未必能克；剿捕不克，则必有失律之咎；则必征调日繁，督责日至，纠举论劾者四面而起。往往坐是而至于落职败名者有之。招抚之策行，则可以安居而无事，可以无调发之劳，可以无戴罪杀贼之责，无地方多事不得迁转之滞。夫如是，孰不以招抚为得计？是故宁使百姓之荼毒，而不敢出一卒以抗方张之虏；宁使孤儿寡妇之号哭、颠连疾苦之无告，而不敢提一旅以忤反招之贼。盖招抚之议，

其始也，出于不得已；其卒也，遂守以为常策。故曰招抚之太滥，由于兵力之不足者，此也。○以上叙兵力不足。

注释

1 拘摄：拘拿，即捉拿。2 稇（kǔn）载：犹言满载。稇，用绳索捆束。

译文

强盗土匪的为害，神怒人怨，谁不痛心？而官府一定要招抚他们，又怎能得到了结呢。如果有精兵强将足以一举歼灭贼匪首领，扫荡巢穴，那么百姓的怨愤就能洗刷，地方的祸患可以消除，征讨的功名能成就，这难道不是大家所希望的吗？然而南赣的兵平时不训练，好像都很脆弱、骄横、懒惰，每逢出征发兵，追着呼叫、捉拿，要十来天才能集合聚拢。规约法令、给养供应又需十来天才送到，那时贼匪早已满载而回老巢了。或许还遇上贼匪尚未撤退完，官军看见贼匪奔跑扬起的尘土就先奔逃，还没等到交锋，官军就已溃败。拿这样的军队抵御贼寇，犹如驱赶群羊去斗猛虎，又怎能不用招抚这个办法呢？所以凡属南赣的用兵，不过是公文来往调兵遣将，用以苟且免除坐视不救的责罚；挂名剿捕，姑且为招抚作媒介。探求它的实效，断然不敢。为什么呢？兵力不足，则剿捕未必能胜；剿捕不能取胜，就必有违犯军法的罪过；从而征调日益频繁，监督责难天天有，揭发检举论罪弹劾的四面兴起。往往就有因此而丢官、败名的。而招抚的策略通行，就可以安居无事，可以免去征调发饷之劳，可以免去戴罪杀贼的责任，免去地方多事、不能迁移转运的滞留之过。假如这样，谁还不拿招抚作为上策？所以宁愿让百姓遭殃受害，也不敢发一兵一卒去抗拒正在扩展强大的敌人；宁愿让孤儿寡母号哭流离，疾苦无处伸告，也不敢率领军队来抵抗不肯招安的贼匪。大概招抚这个办法，开始是出于不得已，最终却成了常用的策略。所以说招抚太滥，是因兵力不足，就是这个意思。

古之善用兵者，驱市人而使战，收散亡之卒，以抗强虏。今南赣之兵，尚足以及数千，岂尽无可用乎？然而金之不止，鼓之不进，未见敌而亡，不待战而北，何者？进而效死，无爵赏之劝；退而奔逃，无诛戮之及。则进有必死，而退有幸生也，何苦而求必死乎？吴起有云："法令不明，赏罚不信，虽有百万，何益于用？"[1]凡兵之情，畏我则不畏敌，畏敌则不畏我。今南赣之兵皆

畏敌而不畏我，欲求其用，安可得乎？故曰兵力之不足，由于赏罚之不行者，此也。○以上叙赏罚不行。

注释

1“法令不明”四句：语出《吴子·治兵第三》：“若法令不明，赏罚不信，金之不止，鼓之不进，虽有百万，何益于用？”

译文

古代善于用兵的人，驱使市人去参战，收集散兵游勇来对抗强敌。现在南赣的兵力还足有数千，哪能都没用呢？可是敲锣收兵不停止，击鼓进军不前进，还没看见敌人就逃跑，还没接仗就先败北，什么原因呢？勇敢向前效力至死，没有封官赐赏的奖励；后退奔逃，不至于被诛杀。那么前进有可能必死，后退有幸生存，又何苦去求必死呢？吴起就说过：“军队的法令不明，赏罚不兑现，虽有百万之众，又有什么用？”大概士兵的情形，多半是怕军法处置的就不怕敌人，怕敌人的就不怕违犯军纪。如今南赣的士兵都怕贼寇而不怕军法，指望用他们打仗，那怎么可能呢？所以说兵力不足，是因为赏罚不实行造成的，就是这个意思。

今朝廷赏罚之典，固未尝不具，但未申明而举行耳。古者赏不逾时，罚不后事。过时而赏与无赏同，后事而罚与不罚同，况过时而不赏，后事而不罚，其亦何以齐一人心而作兴士气？是虽使韩、白[1]为将，亦不能有所成，况如臣等腐儒小生，才识昧劣，而素不知兵者，亦复何所冀乎！议者以南赣诸处之贼，连络数郡，蟠据四省，非奏调狼兵[2]，大举夹攻，恐不足以扫荡巢穴。是固一说也。然臣以为狼兵之调，非独所费不资，兼其所过残掠，不下于盗。大兵之兴，旷日持久，声势彰闻，比及举事，诸贼渠魁[3]悉已逃遁，所可得者不过老弱胁从无知之民。于是乎有横罹之惨，于是乎有妄杀之弊。班师未几，而山林之间，复已呼啸成群。此皆往事之已验者。臣亦近拣南赣之精锐，得二千有余，部勒[4]操演，略有可观。诚使得以大军诛讨之，赏罚而行之，平时假臣等以便宜行事，不限以时，而唯成功是责，则比于大军之举，臣窃以为可省半费而收倍功。○以上言不必调狼兵，但用南赣之兵行大军诛讨之例，即可成功。

注释

1 韩、白：指汉初名将韩信与战国时秦国名将白起。2 狼兵：明代以粤西狼人组成的军队。狼人即俍人，明清主要分布在广西一带的壮族人，鸷悍称天下之最。3 渠魁：首领。4 部勒：部署。

译文

现在朝廷的赏罚规则，本不是不具备，只是没有郑重说明而提出来认真执行。古时候行赏不过时，处罚决不在事后。过时行赏等于不赏，事过再罚等于不罚，何况过时也不赏，事过也不罚，那又用什么来整齐人心、振兴士气呢？这种情况，即使用韩信、白起为将，也不能指望成功，何况像臣等腐朽儒生，才能见识愚昧低劣，平素又不知道带兵打仗的人，又有什么希望呢？议论的人认为，南赣各地的贼匪蔓延数郡，盘踞四省，若不请调以广西狼人组成的军队大举夹攻，恐怕难能扫荡贼匪巢穴。这固然是一种说法。但臣认为调狼兵来增援，不但费用巨大，同时他们所过之处凶残掠夺，残害百姓不次于强盗。大部队的兴师调动，耗费时日，声势暴露，等到出兵打仗，各路贼匪首领早已逃跑隐藏，所能抓获的只是一些老弱胁从的无知民众。这就会有意外发生的惨祸，有妄杀无辜的弊害。班师后不久，山林之间又会贼寇成群呼啸。这都是过去已经验证过的。臣近日也在南赣军中挑选精锐两千多人，部署操练演习，已稍有成效。假使能用这军队讨伐，赏罚行之有效，平时让臣等能见机行事，不限制时间，而只以是否成功来问责，那与大部队的行动相比，臣私下认为可省一半费用，收一倍的功效。

臣请以近事证之。臣于本年正月十五日抵赣，卷查兵部所咨申明律例："今后地方但有草贼[1]生发，事情紧急，该管官司即便依律调拨官军，乘机剿捕，应合会捕者，亦就调发策应。但系军情火速，差人申奏，敢有迟延隐匿，巡抚、巡按、三司官即便参问，依律罢职、充军等项发落。虽不系聚众草贼，但系有名强盗，肆行劫掠，贼势凶恶，或白昼拦截，或明火持杖，不拘人数多少，一面设法缉捕，即时差人申报，合于上司，并具申本部知会处置。如有仍前朦胧隐蔽，不即申报，以致聚众滋蔓，贻患地方，从重参究，决不轻贷等因，题封钦依，备行前来。"○八行录兵部文。钦依，今曰钦遵。备行，今曰行知，或曰咨行、移行。**时以前官久缺，未及施行，臣即刊印数千百纸，通行所属，布告远近，未及一月，而大小衙门以贼情来报者接踵，亦遂屡有斩获一二人，或五六人、七八人**

者。何者？兵得随时调用，而官无观望掣肘，则自然无可推托逃避，思效其力。由此言之，律例具存，前此唯不申明而举行耳。今使赏罚之典悉从而申明之，其获效亦未必不如是之速也。伏望皇上念盗贼之日炽，哀民生之日蹙，悯地方荼毒之愈甚，痛百姓冤愤之莫伸，特敕兵部，俯采下议，特假臣等令旗令牌，使得便宜行事，如是而兵有不精，贼有不灭，臣等亦无以逃其死。○以上言申明律例，获效必速，请颁令旗令牌。

注释

1 草贼：旧称出没山林的强盗为草贼。

译文

臣请以近事来证明。臣于本年正月十五日到江西，查阅兵部咨文郑重说明的律例："今后地方只要有出没山林的强盗出现，事情紧急，该地方官府即可按规定调动官军，乘机剿捕，应协同剿捕的也要调兵策应。只要是军情火速，就要派人申报，敢有迟延隐瞒的，巡抚、巡按、三司官员立即查办，依律按罢职、充军等处分发落。即使不是聚众闹事的强盗，只要是有名的强盗，肆行抢掠，贼势凶恶，或白天拦截，或夜间明火执杖抢劫，不论人数多少，一面设法缉捕，一面立即派人申报，和上司一起，并呈文报告有关主管部门研究处置。如仍有像以前那样糊涂隐瞒，不立即申报，而造成贼众增多势力蔓延，贻害地方的，一律从严追究，决不宽贷。封箴题签皇上依准，移行前来。"当时因前任官员长期空缺，没来得及施行，臣即刊印数千份发至所属各官衙，公告远近各地，不到一个月，大小衙门因为来申报贼情的人接连不断，也就多次有斩获一二人，或五六人、七八人的情况。什么缘故呢？兵可随时调用，而官员没有相互观望、牵制为难的，那就自然不可推托逃避，只考虑如何效力了。由此看来，律例是有的，只是以前没申明实行。如今假使赏罚规则全部郑重宣告说明，那收效也未必不如之前这么快。恳请皇上念盗贼日益猖獗，民众生活日益窘迫困苦，怜悯地方遭受残害日益严重，痛恨百姓冤愤无处可伸，特命兵部采纳下级建议，特赐臣等令旗、令牌，使能见机行事。如果这样而兵仍不精，贼仍不被剿灭，臣等也无法逃脱死罪。

夫任不专，权不重，赏罚不行，以至于偾[1]军败事，然后选重臣，假以总制之权而往拯之，纵善其后，已无救于其所失矣。臣才识浅昧，且体弱多病，自

度不足以办此，行从陛下乞骸骨，苟全余喘于林下，但今方待罪于此，心知其弊，不敢不为陛下尽言。○自请旗牌，恐人疑为贪权，故又自明其脱屣名位[2]之素志。**陛下从臣之请，使后来者得效其分寸，收讨贼之功，臣亦得以少逭死罪于万一。缘系申明赏罚，以励人心事理，为此具本请旨。**[3]

注释

1 偾（fèn）：毁坏，败坏。2 脱屣（xǐ）名位：比喻不在意、不重视名誉地位。屣，鞋。3 “缘系”三句：岳麓书社版《曾国藩全集》据中华图书馆影印本《王文成公全书》补，民国二十三年商务印书馆《王文成公全书》不缺。

译文

任用不专，权威不重，赏罚规则不执行，以致毁军败事，然后再派重臣，授以总制大权去拯救，纵然妥善处理后事，也不能挽救先前所受的损失了。臣才识浅陋，且体弱多病，自己估量难以办理此事，行军中向陛下乞请保全尸骨，退居林下以苟全残生，只是如今正待罪在这里，心里知道其中的各种弊端，不敢不向陛下尽言。陛下若能答应臣的请求，使未来的官员能照此办理，完成剿灭盗贼的任务，臣也可以借此赎死罪于万一。由于是申明赏罚，用以激励人心的事理，因此具本请旨。

曾评

文章之道，以气象光明俊伟为最难而可贵。如久雨初晴，登高山而望旷野；如楼俯大江，独坐明窗净几之下，而可以远眺；如英雄侠士，裼裘[1]而来，绝无龌龊猥鄙之态。此三者皆光明俊伟之象，文中有此气象者，大抵得于天授，不尽关乎学术。自孟子、韩子[2]而外，惟贾生[3]及陆敬舆、苏子瞻[4]得此气象最多。阳明之文亦有光明俊伟之象，虽辞旨不甚渊雅，而其轩爽洞达，如与晓事人语，表里粲然，中边俱彻，固自不可几及也。沅弟之文笔光明豁达，得之天授，若更加以学力，使篇幅不失之冗长，字句悉归于精当，则优入古人之域，不自觉矣。

注释

1 裼（xī）裘：袒开正服而露出裘外的裼衣。形容不拘礼仪。2 孟子、韩子：指战国时思想家、政治家孟轲与哲学家韩非，著作分别有《孟子》与《韩非子》。3 贾生：西汉政论家、文学家贾谊。4 陆敬舆、苏子瞻：指唐代名臣陆贽（字敬舆）与宋代文学家苏轼（字子瞻）。

方苞请矫除积习兴起人材札子

导读

方苞（1668—1749），清代散文家。字灵皋，号望溪，安徽桐城人。康熙四十五年（1706），中进士第四名，因母病回乡，未应殿试。五十年（1711），戴名世《南山集》案发，方苞因给《南山集》作序，被牵连入狱，定为死刑。五十二年（1713），因重臣李光地极力营救，始得康熙帝亲笔批示“方苞学问天下莫不闻”，遂免死出狱，以平民身份入南书房做皇帝的文学侍从。六十一年（1722），充武英殿修书总裁。雍正十一年（1733），升内阁学士，任礼部侍郎，充《一统志》总裁。乾隆元年（1736），再次入南书房。七年（1742），因病告老还乡。十四年（1749），病逝，年八十二。

方苞长于散文，提倡“义法”，说：“义即《易》之所谓言有物也，法即《易》之所谓言有序也。义以为经，而法纬之，然后为成体之文。”其所作多为经说及书序碑传之属，立论大抵本程朱学说，以载道为宗旨。古文推崇《左传》《史记》及唐宋八大家，其弟子刘大櫆、再传弟子姚鼐皆桐城人，后人称为桐城派。

曾国藩对桐城派鼻祖方苞很尊崇，认为其古文辞“为国家二百余年之冠”，而尤受姚鼐的影响较多，说：“姚先生持论闳通，国藩之粗解文章，由姚先生启之也。”（《圣哲画像记》）曾国荃生平很敬慕方苞，曾想上疏请求将方苞从祀孔庙，故曾国藩为九弟选了方苞于乾隆二年（1737）呈送的《请矫除积习兴起人材札子》，疏前简介方苞生平，疏中指明段落大意，最后用心写了一段对方苞的评论及与九弟相关的话。

方苞此疏由论说前明士大夫气节与本朝的对比，导出本朝外官、京官的积习，以及康熙、雍正至本朝的整顿而积习未除。进而针对积习，论说为政在于得人，而知人之道有四个方面：一是勤心考察部议会议与部院堂官，二是依类求贤，三是切实积久以磨炼，四是信赏必罚以惩劝。最终目的就是要“矫除积习，兴起人材”。文中所罗列的官场积习，是一位古稀老人五十年来耳闻目见的真实状况，读来虽不及上年孙嘉淦《三习一弊疏》之振聋发聩，也足以让乾隆帝反躬自省。

曾按

此疏为乾隆二年所上，公年七十矣。公以康熙三十八年举于乡，四十五年成进士，时年三十九岁，因闻母病，未应殿试而归。五十年以戴名世之案被逮入京，下狱。五十二年出狱，召于南书房。雍正间屡迁至内阁学士。乾隆二年擢礼部右侍郎，上此疏。

臣闻人臣之义，国尔忘家，君尔忘身。士大夫敦尚气节，东汉以后，惟前明为盛。居官而致富厚，则朝士避之若浼[1]，乡里皆以为羞。至论大事，击权奸，则大臣多以去就争。台谏之官，朝受廷杖，谏疏夕具，连名继进。至魏忠贤[2]播恶，自公卿以及庶官，甘流窜，捐腰领，受锥凿炮烙之毒而不悔者，踵相

接也。虽曰激于意气，然亦不可谓非忠孝之实心矣！惟其如是，故正、嘉[3]以后，国政傎[4]于上，而臣节砥于下，赖以维持而不至乱亡者，尚百有余年。○以上言前明气节之盛。**臣窃见本朝敬礼[5]大臣，优恤庶官，远过于前明，而公卿大臣抗节效忠者，寥寥可数。士大夫之气习风声，则远不逮也。**

注释

1 浼（měi）：玷污，污染。2 魏忠贤：明宦官。万历时入宫，熹宗时勾结熹宗乳母客氏，专断国政，杀东林党人杨涟、左光斗等，大兴党狱，至崇祯帝即位后，黜职，惧罪自缢。3 正、嘉：指明武宗正德年间（1506—1521）与明世宗嘉靖年间（1522—1566）。4 傎（diān）：颠倒错乱。5 敬礼：恭敬地对待。

译文

臣听说作为君主之臣的道义，是为国而忘记家，为君而忘了自身。士大夫崇尚气节，东汉之后以先前的明代为盛。做官而导致物质财富雄厚，朝廷士官就会像怕被玷污一样避开，连同乡都认为羞耻。等到议论国家大事，抨击弄权作恶的奸臣时，大臣们多数以不顾自己的去留进退相抗争。负责纠弹、建言的御史、给事中等官员，早上在朝廷上受到棍棒责打，进谏的奏疏晚上就写好了，联名继续上呈。到魏忠贤放纵作恶时，从公卿等高官到一般官吏，甘愿受流放、驱逐，捐躯砍头，受锥凿炮烙的毒害而不后悔的人，一个接着一个。虽说是激愤于意志与气概，但也不能不说是因为忠孝的心！正因为这样，所以正德、嘉靖以后，国家政局乱在上层，而臣子们的气节砥砺在下层，靠此维持而不至于动乱亡国，尚且延续了一百多年。臣私下见到本朝恭敬地对待大臣，从优体恤一般官吏，远远超过了先前的明朝，但公卿大臣坚持节操效忠皇上的，却只有寥寥可数的几个人。士大夫的气质、习性和好的风气，就远远比不上明代了。

臣少游四方，所至辄问守土之吏之为民利病者，无何而大病于民者，已列荐章矣，民所爱戴者多因事罢黜[1]矣。叩其故，则曰，此富人也；非然，则督抚之亲戚故旧也；非然，则善于趋承诡法逢迎者也。其罢黜者，则以某事忤某上官耳。间有贪残而被劾，循良而得举者，则督抚两司中必有贤者焉，而亦寥寥可数矣。○以上言外官之积习。**至于九卿乃九牧之倡[2]，万官庶事之枢纽也。督抚台垣之条奏特下九卿，必国体民生所系，犹叩树本，百枝皆动，而可或有差忒[3]**

乎？以臣所闻见，凡下廷议，其为督抚所奏请，则众皆曰，此某部某长官所交好也；或上方向用，未敢驳正也。已而议上，则果谓宜从矣。其为科道[4]所条奏，则众皆曰，原议某所建也，其事某某所不利也。已而议上，则果谓必不可从矣。○科道条奏，部议驳斥者多，此风后来更甚。**同官中即有持正而力争，各部院即有心知其非，不肯画题者，而其议之上达自若也。其保举僚属，半出私意，亦不异于外吏，但逼近辇毂，耳目众著，出于公道者，尚可参半耳。**○以上言京官之积习。

注释

1 罢黜：免除（官职）。2 九卿乃九牧之倡：指朝廷中央政府的高官是九州地方长官的倡导、先导。3 差忒（tè）：差错。4 科道：指科道官。明清六科给事中与都察院各道监察御史统称科道官，明代通称两衙门，是朝廷的耳目之官。

译文

臣年少时游历四方，每到一处就询问当地官吏中为民除害的，上任没多久却对民众有很大损害的官员，已列在举荐的奏章上了，民众所爱戴的官员却多数已因事免职。询问其中的缘故，就说，这个被举荐的是富人，不然就是总督或巡抚的亲戚或故交、老友，再不然就是善于趋附奉承或奸猾、逢迎讨好的人。那些被免职的，则是因某事违逆了某上级官员。间或有因贪婪残暴而被弹劾，因奉公守法而得以举荐的，那是督抚两级官员中必有贤者在里面，但也是稀少可数的。至于朝中的九卿，那是九州地方官的先导，万官各种政务的枢纽。总督巡抚和宫廷内大小官署的条陈奏疏独下到九卿，必然是关系到国家政权和民生大事的，好比敲打树干，整树枝叶都会动，而可以有少许差错吗？据臣所听到看到的，凡是下到朝廷讨论的，它是总督巡抚所奏请的，那大家都说，这是某部某长官所结交的好友，或者是上方当时所重用的，不敢批驳纠正。不久所议的事呈给皇上，果然说应当听从。那些科道官御史们所条陈上奏的，那大家都说，原议是某某所建议的，那个事情对某某不利。不久所议的事呈上去，果然说必不可从。同级官员中即使有坚持正义而据理力争的，中央各部和都察院即使有心中知道这件事不对而不肯画诺签字的人，那个决议的上达也照常不变。他们保举的幕僚属官，一半出于私意，也不外乎是外官，但因接近天子，耳目太多又明显，所以出于公道的，还可上半数。

是以圣祖仁皇帝[1]中年以后，灼知此弊，刑诛流锢，以惩奸贪，拔擢矜全，以劝廉吏，而亲信清公朴实之人。世（祖）〔宗〕宪皇帝[2]敬承此意，极力廓清，宵旰孜孜，惟务发外吏之欺蒙，破在廷之结习。十余年间，少知畏法而终未革心，盖由营私附势之习深，而正直公忠之人少也。我皇上至诚恻怛[3]，谆谆开谕，可谓深切著明矣。而特旨荐举，服在大僚，尚或引用富人以便身家，在外督抚，多以报荒为难，而州县又以匿荒为自安之计。其有不肖者，每遭岁歉，转日夜征比，以迫蹙贫民，冀邀蠲免，因缘为利。此风不改，则皇上日夜忧勤于上，而治教禁令不能不堕坏于冥昧之中，尚安望百度之皆厘，实德之及下乎？○以上言三圣整顿而积习未革。

注释

1 圣祖仁皇帝：即清圣祖玄烨，年号康熙，谥号仁皇帝。2 世宗宪皇帝：即清世宗胤禛，年号雍正，谥号宪皇帝。3 恻怛（dá）：恻隐，忧伤，哀怜。

译文

因此圣祖康熙皇帝中年以后，明白了解这一弊病，按律诛杀、流放、禁锢以惩治奸臣贪官，用选拔、提升、爱惜、保全的方法以劝勉廉洁的官吏，而亲近相信清正、公平、朴实的人。世宗雍正皇帝恭敬地继承此意，极力肃清，勤于政事，只在谋求揭开外官的欺蒙，破除在廷京官的积久难除的旧习气。十多年之间，官员渐渐知道畏惧法律，但终究尚未从内心改正错误，大概是因为营私附势的恶习根深，而正直、公道、忠诚的人少。我们的皇上诚恳而有恻隐之心，谆谆劝导，可说是深切又很显明了。而特旨举荐的，任用大官，还或许要推荐富豪以有利自己的身家，在廷外的总督巡抚，多数用呈报农田遭灾、要求减免赋税的方式作为自己的难处，而州县之官又以隐瞒灾荒来作为自己的安稳之计。其中有品行不好的，每逢一年的收成不好，转而日夜征收钱粮，且比较其多寡，逼迫贫苦农民，希望求得免除税赋，因而从中牟利。此风气若不整改，那么皇上在朝廷日夜忧愁劳苦，而政治教化的禁令还是堕落败坏在幽暗之中，又怎能希望百事都得到治理，实实在在的恩德到达下层百姓呢？

臣伏读三年中前后谕旨，于臣所陈之积弊，亦既洞晰于圣心，而思有以矫革之矣。然所以矫革之者，则有本统焉。文武之政，非其人犹莫举；而知人则

哲，帝尧犹难之。治道之兴，必内而六部、都察院[1]，各得忠诚无私、深识治体者两三人，然后可以检制僚属，而防胥吏之奸欺。外而督抚两司，每省必得公正无欲、通达事理者四三人，然后可董率道府，辨察州县，以切究生民之利病。能如此者，乃有才、有识、有守而几于有德者也。虽数人、十数人不易得，况一旦而得数十人哉？然不如是，终不可以兴道而致治。孟子云："犹七年之病，求三年之艾也。"[2]自古圣君贤主，未尝借才于异代，亦惟我皇上勤心以察之，依类以求之，按实积久以磨砻[3]之，信赏必罚以劝惩之而已。○以上言为政在于得人，知人之道有四端。

注释

1 六部、都察院：六部是古代中央行政机构吏、户、礼、兵、刑、工各部总称。都察院，官署名。长官为左、右都御史，下设副都御史、佥都御史。雍正元年（1723）以六科给事中并入，合称"科道"，成为最高的监察、弹劾及建议机关。2 犹七年之病，求三年之艾也：语出《孟子·离娄上》。3 磨砻（lóng）：磨炼，锻炼。

译文

臣敬畏地读了三年中的前后谕旨，对臣所陈奏的积弊，也已经洞察明晰在圣心，而考虑纠正革除。但所要纠正革除的，是以仁义为本的传统。文王武王的政道，不是那个人尚且不能建树；而真正知人的就是哲人了，即使是尧帝还感到为难。治国政策的产生，必从廷内吏、户、礼、兵、刑、工六部和都察院，各得忠诚无私、深刻懂得治国纲领的人两三个，然后可用以检验、限制同衙的官吏，而防止官府中文书小吏的奸邪欺诈。外官中的总督、巡抚两部门，各省官署必须有公正无私、通达事理的人三四个，然后可督察各道各府，辨察各州县，用以切实考察百姓的利病。能够这样做的，才是有才、有识、有操守而接近于有德的人。即使几个人、十几个人也不容易得到，何况一下子要得到几十个人呢？但不这样，终究不能治理好国家。孟子说："好比害了七年的病，要用三年的陈艾来医治。"自古以来，圣明、贤能的君主，未曾向其他朝代借用人才，只希望我们的皇上尽心尽力考察，按类别去寻求人才，按实际情况长久地磨炼人才，真正做到赏罚分明以劝勉惩治。

所谓勤心以察之者，一则明辨部议会议是非之实也。凡一事之兴废，其利害常伏于数传之后，故虽周公[1]之圣，犹有仰而思之，夜以继日而未得者，况庸常之人，杂以私意而揣磨瞻徇[2]乎？而奸邪文法之吏，每能巧释偏辞，变乱是非，言之凿凿，使观者难辨。孔子所以恶佞之乱义，恶利口之覆邦家[3]也。是以唐宋以来，凡廷议皆以宰相断决之，以学士参议之，以给事中[4]驳正之。

注释

1 周公：西周初年政治家。姬姓，名旦，亦称“叔旦”。周文王之子，武王弟，曾助武王灭商。因采邑在周，故称周公。2 瞻徇：徇顾私情。3 恶利口之覆邦家：语出《论语·阳货》：“子曰：恶紫之夺朱也，恶郑声之乱雅乐也，恶利口之覆邦家者。”意谓憎恶强嘴利舌颠覆国家的人。4 给事中：官名。隋唐以后为门下省要职，在侍中及门下侍郎之下，掌驳正政令违失。清代设六科掌印给事中，满、汉各一员，雍正时改隶都察院，一般尊称为给谏。

译文

所谓尽心尽力考察，一是明辨六部讨论和朝廷会合讨论的对错之真实情况。凡是一件事的兴起与废止，其中的利与害常常潜伏在几次传承之后，所以即使是周公姬旦这样的圣人，还有抬头仰望深思，夜以继日而没得到实情的，何况平常之人，挟杂着私心杂念而反复思考徇顾私情的呢？而奸诈邪恶的文法小官，总是能巧妙地解释一面之词，混乱是非，且言之凿凿，使看到的人难辨是非。所以孔子憎恶用巧言献媚之人搅乱正义，憎恶强嘴利舌之人颠覆国家。因此自唐宋以来，凡朝廷的讨论都以宰相来决断，以学士来参与讨论，以给事中来驳正。

自明中叶以后，奸相擅权，毒流天下。圣祖仁皇帝时，亦有以招权笼贿家累巨万者，赖圣明刚断，同时罢黜；而自是以后，洁己自好者皆以避权为安。内阁拟票[1]虽有两签，从未有摘发部议之非而奏请改议者。古者御史之外，别设给事中专驳宰相成议，上及诏旨；而南宋以后，旧典浸废，以故朱子[2]屡叹之。以臣所闻见，圣祖仁皇帝、世（祖）〔宗〕宪皇帝暨我皇上，时有尽屏廷议而独断其行止者，命下必大服众心。故臣愚以为凡部议会议有关于国体民生者，勿遽批发，必再三寻览，以究其事理之虚实、意见之公私，微有所疑，必召平时

圣心素信其忠诚无私、通达事理者，尽屏左右，每人而独问之。参伍众说，然后内断于圣心。此即虞舜好问好察以辅其惟精惟一之学[3]，而孔子所叹为大智也。臣伏见皇上于部议从者十九，于九卿两议大抵从其列名众多者，道路之口颇有未协。圣心如天，或以为主议者众，必人心所同，而不知其实乃本部一二人之私意，或九卿中一二人之偏见，怯懦瞻徇者明知其非而不敢辨也。○右勤察部议会议。

注释

1 拟票：明清时，各处奏本送达内阁后，由内阁辅臣用墨笔预拟批答于票签，再进呈皇帝朱批，称为拟票，也称票拟。2 朱子：即朱熹。3 惟精惟一之学：指《尚书·大禹谟》所载舜、禹谋划政事中的“人心惟危，道心惟微，惟精惟一，允执厥中”，意谓要精研要专一，诚实保持中道。

译文

自明朝中期以后，奸相独揽政权，毒害流遍天下。圣祖康熙皇帝时，也有因把持权势笼络贿赂而致家财累计万万的，靠皇上圣明刚强的决断，同时罢免；而从此以后，洁身自好的人都以避开权势为安全。内阁阁员预拟对各处奏本批答的浮票时，虽有满汉文字的两次签发，但从没有揭发各部议决的错误而奏请改议的。古时候在御史之外，另设给事中专门批驳宰相已定的决议，上至草拟的皇帝命令；而南宋以后，旧的典章制度逐渐废止，因此朱熹多次叹息。根据臣所闻所见，圣祖康熙皇帝、世宗雍正皇帝和我们的皇上，经常有撇开全部廷议而独自决定行动的，皇命下达必定大服人心。所以臣愚蠢地认为，凡部议或朝廷会合商议的关于国家大政方针与民生的谕旨，不要急忙批发，必须再三寻思阅读，以探究其中事理的虚实，意见的公与私，稍微有所怀疑，必召平时皇上心中一向相信其忠诚无私、通达事理的人，屏退身边近侍，每人单独询问。比较检验各人的说法，然后由皇上内心决断。这就是舜帝用好问好察来辅助他精研专一从政的学问，孔子所赞叹为大智慧的（事情）。臣私下看见皇上对于六部议定的事情，听从的有十分之九，对于九卿部议会议的事，大抵是听从他们中列名赞成的多数，道听途说之言多没有考虑。皇上的心如天一样明亮，或者认为主张那样决议的人多，必定是人心所同，而不知其实就是那部里一两个人的私见，或是九卿中一两个人的偏见，胆小怕事和徇顾私情的人明知它不对却不敢辩白。

抑又闻用人之道，惟知之为难。凡人之智识，必叩之而后知；其材勇，必试之而后见；其忠邪诚伪，必久与之习而后得其真。太公望[1]，文王之师也，武王用之，犹反复穷究，相与问答者凡数万言。管夷吾[2]，齐国之望，鲍叔牙[3]所深知也，桓公[4]用之，犹每事咨度，相与问答者凡数万言。〇武王问太公之语见《六韬》，桓公问管仲之语见《管子》，各数万言。**方今四海九州，万事百度，皆总归于六部，而决于卿贰五六人。每日文书到部，最少一二百件，苟一事之失其理，则奸心必滋于蠹吏，实害必被于兵民。此即五六人皆至公至明，虚己和衷，日夜讲求，尚虑其有失误，而我皇上于六部卿贰中，灼知其才识，深信其忠诚者，凡几人乎？古圣王用人惟己，必先劳于求贤。臣伏愿皇上惟盛暑严寒宜安养圣躬，不可过劳，外此少有余闲，即延见廷臣。凡六部、都察院奏事，披览之下，微有所疑，即召见问讯，使各陈所见。听其言语，则明昧可知矣；观其气象，察其精神，则公正私曲，大略可见矣。即有利口而饰为抗直，邪媚而貌类恪恭者，以我皇上之至诚至明，久与之习，必有呈露于幾微而不能自掩者矣。其余京堂科道条陈屡合事理、翰林敷奏深当圣心者，亦宜慎选其人，俾轮班侍直，事有疑难，随时召问，以习察其志行，而剂度其材能。至于大僚中已为我皇上所深信者，尤宜朝夕燕见，与议论天下之事，以穷究其底蕴。**〇右勤察部院堂官。**果能忠诚无私而又通达事理，则于同官百吏皆能助皇上以检察而得其实矣。**〇以上勤心以察之。

注释

1 太公望：即周代齐国始祖吕尚。姜姓，吕氏，名望，字尚父，号太公望。西周初年官太师，又称“师尚父”。辅佐武王灭商有功，后封于齐。俗称“姜太公”。2 管夷吾：即管仲，名夷吾，字仲。由鲍叔牙推荐，被齐桓公任命为卿，尊称“仲父”。3 鲍叔牙：春秋时齐国大夫。以知人著称。4 桓公：即齐桓公。姜姓，名小白。是春秋时任用管仲进行改革，使国力富强，成为第一霸主的齐国国君。

译文

或又听说用人的方法、道理，只有了解人最难。凡人的才智见识，必通过探问、求教之后才能知道；他的才干勇气，必试用后才能发现；他的忠诚邪伪，必长久与他接近之后才能得到他的真实面貌。姜太公吕尚，是周文王的太师，周武王用他，还反复追根考察，相互问答的话有几万字。管夷吾，是齐国有名望的人，鲍叔牙非常了解他，桓公用他，还每件事咨询商酌，相互问答的话有几万字。如今国内九州，一切事情各种制度，都总归到中央政府六部，而裁决于卿相大臣五六个人。每天文书到达六部，最少一二百件，假如其中有一件事不合理，那么奸邪必定在害民的官吏中滋生，兵民必遭受实际上的损害。即使那五六个人都极公正清明，虚心听取意见且和睦同心，日夜谈论探求，还担心他们会有失误，而我们皇上在六部大臣中，透彻地了解其才识，深信其忠诚的人，又有几个呢？古代圣明的帝王用人只决定于自己，必先辛劳地求贤。臣谨愿皇上只在盛暑严寒时宜安养身体，不可过于劳累，除此之外少许有闲余，就请接见朝廷的臣子。凡六部、都察院上奏的事，展读奏章时，只要稍有疑惑，就要召见询问打听，让他们各自陈说自己的见解。听他们的言谈，那么事情的明暗就可以知道了；看他们的气度神色，观察他们的精神状态，则公正不公正，大概可以知道了。即使有能言善辩而掩饰成坦率耿直、奸邪谄媚而貌似谨慎恭敬的人，以我皇上的明智，长时间与他们接近，必定会有暴露在细微处而不能自己掩饰的。其余高级官员、都察院监察官等分条陈述又多合事理的，翰林院官员陈奏很合圣上之心的，也宜慎重选择其中的人，让他们轮班伺候听命，有疑难事随时召见询问，用以不断地考察他们的意志品行，从而衡量他们的才华和能力。至于大臣中已为我皇上所深信不疑的，尤其应该朝夕在闲暇时召见，跟他们议论天下的事，以深入探究他们的内涵。如果能忠诚无私而又通达事理，那就跟众多官吏一样都能帮助皇上检察而得到实情了。

所谓依类以求之者，天下惟君子与小人性情、心术如冰炭之不相入。小人所悦，必谀佞侧媚者，虽有才智，而为国患更深。朴直清慎者，虽无才智，尚可奉公守法，竭力自效。是以周公《立政》[1]之篇所三致意者，惟勿用憸人而求吉士，以劢相国家[2]而已。所谓憸人，谀佞侧媚而有才智者也；所谓劢相朴直清正之士，虽才智不足而率作策励，尚可以有辅于庶政也。自古有君子而误信小人者，断无小人而能进君子者。故求贤之道，必以其类为招。保举旧例，临时按品秩资格，俾各举一二人。法本无愆，而人多难信。我皇上于在内之九卿，在外之督抚，深信其忠诚无欲者，必各有数人。伏愿特下密旨，命尽举所知而别其材之所宜，然后考复试验，而次第用之，比之按资格以泛举者，必为得实，而听请托、利身家之结习，不禁而自除矣。○以上依类以求之。

注释

1《立政》:《尚书》中的篇名。《立政》是周公晚年告诫成王建立官制的诰词。2 劢(mài)相国家:语出《尚书·立政》:"其勿憸人,其惟吉士,用劢相我国家。"劢,勉力,努力。相,治理。

译文

所谓依类别寻求人才,天下只有君子与小人的性情、心术像冰炭一样不相容。小人所喜欢的必定是奸邪谄媚、阿谀逢迎的人,即使有才智,但对国家的祸害更深。质朴、正直、清廉、谨慎的人,即使没有什么才智,还可奉公守法,尽力贡献自己的一切。因此周公在《立政》篇中所三次表达自己的用意的,就是希望不要用邪佞之人而要寻求善士贤人,以努力治理国家。所谓"憸人",就是谄媚奸邪、阿谀逢迎而有才华的人;所谓勉力辅佐的质朴、耿直、清正、廉洁之士,虽然才智不足而带领大家互相督促勉励,还是可以对诸多政务有辅佐作用的。自古有君子错误相信小人的,绝对没有小人能推荐君子的。所以求贤的方法,必须按照他们的类别进行招揽。保举人才的旧例,到时候按官位的品级资格,让每人各推举一二人。保举法本没有过失,但人多数难以相信。皇上在内廷的九卿京官和廷外的总督巡抚中,深信他们忠诚无私的,必定各有几个人。希望皇上特下密旨,命令他们尽力推荐所了解的人,分别按其材资建议适宜担任的职务,然后考察、复核、试验,按次序任用,比那种按任职资格普遍推举的,必定能够实在一些,而那种任凭私交走门路、只图对自己与家庭有利的积久难除的旧习气,也就会不禁而自然消除了。

所谓切实积久以磨砻者,自汉唐以后,虽仍六官之名,而职事多非周官之旧矣。而就今功令所宜秉承者,则吏部之职,非独按籍呼名、循例黜陟也,其实在使请嘱者望风而自止,巧法者百变而难欺。户部之职,非独谨守管钥、会计、出纳也,其实在明于万货滋殖之源,生民实耗之本。礼部虽奉行旧典,而事有特举,必当酌古准今,可为后法,且寅清[1]端直,无玷其官。兵部之实,在戢将校之骄气,以绥靖兵民,消祸变于无形,以折冲万里。○此段立论太高,多不切于事实。今之兵部与将校并不相接,何能戢其骄气?**刑部之实,在时情罪之宽严,以砥维风教;辨四方之伪狱,以震慑职司。工部之实,在识海内山川之形势,以知疏凿之宜;核水土人功之等差,以定工程之度。至于都察院之设,本以肃朝廷之**

纲纪，儆百吏之官常，劾中外文武之不法，而自副都御史郭琇[2]排击要人以后，○郭琇参劾明珠，名震中外。**五十年来未闻力争国家之大事，斥指大吏之非人者，不过掌行过文书而已，然则此职盖几于虚旷矣。伏愿我皇上于部院卿贰，必慎简忠诚，而以明达者佐之。辨其材之所宜，而各责之以实，使日夜奋励其僚属，而随时以进退之，则中材以上，咸自矜奋，数年以（来）〔后〕公正之风可作，而练达事理者亦渐多矣。**○以上切实积久以磨砻之。

注释

1 寅清：语出《尚书·舜典》："夙夜惟寅，直哉惟清。"寅，敬。直，正直。清，清明。句意为早晚都要恭敬行事，又要正直、清明。后以"寅清"为官吏箴戒之辞。2 郭琇：清山东即墨人，字华野。康熙进士。历任吴江知县、佥都御史、左都御史等职。曾参劾大学士明珠、余国柱等贪污受贿、结党营私，明珠等因此被降黜。

译文

所谓切合实际持久地磨炼人才，自汉代唐代之后，虽然仍旧是天、地、春、夏、秋、冬六大类官制的名称，但主管其事的官员多数已不是周代官职的旧况了。而就如今考核录用的法令所应执掌的，那吏部的职责，并不只是按照名册呼名、依照惯例降免升迁了，其实职在于使请托走后门的人听到风声而自行停止，玩弄手段想升官的人手法多变而难以欺骗。户部的职责，不只是谨慎地守着仓库钥匙，管理财物的支出收入，其实职应在于明了各种财货增长的根源，老百姓实际损耗的根本原因。礼部虽奉行旧的典章制度，但事情如有特别的举动，必当考虑古制比照今天的情况，可为今后效法，且言行敬谨，持心清明正直，不玷污自己的官声。兵部的实职，在平息将校等军官的骄气，以安抚兵民，在无形中消除祸患，以击退远方的敌人。刑部的实职，在按当时情况的宽严，以砥砺维系风俗教化；辨正各地的诡诈诉讼，以震慑有关主管官员。工部的实职，在了解海内山河的形势，以知道哪里该疏通凿开；核查水土、人力的等级差别，以定工程量。至于都察院的设置，本就是为了整肃朝廷的纲维法纪，警戒百官的职守，弹劾朝廷内外文官武官中不奉公守法者，而自副都御史郭琇抨击要人（明珠）以后，五十年来没听说有因为力争国家大事而指斥大官不是人的，都不过是些掌管文书来往的官员而已，这就使御史的职责几乎空缺了。希望皇上对六部、都察院的大官，必定谨慎简选忠诚而且明智通达的人来辅佐您。

辨明他们的才能所宜担任的职务，而各自从实督责，让他们日夜激励其下属官吏，随时提拔、屏退，那么有中等以上才能的人都会各自振奋，几年之后公正之风可以振兴，老练而通达人情事理的人也就会逐渐多起来了。

所谓信赏必罚以惩劝者，凡中人之志行，多以奖进激励而成。平时主部议者不过正卿中一二人，主会议者不过九卿中皇上所向用之数人，顺从缄默者长得自安，据理直言者必遭忌嫉，积习为常，所以靡靡日趋于瞻徇，而非果竟无人也。倘我皇上时时延见，一一考验，忠诚者笃信之，明达者褒嘉之，怀私者废斥之，庸昧者退罢之，则旬岁之间，勃然而兴起矣。世宗宪皇帝于大计保举之员，赃罪败露，督抚降调，司道革职，条例甚严，而奉行不实。惟奉特旨，独举一人者降调甚多，而督抚司道之计典无闻焉。盖以所举众多，不能尽诘，而姑从宽贷耳。用此，赂请阴行，举劾颠倒，无所顾忌。若一依雍正六年定例[1]，执法不移，则孰敢徇私任意以自累乎？自耗羡归公以后，〇以下言州县及京官资给宜优，与本段信赏必罚之意不相联贯。**州县之繁剧者，养廉至千数百金，犹不足延幕客、办公事。在内诸司虽蒙加俸一倍，犹不足以僦屋、赁仆、秣马、供车。伏愿通计天下之耗羡，及经赋所余，详加筹划，必使州县得备其公事，诸司得赡其身家，然后一犯赃私，严法不贷。其声绩显著者，则时赐金帛、进爵秩而使久于其任。如此则凡为吏者，皆得俯仰宽然，洁己以奉公，孰肯苟且行私，以自取终身之坠陷乎？**〇以上信赏必罚以惩劝之。

注释

1 雍正六年定例：据《清史稿》卷九《世宗本纪》，雍正六年十二月，《大清律集解附例》告成。此即指雍正六年修订后的吏治反腐《附例》。

译文

所谓有功必赏、有罪必罚以劝勉惩处，凡朝臣的志向操守，多数以奖赏进用的激励法而成就。平时主持六部讨论的不过是正职大臣中的一二人，主持朝廷会合讨论的不过是九卿大臣中皇上所一向重用的几个人，顺从、闭口不说话的人长久得到自身的安稳，据理直说的人必定遭到妒忌猜忌，习以为常，所以就会渐渐地日趋于徇顾私情，而不是真的没有人才。倘若皇上时时召见，一个一个考验，对忠诚的人笃信无疑，对通达的人予以褒奖，对怀私心的人废退斥责，将平庸愚昧的人退免，那么十年之间，人才就会勃然兴起了。世宗雍正皇帝对于在三年一次考绩中保举的官员，若贪赃之罪败露，属总督巡抚一级的降职调动，司道一级的革职，处罚条例很严，但遵照实行中并没有落实。有奉特旨，只保举一人的降职调离的情况很多，而通过督抚司道的官员三年一次考绩大计保举的却没听说。大概因为所保举的人众多，不能全都责问，而姑且从宽恕罪吧。因此，行贿请托之风暗行，推举弹劾的事错乱，无所顾忌。若一律按照雍正六年（1728）修订的《大清律集解附例》，执法不变，那谁敢徇私任意来连累自己遭罪呢？自从税赋所征耗羡归公上交之后，州县中事务繁重的，养廉银达到一千或几百金，还不足以延请幕僚办理公事。在朝廷各官署中，虽蒙增加俸禄一倍，但还不足以支付租房子、雇仆、养马、供车等费用。希望通盘计算国家的耗羡收入，以及经过纳税后的所余，详加筹划，必须使各州县能备办其公事，各官署能赡养其自身和家庭，然后一旦犯了贪赃营私的罪，就严惩不贷。他们中官声业绩显著的，就时常赏赐金银布帛、晋爵升官，而使他们长久任职。这样就能让当官的，都应付自如，廉洁奉公，谁肯只顾眼前得过且过营私，而自取终身坠落于罪过中呢？

信能行此四者，则忠良有恃以不恐，奸邪有术而难施，中外大臣日夜孜孜，以进贤退不肖为己任，庶司百吏皆知奉公守法、洁己爱民之为安。数年之后，众正盈廷，官守经法，民无幸心，虽大艰猝投，无难共济，而况举先王足民之大经，布前代屡验之良法，尚何虑其阻挠废格，纵私生事以扰民乎？至于民食既足，则当渐为礼俗之防；官常既修，则当实讲教士之法；内治既定，则兴屯卫于边关，设军田于内地，使精神可以折冲；立制防于海峤，谨治教于苗疆，使患〔害〕[1]消于未兆。皆宜次第修举，而臣不敢以为言。诚以积习不除，人材不足，官常不立，则为之而必不可成，成之而必不可久也。

凡所陈奏，皆臣五十年来所耳闻目见，确知其状不得不入告圣明者。臣老矣，生世无几时，如以臣言为可用，伏望留臣此折以验群情，以考治法，时复赐览。如用臣言而无利于民，无益于国，虽臣死之后，尚可夺臣之爵命，播臣之过言，以示惩责也。昧死上陈，不胜悚息瞻企之至，谨奏。

注释

1 害：岳麓书社版《曾国藩全集》据咸丰元年（1851）本《望溪全集》补。

译文

确实能实行上述四项措施，则忠良之士有依仗而不害怕，奸邪的人有手段而难以施展，朝廷内外大臣日夜勤勉努力，以进用贤能、屏退品行不好的人为己任，众多官署官吏都知道奉公守法、洁己爱民才是安稳的。几年之后，作表率的百官满朝，官员能坚持原则奉公守法，民众无侥幸心理，即使异常艰难的事突然到来，也不难共同渡过，何况已提出先王使人民富足的大政方针，布施前朝多次试验成功的良法，还担心那些阻挠、搁置诏令不执行，纵容营私生事而扰民的吗？至于人民食粮充足了，就应当逐渐做好礼俗方面的防范；官员的职守既已整治了，就应实实在在地讲求教育士子的方法；国内治理的大政已定，就要在边关振兴屯田和卫戍，在内地设立军饷之田，使军队精神上可以战胜敌人；在海边山岭设立国防机构，在苗族地区慎重进行礼治教化，使祸害消除在尚未出现苗头之时。这些都是应该依次推行的，而臣不敢在这些方面进言。确实是因为积习不除，人才不足，官员的职责不确立，那即使做了也必定不会成功，成功了也必定不可持久。

以上凡所陈奏的，都是臣五十年来耳闻目见，确实知晓情况而不得不禀告圣明皇上的。臣老了，在世上的时间不多了，如果认为臣说的话可采用，就希望圣上留下臣这个奏折以检验群情民意，考察治国之法，时常恩赐浏览。如果采用臣的话而对人民无利，对国家无益，即使臣死了之后，还可以剥夺臣的爵位，舍弃臣的过失言论，以表示惩处责罚。冒犯死罪上陈，十分惊恐，屏息盼望，谨此上奏。

曾评

望溪先生古文辞为国家二百余年之冠，学者久无异辞，即其经术之湛深，八股文之雄厚，亦不愧为一代大儒。虽乾嘉以来汉学诸家百方攻击，曾无损于毫末。惟其经世之学，持论太高，当时同志诸老，自朱文端[1]、杨文定[2]数人外，多见谓迂阔而不近人情。此疏阅历极深，四条皆确实可行；而文气深厚，则国朝奏议中所罕见。沅甫生平笃慕望溪，尝欲疏请从祀孔庙，盖将奉为依归。昔望溪于乾隆初请以汤文正[3]从祀圣庙，未蒙俞允。厥后道光三年，汤公果祔祀圣庙。而望溪之志行几与汤公相伯仲，跻之两庑，殆无愧色。沅甫知取法乎上，或亦慨然睎古而思齐欤？

注释

1 朱文端：即朱轼（1665—1736），字若瞻，号可亭。清高安人。康熙三十三年（1694）进士，官至文华殿大学士、吏部尚书。工古文。卒谥文端。2 杨文定：即杨名时（1661—1737），字宾实，号凝斋。江苏江阴人。康熙三十年（1691）进士，历官云南巡抚、云贵总督、礼部尚书。卒谥文定。3 汤文正：即汤斌（1627—1687），字孔伯，号荆岘，又号潜庵。清河南睢州（今睢县）人。顺治九年（1652）进士，历官江苏巡抚、礼部尚书、工部尚书。治程朱理学。卒谥文正。

孙嘉淦三习一弊疏

导读

孙嘉淦（1683—1753），字锡公，号懿斋，又号静轩。山西兴县人。康熙五十二年进士。雍正年间，历任国子监祭酒、刑部侍郎、吏部侍郎。乾隆元年，迁都察院左都御史。以敢于直谏受嘉奖，迁刑部尚书，总理国子监事。不久授直隶总督，抑制豪强，兴修水利，累官至吏部尚书，协办大学士。著有《诗经补注》《春秋义》等。

孙嘉淦为人正直、清廉，以敢于直谏负盛名。他一生历康熙、雍正、乾隆三朝。乾隆元年，他上此疏对刚登基的皇帝进行正谏，目的是告诫高宗帝绝不可骄傲自满、自以为是，要“时时事事常存不敢自是之心”。疏文首论治乱循环，“事当极盛之际，必有阴伏之机”，颇具辩证精神。接着揭示出在大好形势下潜伏着的、极易形成的“三习一弊”及其严重恶果，并作了实事求是、入木三分的论述，说服力极强。然后进一步指出，预防、戒备“三习一弊”的唯一方法是“圣心自懔”，即皇上自己要时刻谨防戒惧，拔除自是之根。

为了匡弼皇上“不自是”，疏文从三个方面进行阐述。首言圣人亦有过，但只有圣人能自见其过、能改过。再论唯有不自以为自己绝对正确，才知忠言逆耳，遇事自省，明辨是非，分清君子与小人，不中小人阿谀奉承的圈套。然后极言自是之害，是君子小人进退的关键，国家“治乱之机”。最后接连引用《尚书》《大学》等儒家经典著作的箴言，归结到“惟望我皇上时时事事常存不敢自是之心”这一中心论点。全篇结构谨严，层层深入，笔力千钧，读来振聋发聩。

曾国藩很看重此疏辅翼圣德的作用，认为在清王朝鼎盛时期，乾隆帝登基之时，孙嘉淦如此敢于直言，以“不自是”匡弼圣德，是有居安思危、见微知著的政治远见和无私无畏精神的“以道事君”。此疏上后，受到乾隆的嘉奖，对乾隆六十年执政的盛德大业起了一定的裨助作用，文章也成了传世名篇。往后嘉庆、道光、咸丰帝登基，大臣们都抄录此疏进呈。曾国藩到了功成名遂、威望足以震主的时候，更重视此文“三习”“一弊”的警示作用，主张兄弟们都要好好细读，“各录一通于座右”，并在《鸣原堂论文》中选录了此疏，加以评点。他认为自己与九弟曾国荃“忝窃高位，多闻谀言”，所谓“三习”者，反省自己实所难免，九弟一直在军营打仗，“属官较少，此习较浅”，但也不可不预防。可见他选评此疏，一方面是为了警戒湘军中如他的兄弟曾国荃等将领，一方面也是希望清廷能够警觉，不要生疑忌之心。如此看来，孙嘉淦这篇忠言逆耳的美文，不论是从事政治、军事方面的人士，还是教育、工商业的巨子，到了功成名就的时候，都有必要读一读，以深切省察，永保成功。

臣一介庸愚，学识浅陋，荷蒙风纪重任，○乾隆元年，孙文定公进此疏时为左都御史，故曰风纪重任。**日夜悚惶**[1]**，思竭愚夫之千虑，仰赞高深于万一。而数月以来，捧读上谕，仁心仁政，恺切**[2]**周详。凡臣民之心所欲而口不敢言者，皇上之心而**

已。皇上之心仁孝诚敬，加以明恕，岂复尚有可议？而臣犹欲有言者，正于心无不纯、政无不善之中而有所虑焉，故过计而预防之也。

今夫治乱之循环，如阴阳[3]之运行，坤[4]阴极盛而阳生，乾[5]阳极盛而阴始。事当极盛之际，必有阴伏之机。其机藏于至微，人不能觉，而及其既著，遂积重而不可返。此其间有三习焉，不可不慎戒也。○以上总举大意，言治乱循环倚伏，其机甚微。

注释

1 悚惶：恐惧，惊慌。2 恺切：同剀切。切实，切中事理。3 阴阳：中国古代思想家用以解释自然界两种对立和相互消长的气或物质势力。如天地、日月、男女、上下等。4 坤：八卦之一，符号为☷，象征地。5 乾：八卦之一，符号为☰，象征天。

译文

臣一个平庸愚钝的人，学识浅陋，蒙恩被委以教化风纪的重任，日夜惶恐不安，总想竭尽我愚昧之人的深思熟虑，在辅佐圣上高明深远的谋划中尽微薄之力。近几个月来，捧读皇上的谕旨，感受到您仁德爱民的心胸和宽厚仁慈的政治措施，是那样的恳切、周到、详明。凡属臣民心中所想而又不敢直言的，皇上都想到了。皇上的心仁爱孝顺，诚信恭敬，并且明察宽大，难道还有什么可议论的？但臣还是有想进言的，正是在皇上心无不纯正、政治没有不好的情况下所忧虑的事，只是想提早考虑做些预防而已。

国家安定与动乱的循环，就像阴阳五行的变化运行，阴发展到极盛就生阳，阳发展到极盛就开始生阴。事物到了极盛的时候，必然有潜伏的危机。那种迹象藏伏在极微妙处，人们通常难以察觉，但到了它已明显之时，往往就积习深重而不可改变了。这里面就有三种习气，不能不谨慎警戒。

主德清，则臣心服而颂；仁政多，则民身受而感。出一言而盈廷称圣，发一令而四海讴歌。在臣民原非献谀，然而人君之耳则熟于此矣。耳与誉化，匪誉则逆。故始而匡拂[1]者拒，继而木讷[2]者厌，久而颂扬之不工者亦绌矣。是谓耳习于所闻，则喜谀而恶直。上愈智，则下愈愚；上愈能，则下愈畏。趋跄谄胁，顾盼而皆然；免冠叩首，应声而即是。在臣工以为尽礼，然而人君之目则熟于此矣。目与媚化，匪媚则触。故始而倨野[3]者斥，继而严惮[4]者疏，久而便

辟[5]之不巧者亦忤矣。是谓目习于所见，则喜柔而恶刚。敬求天下之士，见之多而以为无奇也，则高己而卑人；慎办天下之务，阅之久而以为无难也，则雄才而易事。质之人而不闻其所短，返之己而不见其所过。于是乎意之所欲，信以为不逾；令之所发，概期于必行矣。是谓心习于所是，则喜从而恶违。三习既成，乃生一弊。何谓一弊？喜小人而厌君子是也。○以上实指耳目心三习生一喜小人而厌君子之弊。

注释

1 匡拂（bì）：匡正辅佐。拂，通“弼”。2 木讷：质朴而不善言辞。3 倨野：傲慢不恭，放纵，不顺从。4 严惮：敬畏。5 便辟：谄媚奉承，逢迎讨好。

译文

皇上德行清明，臣下就会心悦诚服而赞颂；皇上政令仁厚，民众亲身感受，就会心怀感恩。皇上每说一句话，满朝文武就称颂圣明，每颁发一道政令，举国上下就赞美歌颂。对臣民而言本不是阿谀奉承，但皇上的耳朵渐渐熟悉了这些美誉之词。耳朵被美誉转化，不是美誉之词就感觉逆耳。所以开始时是拒绝匡正辅佐的反对意见，接着就讨厌那些质朴内敛不善言辞的人，久而久之，对那些赞颂不到位的也会觉得厌倦。这是说耳朵习惯了听好话，喜欢阿谀奉承而厌恶直言进谏。皇上越是聪明，臣下就越愚钝；皇上越是贤能，臣下就越畏惧。晋见皇上步履有节奏，献媚讨好，缩敛肩膀，左顾右盼都是这样；脱帽磕头，应声回答就是“是”。对于群臣百官来说，认为这是应尽的君臣之礼，然而皇上的眼睛已习惯于这样了。眼睛被谄媚之态转化，不是谄媚的就抵触。所以开始时，是那些傲慢不恭、放纵不驯的人会遭到呵斥，接着就连那些对皇上敬畏的人也被疏远，久而久之，那些逢迎谄媚侍候不到位的人也看不顺眼了。这是说眼睛习惯了所见的讨好行为，就会喜欢柔媚而厌恶刚正。恭敬地寻求天下有识之士，见得多了反而认为没什么奇人，就觉得自己高明而轻视别人；谨慎地办理各种事务，阅历多了就觉得没有什么是难事了，认为自己有雄才大略而办事容易。向别人质疑而听不到自己短处的谏议，反问自己而看不到自己的过错。于是想要做什么，就自信以为不会有违礼法；发出号令，就以为限期必定实行。这是说心习惯于自己所认为对的，就喜欢服从，而厌恶违抗。“三习”一旦养成，就会生出“一弊”。什么是一弊？就是喜欢亲近小人而讨厌君子。

今夫进君子而退小人，岂独三代以上知之哉？虽叔季[1]之主，临政愿治，孰不思用君子？且自智之君，各贤其臣，孰不以为吾所用者必君子，而决非小人。乃卒于小人进而君子退者，无他，用才而不用德故也。德者，君子之所独，才则小人与君子共之，而且胜焉。语言奏对，君子讷而小人佞谀，则与耳习投矣。奔走周旋，君子拙而小人便辟，则与目习投矣。即课事考劳，君子孤行其意，而耻于言功；小人巧于迎合，而工于显勤，则与心习又投矣。小人挟其所长以善投，人君溺于所习而不觉。审听之，而其言入耳；谛观之，而其貌悦目；历试之，而其才称乎心也。于是乎小人不约而自合，君子不逐而自离。夫至于小人合而君子离，其患岂可胜言哉？而揆厥[2]所由，皆三习为之蔽焉。治乱之机，千古一辙，可考而知也。○以上言所以小人进而君子退之故，皆由三习有以引之而不自觉。

注释

1 叔季：末世。指国家衰乱将亡的年代。2 揆厥：揆，度量，揣度。厥，其，代词。

译文

任用君子、屏退小人，难道只是夏商周三代以上知道的道理？即使是末世的君主，面对政局也希望治理好，谁不想任用君子呢？况且自以为明智的君主，都认为自己任用的臣工是贤良的，谁不认为自己所任用的人必是君子而决不是小人？然而最终还是小人晋升而君子被屏退，这没有别的原因，就在于用人只重才干而不重德行的缘故。德行是君子独有的品行，才干是小人和君子共有的特性，并且小人会更胜一筹。回答君主，君子说话迟钝而小人会巧言谄媚，这就与君主的“耳习”投合了。在交往中奔走周旋，君子笨拙而小人谄媚奉承，就与君主的“目习”投合了。到了论功行赏、考核业绩时，君子只知按自己的想法踏实做事，而耻于表功，而小人却善于迎合，擅长于表露功绩，就与君主的“心习”又投合了。小人凭借自己所擅长的来投合君主，君主沉迷于自己养成的习惯而不能察觉。审慎地听那些话，那些话能入耳；仔细观察那些人，他们的样子也讨人喜欢；经过试用考验，他们的才干能称心如意。如此一来，小人不用召唤而自然围聚身边，君子不用驱赶而自然离开。到了小人聚合而君子远离时，那祸患哪里可以说得尽啊？考察其根源，都是“三习”所造成的蒙蔽呀。治世与乱世的关键所在，千古以来都非常相似，可以考察而知道。

我皇上圣明首出，无微不照，登庸[1]耆硕，贤才汇升，岂惟并无此弊，亦并未有此习。然臣正及其未习也而言之，设其习既成，则有知之而不敢言，抑或言之而不见听者矣。今欲预除三习，永杜一弊，不在乎外，惟在乎心。故臣愿言皇上之心也。语曰：“人非圣人，孰能无过。”此浅言也。夫圣人岂无过哉？惟圣人而后能知过，惟圣人而后能改过。孔子曰：“五十以学《易》，可以无大过矣。”[2]大过且有，小过可知也。圣人在下，过在一身；圣人在上，过在一世。《书》曰“百姓有过，在予一人”[3]是也。文王之民无冻馁，而犹视以为如伤，惟文王知其伤也。文王之《易》贯天人，而犹望道[4]而未见，惟文王知其未见也。贤人之过，贤人知之，庸人不知。圣人之过，圣人知之，贤人不知。欲望人之绳愆纠谬[5]而及于所不知，难已！故望皇上之圣心自懔[6]之也。危微之辨精，而后知执中难允[7]；怀保之愿宏，而后知民隐难周。谨几存诚，返之己而真知其不足；老安少怀，验之世而实见其未能。夫而后欿然不敢以自是。不敢自是之意流贯于用人行政之间，夫而后知谏诤切磋者爱我良深，而谀悦为容者，愚己而陷之阱也。耳目之习除，而便辟善柔便佞之态，一见而若浼；取舍之极定，而嗜好宴安功利之说，无缘以相投。夫而后治臻于郅隆[8]，化成于久道也。

○以上言惟圣人能自见其过，而匡君以不自是。

注释

1 登庸：选拔任用。庸，用。2 五十以学《易》，可以无大过矣：语出《论语·述而》。3 百姓有过，在予一人：语出《尚书·泰誓》。过，过失。4 望道：敬慕有道的人。5 绳愆纠谬：语出《尚书·冏命》：“绳愆纠谬，格其非心。”意谓纠正过失，端正邪僻不正之心。绳，纠正。6 懔：戒惧。7 危微之辨精，而后知执中难允：典出《尚书·大禹谟》：“人心惟危，道心惟微，惟精惟一，允执厥中。”8 臻于郅隆：达到昌盛。臻，至，达到。郅隆，昌盛兴隆。

译文

我们的皇上圣明无二，非常细心周到，任用年高而有德望的人，贤明的人才汇集升用，不但没有这所谓“一弊”，就连那“三习”也没有。但臣正是想在那些习气还没有形成时说这番话，假设那些习气已经形成，那时恐怕知道真相也没人敢说，或者说了皇上也听不进去了。现在想预先免除“三习”，永远杜绝“一弊”，不在于外力，只在于内心。所以臣愿意进言说说皇上的心。古语说：

"人不是圣人，谁能无过错。"这是很肤浅的话。圣人难道就没有过错吗？只是圣人犯错之后能自知其过，能改正过错。孔子说："五十岁学《易经》，可以不犯大的过错。"大过尚且有可能犯，小过就可想而知了。圣人处平民地位，过错只要自身承担，圣人如果居高位，过错就要整个社会来承载。所以《尚书》中说"百姓有过失，那责任都在我一人身上"，就是如此。周文王的百姓没有饥寒之苦，但他还是认为百姓有疾苦，只有文王知道百姓的疾苦。文王的《周易》已贯通于天人之道，然而文王仍敬慕有道的人而好像自己还有没见到的，只有文王才知道自己有没见到的。贤人的过错，贤人自己知道，而平庸的人就不知道。圣人的过错，圣人自己知道，而贤人就不知道了。要让一个人纠正他所不自知的过失和错误，太难了！所以希望皇上的圣心自我谨防戒惧。人心的险危和道心的微妙需要精心辨别，然后才知道行事秉持中允的艰难；爱民惠民的愿望宏大，然后才知道百姓疾苦难以一一解决。谨慎地注视苗头，保持诚恳之心，返观自己的内心世界，才真正知道自己的不足；老年人能安享晚年，年幼的孩子能得到呵护，验证于当世才切实看到所没能做到的。这以后才不自满不敢自以为是。不敢自以为是的意识贯穿于用人行政之间，然后就知道那些直言劝谏切磋的人，是真心爱护自己，而那些满脸堆笑阿谀奉承的人，才是愚弄自己且给自己设置陷阱的人。耳习、目习的毛病去除之后，对那些谄媚奉承、阿谀逢迎、花言巧语之态的人，就会一见而好像被玷污；取舍的标准定了，那些贪图享乐、追求功利的说辞也就无缘来投合。这样之后，国家的治理才会达到昌盛，教化成功而有长久之道。

不然，而自是之根不拔，则虽敛心为慎，慎之久而觉其无过，则谓可以少宽；励志为勤，勤之久而觉其有功，则谓可以稍慰。夫贤良辅弼，海宇升平，人君之心稍慰而欲少自宽，似亦无害于天下，而不知此念一转，则嗜好宴安功利之说，渐入耳而不烦，而便辟善柔便佞者，亦熟视而不见其可憎。久而习焉，忽不自知而为其所中，则黑白可以转色，而东西可以易位。所谓机伏于至微，而势成于不可返者，此之谓也。是岂可不慎戒而预防之哉?《书》曰："满招损，谦受益。"[1]**又曰："德日新，万邦为怀；志自满，九族乃离。"**[2]**《大学》言，见贤而不能举，见不贤而不能退。**[3]**至于好恶拂人之性，而推所由失，皆因于骄泰。满与骄泰者，自是之谓也。**○以上极言自是之害。

由此观之，治乱之机，转于君子小人之进退；进退之机，握于人君一心之敬肆。能知非，则心不期敬而自敬；不见过，则心不期肆而自肆。敬者君子之招，而治之本；肆者小人之媒，而乱之阶也。然则沿流溯源，约言蔽义，惟望我皇上时时事事常存不敢自是之心，而天德王道，举不外于此矣。○以上总言治乱原于君子小人之进退，而实根于不自是。

语曰："狂夫之言，而圣人择焉。"臣幸生圣世，昌言不讳，故敢竭其狂瞽，伏惟皇上包容而垂察焉，则天下幸甚！

注释

1 满招损，谦受益：语出《尚书·大禹谟》。2 "德日新" 至 "九族乃离"：语出《尚书·仲虺之诰》。3 见贤而不能举，见不贤而不能退：语出《礼记·大学》第四十二篇："见贤而不能举，举而不能先，命也；见不善而不能退，退而不能远，过也。"此处未全引，有删改。

译文

如果不这样，自以为是的根子不拔除，那即使收敛心神谨慎处事，谨慎久了就会觉得自己没什么过错，就认为可以略微放松；奋发志气勤苦工作，勤苦久了就觉得有功，就认为可以略微宽慰。有贤良臣子辅佐，天下太平，皇上的心略微宽慰，进而想放松自己，似乎也不会对天下有害，而不知转而一有这样的念头，那些贪图享乐、追求功利的说辞就会渐渐能听进去而不觉得厌烦，而对那些谄媚奉承、阿谀逢迎、花言巧语的人，也会看习惯了而不觉得他们可憎。长久地习惯于此，不知不觉被这些人所利用，就会黑白颠倒，东方西方换位。所谓苗头藏于细微之处，而趋势形成于不可逆转的情况，说的就是这个。这难道是可以不谨慎戒惧提防的吗?《尚书》说："自满招损，谦虚受益。"又说："德行日新不懈，天下万国就会归顺；志气自满自大，亲近的九族也会离散。"《大学》中说：看见贤人却不去推举，看见坏人却不将他屏退。以至于对待喜好和憎恶会违背人的本性，而推究所产生失误的缘由，都是由于骄奢放纵。自满和骄奢放纵的人，就是凡事自以为正确。

由此看来，治世或是乱世的关键，转机就在于对君子和小人的进用还是屏退，而进用与屏退的关键，就在于皇上的心神是慎重行事还是肆意而为。能知道不对，即便不刻意追求慎重也自然会严肃慎重；不正视过错，那即便不想肆意妄为也会自我放纵妄为。慎重行事是君子的方略，是大治的根本；恣意放纵是小人的媒介，是祸乱的因由。那么追根溯源，简而言之，只是希望皇上时时刻刻、事事处处，能经常保持着不自以为是的心，那么上天的仁德、王天下的大道，就都不会偏离于此了。

古语说："狂徒说的话，圣人会从中选取。"臣有幸生在圣明的朝代，可以畅所欲言不必忌讳，所以才敢尽吐狂言谬论，恳请皇上包容并俯察，那就是天下的幸运了！

曾评

乾隆初，鄂、张[1]两相当国，蔡文勤[2]辅翼圣德。高宗聪明天亶，如旭日初升，四海清明，每诏谕颁示中外，识者以比之典谟誓诰[3]。独孙文定公[4]以不自是匡弼圣德，可谓忧盛危明，以道事君者矣。纯庙[5]御宇六十年，盛德大业始终不懈，未必非此疏裨助高深。厥后嘉庆元年，道光元年，臣僚皆抄此疏进呈。至道光三十年，文宗[6]登极，寿阳相国祁寯藻[7]亦抄此疏进呈。余在京时，闻诸士友多称此疏为本朝奏议第一。余以其文气不甚高古，稍忽易之。近年细加紬绎[8]，其所云"三习""一弊"，凡中智以上，大抵皆蹈此弊而不自觉。而所云自是之根不拔，黑白可以转色，东西可以易位，亦非绝大智慧、猛加警惕者不能道。余与沅弟[9]忝窃高位，多闻谀言。所谓"三习"者，余自反实所难免。沅弟属官较少，此习较浅，然亦不可不预为之防。吾昆弟各录一通于座右，亦《小宛》诗人迈征之道[10]也。

注释

1 鄂、张：指雍正帝临终嘱托的重臣鄂尔泰与张廷玉。2 蔡文勤：即蔡世远，字闻之。福建漳浦梁山人，学者称梁山先生。康熙四十八年（1709）进士，雍正嗣位召为皇子侍读，是辅翼乾隆的帝师，卒赠礼部尚书，谥文勤。3 典谟誓诰：《尚书》中《尧典》《舜典》《大禹谟》《皋陶谟》《甘誓》《汤誓》《汤诰》《大诰》等篇名的并称，均为经典文献。4 孙文定公：即孙嘉淦。因卒谥文定而名。5 纯庙：指乾隆帝爱新觉罗·弘历。年号乾隆，庙号清高宗，谥号清纯。6 文宗：指咸丰皇帝，清文宗奕订。7 祁寯（jùn）藻：字叔颖，一字淳甫，因避穆宗载淳之讳改实甫。山西寿阳人。嘉庆进士，历官军机大臣、体仁阁大学士、太子太保。为清道光、咸丰、同治三代帝师。卒谥文端。8 紬（chōu）绎：引端伸义；阐述。9 沅弟：即曾国荃，字沅甫而称沅弟。10《小宛》诗人迈征之道：指《诗经·小雅·小宛》之四："题彼脊令，载飞载鸣。我日斯迈，而月斯征。夙兴夜寐，毋忝尔所生。"即借《小宛》写兄弟天天奔忙、月月出征，以不辱父母所生。